Vivir nunca falla

Vivir nunca falla

Nacho Coller

VERGARA

Primera edición: febrero de 2021

© 2021, Nacho Coller
© 2021, Penguin Random House Grupo Editorial, S. A. U.
Travessera de Gràcia, 47-49. 08021 Barcelona

Printed in Spain – Impreso en España

ISBN: 978-84-18045-60-8
Depósito legal: B-20.553-2020

Compuesto en M. I. Maquetación, S. L.
Impreso en Romanyà Valls, S. A.
Capellades (Barcelona)

VE 4 5 6 0 8

ÍNDICE

A MODO DE INTRODUCCIÓN

En este libro te invito a hacer un recorrido por un edificio muy particular. Visitarás las distintas viviendas de una finca repleta de psicología, en cada una de las cuales habitan personas tan sanas o tan vulnerables como tú y como yo. Con un guiño al gran Ibáñez y a su *13 Rue del Percebe* (¡qué grandes ratos me hizo pasar cuando era un niño!), a lo largo de su lectura comprobarás que en este inmueble conviven personas con dificultades para autocontrolarse con otras que tienen tendencia a procrastinar; personas con baja autoestima con otras que facilitan la vida a las demás y que pisan fuerte sin chafar a nadie. En cada una de las puertas hallarás vida, amor, dolor, sufrimiento, cambios, humor positivo, planes de acción para cada uno de sus ocupantes y, por supuesto, mucha psicología. Es muy probable que en algunas de ellas te veas representado, o puede que alguna de las historias te recuerde a alguien cercano. Y es que estos vecinos, que a partir de ahora serán tus vecinos, son muy similares a ti y a mí. Probablemente seamos tú y yo. Espero que disfrutes de la lectura y que tengas bien presente el lema «menos mente y más vida». Y recuerda siempre que, como te indicamos en el título del libro, vivir nunca falla.

PUERTA 1
AUTOESTIMA
Cómo quererse más y no parecer un narcisista

El extraño caso de una mujer a la que se le apagó el amor propio de no usarlo y dijo basta

El cinturón de seguridad del coche, los catorce semáforos de ida al trabajo más otros tantos de vuelta, las líneas continuas y las incontables señales de tráfico, la declaración de la renta, las contribuciones, la luz, el agua, el gas y el seguro de la casa. La hipoteca, el wifi, la comida, el aparcamiento, la bebida, Spotify, aguarrás, dormir, escuchar, pagar, ir al baño, Netflix, vestirse, hacer compras, limpiar, óleos, abrir, cerrar, ir y llegar. Enfadarse, volver a pagar, pinceles, el coche a plazos, lienzos, reír, subir y bajar, pagar por enésima vez... y así hasta el infinito. Después de seis años y un día sin ser del todo consciente de sus obligaciones, la vecina que vive en la puerta 1 ha adoptado el modo analítico creativo y ha padecido un auténtico revés al ponerse a pensar en sus obligaciones imaginarias. Funcionaria de la Diputación Provincial con una jornada laboral de ocho a tres y sin fichar jamás por las tardes, estaba harta de pagar y cansada de aguantar al jeta de su marido. Y ante todo eso, ha dicho basta. Esta mañana ha finiquitado su relación marital tras tres años de noviazgo y ocho de convivencia. Abrumada por las deudas, angustiada por las obligaciones y estresada por las actuales rutinas, ayer tomó la decisión de derrotar al amoroso ayer, confiando en conseguir la victoria del mañana.

Su marido, un tipo entrado en años, calvo, con una barba que navega entre lo *hipster* y el descuido, es un caminante sin camino enfundado en una camiseta gris y con calcetines a rayas que no trabaja desde hace seis años y medio. Y, como suele ocurrir en este país, no es por falta de oportunidades laborales (algo bastante habitual). Aficionado a la pintura pero con escaso nombre en el mundo del arte, tuvo la buena (o, mejor dicho, la mala) suerte de exponer su obra hace siete años. Vendió bien vendidos ocho de sus cuadros, y esa fue su mala suerte. La galería de arte que acogió la exposición le consiguió una buena crítica en uno de los dos periódicos locales y un par de reseñas en una gaceta de arte de tirada nacional en la que los artistas plásticos marcan tendencias. «Un pintor cotizado y de éxito nacional», pensó. Gracias a los 20.000 euros que sacó de la exposición, junto a los 2.000 que tenía ahorrados, y contando con la seguridad que le daba el empleo de su mujer, se convenció para mandar a hacer puñetas su trabajo de contable. Un puesto que le aportaba dinero y cierta seguridad, que propiciaba la estabilidad matrimonial, pero le impedía aplicar color a su escala de grises. Con el apoyo incondicional de ella y sabiendo que no hay que dejar escapar el carro del éxito esa única vez en la que pasa por la puerta de tu casa, se lanzó a perseguir fama y dinero con la ayuda de los óleos y un pincel. La frase «La vida es como un lienzo en blanco en el que tú puedes pintar» parecía creada para él.

Durante todos estos años, ella no ha dejado de animarlo y de remar en su mismo sentido. Sin más dinero que aportar a la casa que el suyo, ha ido viendo cómo se vaciaba la cuenta corriente y reducía cada vez más los gastos superfluos. Pocos caprichos, cero viajes a excepción de la escapada a la casa del pueblo de sus abuelos, cenas contadas y casi ningún otro dispendio más allá de la suscripción a Netflix, que comparte con sus dos hermanas. Le chiflan las series y es de las pocas cosas que ha consumido en los últimos años. Ella, que cuando llegaba septiembre se dejaba convencer por los anuncios de coleccionables de libros o de casitas de muñecas, se olvidó de los fascículos. Desde hace tres años, solo colecciona exposiciones anodinas y sordas críticas en alguna gaceta artística.

Durante estos años de estudio, viajes, cursos de perfeccionamiento, litros de aguarrás, lienzos, pinceles y exposiciones, él solo ha conseguido vender cuatro cuadros. Tras haberse encargado de todo mientras su marido pintaba a la nada, ella por fin ha dicho basta. No se han producido cambios, ni ha habido un regreso a la contabilidad a media jornada. Ella ha firmado contratos de permanencia mientras él supervisaba las ausencias. Ella ha vivido para el ahora y él se ha sumergido en alcoholes destilados. Ella soñaba con los pagarés mientras él difuminaba sus lienzos. Ella ha mantenido los pies en el suelo mientras él intentaba volar sin lograr trascender. Él pinta sus proyectos mentales y ella va a empezar a proyectar sus deseos reales.

Esta tarde ha tenido la tercera sesión en línea con su terapeuta. El estrés, el desajuste psicológico y emocional, las dudas, el exceso de ataduras y responsabilidad, la culpa y la tristeza son síntomas que la han empezado a poner en jaque. Ha vuelto a hacer ejercicio, se ha lanzado a añadirle un poco de color a su vida y se ha abierto una cuenta en Tinder. Le ha dicho a su marido que se larga de casa, que ya está harta de domingos de lienzos metida en casa. Dado que la Administración permite coger excedencias laborales muy flexibles, acaba de solicitar un permiso de seis meses sin empleo y sueldo. Ha decidido aprovechar la oportunidad y ha hecho la mochila, ha dejado una nota de despedida en un lienzo sin estrenar que había en la entrada de la casa y se ha fugado a perseguir sus sueños. Se ha dado cuenta de que de la «jetanosis» también se sale.

Veamos cómo va tu proyecto vital.

Tu proyecto vital: los demás son más grandes que tú porque te pones de rodillas

PROYECTO VITAL

Me gustaría que dedicaras unos minutos a observar las diferentes áreas vitales de la imagen. ¿Qué áreas son importantes en tu vida y cómo están hoy? ¿En cuáles te gustaría trabajar? ¿Qué clase de persona quieres ser? ¿En qué quieres que consista tu vida? No tienes que abordarlas todas ni sentir identificación con cada una de ellas. Por ejemplo, para una mujer que no es madre, porque ha decidido no serlo o porque no ha podido, obviamente no existirá el área de la maternidad. Lo mismo puede pasar con la espiritualidad. Hay personas que cumplen con sus preceptos espirituales y santifican las fiestas; otras que solo lo hacen de tanto en tanto y que rezan sus oraciones de uvas a peras, o cuando lo necesitan, y otras desarrollan su espiritualidad abrazando árboles o acudiendo a retiros en mitad de la naturaleza. Incluso hay áreas que se solapan con facilidad, como es el caso del ocio, la diversión y la amistad, o del ocio y la espiritualidad.

Lo importante es que puedas someter tus áreas vitales a una valoración, y no se trata de aprobar o suspender; se trata de que seas un poco más consciente de cómo está y de cómo es tu vida. ¿Cómo van tus relaciones familiares? ¿Te comportas como te gustaría? Y en el terreno del amor y de la pareja, ¿estás siendo coherente con lo que piensas y sientes? ¿Cuánto tiempo hace que no le dices «te quiero a tu pareja»? ¿Qué facetas debes mejorar? ¿Expresas tus deseos? Y en relación con tu salud y con el autocuidado, ¿te has abandonado o te cuidas? ¿Haces deporte o el ejercicio sigue siendo una asignatura pendiente? La idea es ir área por área (en la gráfica faltan las de la amistad, los servicios a la comunidad y alguna más), que te formules preguntas y las acompañes de respuestas. Si te cuesta hacerlo a solas porque te causa desazón, no dudes en consultar con un terapeuta profesional para que te ayude a estructurar y poner un poco de orden. En cualquier caso, la siguiente dinámica puede ser una buena herramienta:

Imagínate que estás en el final de tu vida, tienes noventa y cinco años, yaces en una cama y te falta poco para partir al otro barrio. Has disfrutado, te has divertido hasta el último minuto y eres capaz de recordar casi todas las experiencias agradables que has tenido a lo largo de tu existencia. Desde la cama haces repaso de esas experiencias: tu primera pareja, tu primera colonia, etcétera, hasta detenerte en el momento actual. Te recuerdas con mucho cariño y mucha nostalgia y también con cierta pena, porque eres consciente de las muchas cosas que te has perdido por falta de amor hacia ti mismo, por tener en demasiada consideración a los demás y por lo poco amable que a veces eres contigo mismo. Ahora ten presente esta frase de Frida Khalo: «Si yo pudiera darte una cosa en la vida, me gustaría darte la capacidad de verte a ti mismo a través de mis ojos. Solo entonces te darías cuenta de lo especial que eres para mí». Sigues viéndote en la edad actual, y me gustaría que completaras estas cinco frases con lo primero que te venga a la mente. Intenta no darles muchas vueltas:

Dediqué demasiado tiempo y di demasiada importancia a cosas como…
Habría pasado más tiempo con mi…
Pasé muy poco tiempo haciendo cosas como…
Si pudiera retroceder en el tiempo, haría cosas como…
Perdí demasiado tiempo pensando en…

¿Están equilibradas tus áreas vitales? ¿Te satisface lo que has respondido? ¿No crees que es un buen momento para ponerte en marcha? ¿No tienes ya suficientes respuestas para promover cambios en tu vida? ¿Qué más necesitas? Hoy puede ser un buen día para cambiar algunas cosas. Recuerda que disponemos cada día de una cuenta Premium con 1.440 minutos, y tú decides en qué invertir ese tiempo. No existe la posibilidad de ahorrarlo, prestarlo o quitárselo a los demás. Y recuerda que, como cantaba Pablo Milanés, «el tiempo pasa y nos vamos poniendo viejos». La vida no espera, sino que va a toda pastilla. ¿Qué tal si tomas cartas en el asunto y te enganchas más y mejor a la vida? Ve a por ello dejando la mente un poco de lado.

Pensar, pensar y hacer

Nos pasamos todo el día pensando, y los pensamientos negativos son más numerosos que los positivos. De hecho, estamos casi siempre preocupados por las cuentas pendientes y las cosas que tenemos por hacer, centrados en las precauciones que debemos tomar para evitar los fracasos o tratando de resolver las mil dudas que nos van asaltando mientras realizamos las actividades cotidianas. Por norma general, vamos de forma más bien automatizada hacia el futuro y hacia el pasado y, además, ese viaje tiene una buena amalgama de tintes negativos. Nuestro yo pensante (el tuyo y el mío). Todos hemos oído hablar del control de los pensamientos y hemos leído los mensajes mágicos que pululan por las redes sociales, sobre todo en las cuentas de personas con escasa o ninguna formación reglada. Suelen ser lemas del estilo «Si quieres, puedes», lo cual, en realidad, depende; o «Si lo deseas mucho y con todas tus fuerzas, lo conseguirás», que tampoco es cierto y desprende cierto tufillo a egoísmo neoliberal (yo, yo, yo y después yo). Estas frases se olvidan del entorno y de que el comportamiento de las personas no está exclusivamente determinado por la actitud o el deseo. En nuestra conducta intervienen diversas variables, y es muy probable que no seamos conscientes de algunas de ellas.

¿Haces demasiado caso al pensamiento? ¿Por qué tiendes a dar por buenos los pensamientos negativos y a pasar por alto los que te sientan bien? ¿Los pensamientos negativos reflejan la verdad absoluta? ¿Sí? ¿No? ¿Siempre? ¿No sabes, no contestas? ¿Cuánto tiempo dedicas a darle vueltas a las cosas? ¿Cuántas veces te llamas a ti mismo la atención a lo largo del día? Intenta responder algunas de estas preguntas y esclarecer si son ciertos estos mensajes: «Pienso, luego sufro» y «No por más pensar amanece más temprano».

Antes de centrarnos en qué es la autoestima, déjame hacerte una pregunta: ¿quién eres realmente? Sí, piensa por un momento en quién eres.

Presumo que me contestarás explicando: «Soy María, tengo treinta y cinco años, trabajo en Mercadona, vivo en pareja después de un par de rupturas, soy rubia, mido un metro setenta y nueve, soy agnóstica pero creo en las personas». O bien: «Me llamo Manolo, soy cariñoso, leal, moreno, mido metro y medio de altura (lo cual no me hace gracia), estoy separado y trabajo en el Banco Santander». ¡Basta! Para un momento y piensa si estas cosas que dices que eres podrían cambiar un día de estos (excepto la estatura), y en caso de que así fuera, si seguirías siendo tú mismo. En el fondo, es muy probable que sí. Me imagino que estamos de acuerdo en que lo que más íntimamente nos define no son los primeros rasgos que nos pasan por la cabeza, los que están en la superficie, sino algo mucho más profundo, que permanece pese a los vaivenes de la vida y los cambios radicales que nos trae. Es difícil describirlo con palabras: unos le llaman «alma»; otros, «esencia»; otros, «conducta»; otros, «ego». La verdad es que yo no tengo ni idea de cómo llamarlo, pero estoy seguro de que sabes a qué me refiero: a ti.

¿Cómo se forma la personalidad?

«María tiene mucha personalidad, pisa fuerte.» «¿Has visto a José Juan? Qué poca personalidad tiene ese muchacho… Si ya te lo decía yo, que sus padres lo han tenido entre algodones y luego pasa lo que pasa. Me lo llevo al campo y lo espabilo en menos que canta un gallo.»

Estas frases que cuantifican la personalidad me recuerdan a cuando se habla de madurez en la consulta del psicólogo: «Mire, es que mi marido es muy inmaduro». «¡Señora, por favor, si tiene casi setenta años!» El marido, que está presente, pone cara de póquer y, nada sorprendido por el amoroso mensaje, no abre la boca, solo busca una mirada cómplice.

En mi consulta he escuchado acusaciones de inmadurez en más de una ocasión. Cuando se trata de niños o adolescentes, y de unos cuantos jóvenes, hablar de falta de madurez es más que lógico. Sin embargo, en el mundo de los adultos, y especialmente si estos empiezan a peinar canas y pasan de los cuarenta, se acostumbra a reprocharle falta de madurez a la persona que no hace las cosas que uno espera que haga. No cuadra la calificación de «inmaduro» con un tipo de sesenta años, mando intermedio en una empresa mediana, que toma decisiones a diario, que discute con los de arriba y los de abajo. Otra cuestión bien distinta es que le cueste escuchar a su pareja, que no comparta las tareas domésticas, que olvide cosas que no tendría que olvidar y que hable poco de sus asuntos, lo cual no es falta de madurez. ¿Que lleva cuarenta años con la pareja? ¿Que su inteligencia emocional es subterránea? ¿Que es un hombre? No se pueden pedir peras al olmo.

Con la personalidad pasa lo mismo: no se tiene mucha ni poca; se tiene personalidad, ni más ni menos. Pero ¿qué es la personalidad y cómo se forma? La personalidad engloba tanto las cosas que haces (la conducta manifiesta) como tu manera de pensar, sentir, emocionarte y desear, además de tus recuerdos y necesidades, que equivalen a tus experiencias privadas. La personalidad es, por tanto, un grupo relativamente estable de tendencias y patrones de pensamiento, procesamiento de la información y comportamiento que cada uno de nosotros manifestamos a lo largo de la vida, que se mantiene en el tiempo y las diferentes situaciones vitales.

Tu personalidad, al igual que la mía y la de cuantas personas viven a tu alrededor, se ha formado partiendo de la interacción con los distintos factores que influyen en el modo de ser de las personas. Por ejemplo, pese a haber nacido en la misma familia, los hermanos no siempre reciben el mismo trato por parte de sus padres. En este caso el orden de nacimiento tiene mucha importancia, pues no es lo mismo ser el hermano mayor que el pequeño. Los segundos hijos suelen recibir menos atención y menos muestras de admiración que los primeros y, por lo general, aprenden a valerse por sí mismos. Los pequeños, en los que se depositan menos expectativas, tienden a arriesgarse más ante las vicisitudes de la vida. Asimismo, con frecuencia adoptan el papel del divertido de la familia y, en el ámbito laboral, muchos escogen profesiones artísticas o que requieran contacto con el público. Los primogénitos, por su parte, alcanzan sus metas más a menudo que el resto de los hermanos. Un ejemplo: de los primeros veintitrés astronautas que fueron al espacio, veintiuno eran hijos primogénitos, y los dos restantes, hijos únicos (¡vaya!, precisamente los que tienen más probabilidades de conseguir los objetivos que se fijan). Los primeros hijos tienden a asumir el mando y dar la cara, de modo que muchas veces se dedican a profesiones en las que puedan destacar. Se sienten responsables de los hermanos, intentan no defraudar a los padres y, para lo bueno y para lo malo, muestran madurez y formalidad.

Tras constatar que el orden de los factores sí altera el producto cuando se trata de la personalidad, es preciso tener en cuenta otros elementos de la constelación familiar que también tienen una función importante: la existencia de un hermano con minusvalías, las pérdidas, los nuevos nacimientos, el modelo de familia (monoparental, numerosa, formada por una pareja del mismo sexo) o la separación de los padres y la entrada de personas nuevas en sus vidas con las que configuran familias ampliadas con hermanastros.

En la familia existen, además, dos facetas fundamentales: el conjunto de valores y creencias y el modelo de conducta que adoptan los padres mientras los hijos crecen. Los progenitores ansiosos reparten a sus hijos todas las papeletas para que se lleven un viaje de ida al bonito país de Ysilandia; los padres demasiado críticos no favorecen que sus hijos se lancen a la aventura de vivir, pues estos temen ser reprobados dentro y fuera de la familia; los sobreprotectores infunden un miedo exagerado ante los avatares de la vida, generan inseguridad y dificultan la formación de una autoestima sana. Por supuesto, tampoco son todo ventajas con los que son muy permisivos y acérrimos seguidores del *laissez faire* de Rousseau mal entendido, es decir, «el niño manda, dejadlo tranquilo».

Evidentemente, la herencia biológica es un factor importante, pero no el factor determinante, al igual que las influencias sociales y culturales presentes en nuestro nacimiento y nuestro posterior crecimiento. En la formación de la personalidad intervienen dos componentes más: los métodos de disciplina empleados para socializar y el significado que damos a cada uno de los factores expuestos mientras nos educamos y desarrollamos como persona.

En ocasiones, este último factor desemboca en la maliciosa actitud del nutrido grupo de personas que, después de haber tenido algún comportamiento inadecuado, esgrime en voz alta el trillado eslogan del #Ejqueyosoyasin, que, traducido al español, viene a decir: «Es que yo soy así; es lo que hay, y no cambiaré». Detrás de esta clase de predicados hay un conjunto vacío: poca autocrítica y autocontrol, rigidez mental, un nivel de inteligencia emocional bajo cero y muchos complejos. Además de resultar nocivas para la salud mental, estas afirmaciones pueden resultar peligrosas para la salud física (en especial en el mundo de las parejas). Cuanto más las evitemos, mejor.

Las personas podemos cambiar. Estamos en continua interacción con nuestro entorno, tomamos decisiones que nos abren nuevos caminos, conocemos a personas diferentes que nos brindan la oportunidad de descubrir mapas mentales distintos, entablamos relaciones íntimas que pueden sacar a la luz lo mejor de nosotros, incluso facetas que desconocíamos. La vida es una oportunidad de cambio, pero hay que vivirla. Esto, sin duda, forma parte del aprendizaje vital que influye en los sentimientos, los pensamientos y la forma de relacionarnos con el entorno. Estoy convencido de que hoy eres mejor persona que hace dos, cinco o diez años, pese a que tal vez estás atravesando una etapa de cierta inestabilidad emocional o psicológica. Hoy eres mejor aunque temporalmente estés peor. El ser predomina sobre el estar. A medida que vives experiencias, tu yo experiencial va progresando, expandiéndose, aprendiendo, engordando. La veteranía es un grado, así que cuantas más experiencias acumulas, mejor persona eres, por mucho que de algunas de tus vivencias hayas salido magullado y con heridas. Se trata de hacer para poder recordar, así de sencillo.

Te preguntarás qué puedes hacer para mejorar ciertos aspectos de tu personalidad, si existe alguna fórmula que te ayude a quererte más y mejor o a ser más amable contigo mismo y, por ende, más auténtico en las relaciones con los demás. Pues sí, la psicología ofrece muchas herramientas con las que trabajar para lograr estos objetivos. Veámoslas.

Autoestima y autorrealización: sé tú mismo

La autoestima es la percepción que tenemos de nosotros mismos. En la manera en que nos percibimos influyen los pensamientos, los sentimientos y la forma de comportarnos que tenemos. Recuerda, sin embargo, que continuamente interactuamos con el entorno, de modo que el contexto en el que vivimos tiene un peso enorme.

A veces se nos olvida lo más obvio: es importante que trabajes y mejores la autoestima porque afecta a tu estado y tus sensaciones, a las cosas que haces y la forma de relacionarte con los demás. Tu manera de pensar, de sentir, de decidir y de actuar no tiene la menor posibilidad de escapar a la influencia de la autoestima. Imagínate que estás en Egipto, enfrente de la pirámide de Keops. Imagínate que esa gran pirámide está dividida, desde la base hasta el vértice, en cinco partes. La parte inferior es la más grande, y a las demás, cuanto más arriba están, menos espacio les queda. ¿Lo ves? Bien. Si las cinco partes de la pirámide equivalieran a las necesidades que tenemos las personas, en la parte inferior estarían las necesidades primarias del ser humano, las que le permiten sobrevivir: respirar, comer, dormir, reproducirse, evacuar y poco o nada más.

Cuando estas necesidades, que vienen de serie, grabadas en el ADN de la especie, están cubiertas, aparece en la segunda franja de la pirámide la necesidad de sentirnos seguros. Deseamos, para nosotros y los nuestros, tener seguridad física, salud y recursos para poder comer.

El ser humano es un ser social, con deseos, sentimientos y afectos que están instalados en nuestra manera de ver el mundo. Así pues, la tercera franja de la pirámide recoge la necesidad de afiliación, que se refiere a los amigos y a otra cosa muy fácil de entender, la intimidad sexual. ¿Te imaginas cómo sería la vida si no tuviéramos esa intimidad? Divertida u horrorosa, según los casos, ¿verdad?

Seguimos subiendo y llegamos casi a la cúspide, a la penúltima parte, que es la necesidad de reconocimiento. A todos nos gusta que nos respeten y respetar (es obvio que el respeto ha de ser bidireccional), queremos que los demás confíen en nosotros y, de una manera u otra, aspiramos a tener éxito en la vida: unos buscando likes en Instagram o acumulando riquezas y posesiones; otros, componiendo una canción, formando una familia o simplemente pasándolo bien, lo cual es un verdadero logro.

En la cúspide de la pirámide se halla la necesidad de autorrealización. La persona autorrealizada es la que está encantada de conocerse, tiene todas las necesidades anteriores cubiertas y disfruta desde las alturas del hecho de vivir. Se acepta a sí misma, es espontánea y creativa (vive y deja vivir), y está razonablemente satisfecha con su estilo de vida. Cuando uno está ahí arriba, hace la vida fácil a los demás. El psicólogo estadounidense Abraham Maslow (uno de los pioneros y principal exponente de la psicología humanista) pensaba que conseguir la autorrealización está al alcance de todo el mundo, aunque son pocos quienes la consiguen. Los individuos que logran satisfacer su necesidad de autorrealización son, según Maslow, menos del 1 por ciento de la población. Son personas que perciben la realidad de manera más clara y objetiva, piensan que las causas de los problemas son externas, disfrutan de experiencias cumbre, son tolerantes, no tienen prejuicios y disfrutan de la presencia de los demás. Gozan de un gran sentido del humor, conciben ideas genuinas, poseen espíritu crítico y se rigen por valores éticos. Además, disfrutan de la soledad, tienen una mentalidad curiosa y creativa y son respetuosos y humildes.

Qué bonito, ¿verdad? ¿Conoces a alguien que sea así? Yo conozco a muchas personas que son así a veces. Se sienten bien consigo mismas, hacen sentir bien a los demás, son creativas y espontáneas; sin embargo, en algún momento de su vida pasan por dificultades personales y descienden varios escalones, en ocasiones hasta la base de la pirámide. Así que pon el listón más bajo y date permiso para sufrir o pasar una mala racha. No siempre es posible estar bien; en ocasiones es inevitable sentirse mal. Durante la pandemia de la covid-19, mientras estábamos confinados en casa, ¿cuántos de nosotros bajamos a instalarnos en los dos escalones inferiores de la pirámide, sin ni siquiera pensar en las demás necesidades? En esos momentos, oír hablar de autorrealización incluso nos molestaba; lo único que queríamos era vivir, conservar la salud, que el virus permaneciera lejos de nosotros. Los que teníamos familiares debatiéndose entre la vida y la muerte anhelábamos con todas nuestras fuerzas que estos salieran de la unidad de cuidados intensivos, y nada más. Lo mismo sienten las personas que padecen cáncer u otra enfermedad que asociamos con el sufrimiento o con una posible pérdida: mientras pasan por este trance difícil y doloroso y miran a la muerte de reojo, se quedan en los escalones inferiores. Es normal sufrir, pero también lo es tener esperanza.

Así que démonos permiso para sufrir y, al mismo tiempo, hagamos lo posible por vivir. Y esto ya es otro cantar.

Para que seas capaz de llegar a lo alto de la pirámide, te daremos unos bastones, una brújula y un mapa, o la ayuda que haga falta para que emules a Tom Cruise en *Misión imposible*.

El primer objetivo es que visites tu autoimagen. Para ello, piensa en cómo eres física y psicológicamente. Todos nos hemos forjado una imagen mental de nosotros mismos, en la que visualizamos qué aspecto tenemos, aquello en que somos buenos y cuáles son nuestros puntos débiles. Por lo general, distinguimos con facilidad los puntos débiles, y, en cambio, nos cuesta un poco más, a veces bastante, ver las áreas en las que destacamos, los llamados puntos fuertes. Esta autoimagen la vamos perfilando a lo largo del tiempo, en un proceso que se inicia en nuestra más tierna infancia y sigue en marcha mientras lees estas páginas. Una parte de la propia imagen se construye a partir de cómo han sido las interacciones con otras personas, lo que nos dicen los demás y nuestras experiencias vitales. Nuestra imagen mental contribuye a la autoestima. Quererse y valorarse a sí mismo, tener seguridad, tratarse bien, cuidarse y ser amable con uno mismo, saber poner límites a los demás, tener empatía con uno mismo, hacer cosas que nos beneficien…, mencionar todas estas actitudes son maneras clásicas de explicar a qué nos referimos cuando hablamos de autoestima. Y la autoestima depende de en qué medida te sientes valorado, querido y aceptado por los demás, así como de en qué medida te valoras, te quieres y te aceptas a ti mismo.

Recuerda que el ser humano es un ser social y su índice de satisfacción vital depende mucho de las relaciones sociales. Es decir, cuanto mejor son las relaciones con los demás, más satisfechos estamos con nuestra vida. Las personas con una autoestima sana se sienten bien consigo mismas, aprecian su valía y están orgullosas de sus capacidades, habilidades y logros; se cuidan, se valoran y se gratifican cuando aciertan; son genuinas, se muestran condescendientes cuando se equivocan (porque saben que la vida sigue el método de ensayo y error) y, por último, tratan de poner límites a las demandas de los demás. Comprenden que no pueden gustar a todo el mundo, de la misma forma que a ellos no les gusta todo el mundo, y que sus acciones no siempre serán aplaudidas. Saben que habrá gente que los criticará, que no los querrá y, tal vez, que incluso deseará hacerles algún mal (no olvides que la personalidad maligna existe), pero la autoestima es un buen escudo para protegerse de determinados mensajes destructivos. Si a pesar de ello se derrumban (a cualquiera puede pasarle), son capaces de pedir ayuda a familiares o amigos o a un profesional. En el fondo, son conscientes de que mostrando su vulnerabilidad, se hacen más fuertes.

Por el contrario, las personas con una autoestima baja buscan con insistencia la aprobación de los demás en cualquiera de sus acciones. Desean que quienes los rodean estén de acuerdo con lo que hacen, lo cual es una misión imposible (esta, incluso para Tom Cruise). Estas agotadoras dinámicas generan una continua preocupación, sazonada de pensamientos negativos sobre ellos mismos, los acontecimientos que viven, las cosas que hacen y las que harán; en definitiva, sobre el mundo en el futuro y en el pasado. Ya lo decía Louis van Gaal, el entrenador de fútbol: «Tú siempre negativo, nunca positivo».

Veamos un ejemplo de lo fácil que es caer en un bucle mental negativo. Supón que el jueves por la mañana tienes que presentar un trabajo al que has dedicado muchas horas, aunque, como buen procrastinador que eres, te has dejado ciertos detalles para última hora y estás a punto de que te pille el toro, como es habitual en ti. Empiezas a tener pensamientos con una fuerte carga negativa: «No va a gustar», «Me van a suspender», «No voy a conseguir entregarlo a tiempo», «Van a pensar que soy tonto»… Como consecuencia de estas diatribas, se ve mermada tu autoestima y, por ende, la seguridad en ti mismo. Lo peor de todo, sin embargo, no es tener pensamientos negativos, sino actuar a remolque de dichos pensamientos, pues, en definitiva, somos lo que hacemos, no lo que pensamos. Adoptar un estilo cognitivo desde este punto de vista negativo resulta tan agotador como inútil. La interpretación errónea de los demás (y tu continua preocupación por lo que pensarán) te hace perder el tiempo, lo cual te impide ocuparte en las cosas que quieres.

El bucle positivo funciona del mismo modo. Si a la hora de entregar el trabajo piensas de manera positiva («Les va a gustar», «Voy a llegar a tiempo», «Lo conseguiré»…), potencias tu autoestima y te sientes más seguro.

Esto te ayuda a que, en el futuro, aumente la probabilidad de que aparezcan pensamientos más positivos y amables. La vida te resultará un poco más fácil si tu comportamiento lo guía este estilo de pensamiento.

Tener una buena y sana autoestima se traduce en sentirte bien contigo mismo, apreciar tu valía personal, estar orgulloso de tus capacidades, habilidades y logros, y aceptar que cualquiera puede tener altibajos y no siempre se consigue lo que se desea, aunque uno tenga una fortaleza interior y una animosidad envidiables. No obstante, si algo diferencia a quienes gozan de una alta autoestima son la facultad de asimilar una derrota temporal y las ganas de levantarse y continuar. En cambio, las personas con baja autoestima creen, de forma ridícula y obsesiva, que no gustan a nadie, que nadie las aceptará jamás o que no son buenas en nada. Acostumbran a percibir las cosas de forma exagerada y poco realista. Dicho de otro modo, suelen ver el vaso medio vacío, una actitud que, aplicada a la autoimagen, consistiría en fijarse solo en las peores cualidades o los puntos débiles.

A todos nos falta autoestima en determinados momentos de la vida, especialmente durante la adolescencia, cuando nos descubrimos a nosotros mismos y hemos de buscar nuestro lugar en el mundo. En la etapa adulta también pasamos períodos críticos (separación de la pareja, pérdida de trabajo, enfermedades, etcétera) y épocas de cambios que nos obligan a replantearnos qué estamos haciendo, hacia dónde vamos y cuáles son nuestras motivaciones. Es decir, incluso las personas con una autoestima saludable a veces se ven azotadas por crisis interiores. No hay que temerlas; son una buena oportunidad para afianzarnos como individuos y crecer.

La ventaja de los vaivenes en la imagen que tenemos de nosotros mismos es que, dado que esta va cambiando a lo largo del tiempo, la autoestima no es inamovible, ni rígida, ni es la misma toda la vida, así que podemos mejorarla.

Sabes que el cerebro tiende a quedarse con la información más negativa. Sin embargo, hay una forma de evitarlo. Imagínate que tienes un vaso de agua sucia en la mano y yo te hago la siguiente pregunta: «¿Cómo puedes hacer que el agua del vaso se convierta en agua limpia?». La única limitación que debes respetar es que el vaso esté siempre lleno de agua hasta el borde; es decir, no vale vaciarlo y volver a llenarlo, ni vaciarlo filtrando el agua. ¿Cómo lo harías? Tictac, tictac... Si quieres, te echo una mano: la solución es coger una botella de agua e ir vertiéndola dentro del vaso; a medida que va cayendo agua limpia en el vaso, va rebosando el agua sucia, de modo que la que queda es cada vez más limpia, hasta quedar transparente. Pues bien, a tu mente le pasa lo mismo con las cosas que te dices y la forma que tienes de ver la realidad. Durante el día se va llenando de información negativa —pensamientos, hechos (recuerda la propensión a centrarnos en lo negativo y cómo se forman los bucles)—, pero tenemos una forma de expulsar toda esa basura psicológica. Se trata de introducir pensamientos más amables y positivos e invertir en experiencias positivas. Esto último es lo más efectivo: hacer cosas buenas para los demás y para uno mismo, y ser consciente de que se hacen o se han hecho, es el mejor remedio. Las experiencias positivas son un buen chorro de agua fresca para limpiar tu mente de los pensamientos sucios. Hacer, recordar y poder contarlo.

Una pregunta: ¿te crees todo lo que te cuentan por la tele? Supongo que no, y haces bien. Si la pregunta fuera: «¿Te crees todo lo que dicen en YouTube?», estoy seguro de que dirías que no con mayor convencimiento. A pesar de que hay excelentes cuentas de profesionales que divulgan su conocimiento en esta red social, darle crédito en general constituiría un grave problema. Nuestros pensamientos y razonamientos se parecen en cierto modo a YouTube: igual que desdeñamos con cierta sorna muchos de los canales, que divulgan bazofia, es mejor no creernos a pie juntillas todos nuestros razonamientos. Recuerda que siempre que nos sirvamos de nuestros pensamientos para ponernos en marcha y que intentemos con ellos cambiar el entorno que nos afecta negativamente, estos tendrán sentido, aunque nos equivoquemos o no nos salgan bien las cosas. En caso contrario, nuestros pensamientos no nos ayudarán en absoluto.

*Tener una autoestima baja no es un problema crónico,
se cura*

Como la autoestima se puede entrenar, te propondré unos cuantos ejercicios para que mejores tus hábitos diarios y tu estilo de vida, y muy muy especialmente, para que tus diálogos internos y los pensamientos que tienes respecto a ti mismo sean un poco más justos, equilibrados y amables. Recuerda que no tienes motivos para tratarte como te tratas, decirte las cosas que te dices o creerte las cosas que piensas. Antes de ponernos manos a la obra, te pido que suscribas un compromiso: déjate llevar por lo que te diga, confía e intenta hacer las tareas que te proponga y no atiendas los mensajes que te lanzará tu mente («Esto es una chorrada y no sirve para nada» o «Menuda tontería hacerle caso a un libro»). Un sencillo truco para no escuchar a tu mente es contestarle con frases como: «Gracias, mente, por ser tan agradable, pero voy a hacer el ejercicio que me propone Coller» o «Es curioso, mente: cada vez que intento hacer algo diferente y con pinta de ser beneficioso para mí, te presentas con tus mejores ánimos, con tus mejores galas. Venga, que tu cara me suena. Gracias, mente».

Si es de día en el momento en que estás leyendo estas páginas, abre la ventana y observa el cielo. Lo verás despejado, o salpicado de nubes blancas con las que jugar a adivinar formas de animales, o cargado de nubes negras que anuncian un buen chaparrón o velado por la niebla de la ciudad. Hoy el cielo muestra un color y mañana seguramente mostrará otro, pero, pese a las transformaciones, es siempre el mismo; jamás se nos ocurriría pensar que ha dejado de ser el cielo solo porque está repleto de nubes. Dependiendo de la época del año, del anticiclón de las Azores o de cualquier otro fenómeno meteorológico, nos muestra un aspecto u otro, sin transformarse nunca en algo distinto.

Lo mismo sucede con las nubes. Por mucho que varíen de forma y color (unas son blancas; otras, grises, o en forma de elefantito, o similares a las caras de Bélmez, y en ocasiones aparecen los dichosos nubarrones negros), todas conservan la cualidad de ser efímeras y temporales.

Todo fluye, todo está en movimiento y nada dura eternamente, como dijo el bueno de Heráclito.

Y así ocurre con las ideas que tenemos sobre nosotros mismos, los pensamientos de autorreferencia. A veces son agradables y amables, y otras veces son muy críticos y desagradables. Los pensamientos de autorreferencia nos rondan la cabeza, y debemos considerarlos igual que las nubes: están en el cielo pero no son el cielo. Además, todo fluye, hasta las nubes negras.

Aprende a disfrutar

Cada vez que pido en la consulta o en un curso que alguien enumere diez cosas chulas que le hayan pasado ese día, me mira una cara circunspecta u oigo una risa nerviosa. «¿Cuántas? ¿Diez? Son muchas, ¿no?» En efecto, nos cuesta detectar las pequeñas cosas buenas que nos ofrece la vida, que son muchas, y ser consciente de ellas. Cómo nos gusta centrarnos en los grandes eventos y cómo olvidamos las pequeñas cosas que cantaba Serrat. Hace muchos años asistí como alumno a un curso de psicología oncológica, y desde entonces guardo como oro en paño una frase que dijo un oncólogo: «El que tiene los ojos cerca de la muerte tiene nuevos ojos para la vida». Aunque la suscribo plenamente, debo añadir que no le vale a todo el mundo: hay quien recibe de la vida un buen mandoble que lo deja noqueado y, cuando se recupera, sigue comportándose del mismo modo. Lo cierto es que los hay que no tienen remedio. Pero la mayoría de las personas somos capaces de influir en alguna medida en nosotros mismos y en nuestro contexto con el objetivo de vivir un poco más tranquilos y mejorar nuestro nivel de satisfacción vital sin necesidad de verle las orejas al lobo.

¿Seguimos con las diez cosas? Al final del día piensa en diez cosas agradables que te hayan ocurrido: un beso de buenos días, haber tenido tiempo para saborear el desayuno sentado a la mesa, la ducha matutina o nocturna (es agradable, ¿no?), la sonrisa de un desconocido, el marrón solucionado en el trabajo, otro beso, encontrar aparcamiento a la primera, un capítulo de la serie, una llamada, un abrazo, el postre, la cerveza en una terraza, o un café, un paseo… Si las buscas, encontrarás muchas más de las que esperabas; basta con ser consciente de ellas y decirle a tu mente «no, gracias» cuando intente quitarles brillo. Después de realizar el ejercicio, te sentirás un poco mejor. No te apures si el primer día no pasas de las cuatro o cinco cosas. Es normal que cueste porque no estamos acostumbrados, pero no tires la toalla, sigue con tu empeño. La idea es repetir el ejercicio cada noche para sentirte más satisfecho y descansar mejor, pero lo más importante es que así te estarás entrenando para ser un cazador de situaciones molonas y cuando estés viviendo una de ellas, te podrás decir: «¡Eh, esto es genial, tomo nota para esta noche!». Aprenderás a disfrutar y, por ende, te cuidarás más y tu autoestima será más saludable.

Yo soy valioso porque soy…

Antes hemos hablado de los puntos débiles y los puntos fuertes. Este ejercicio consiste en detenerte a detectar tus atributos positivos y anotarlos. Aunque le tengas cierta fobia al bolígrafo, intenta escribir, pues la escritura ayuda a fijar los contenidos y a estructurar los razonamientos. Si te resulta difícil encontrar cosas positivas, no te agobies; a muchas personas les cuesta pensar en sí mismas de forma amable y positiva. Pide ayuda a alguien de tu entorno que te quiera y valore como se tiene que querer y valorar. Puedes recurrir a una amiga, la pareja, tus padres… En las conversaciones, tenemos la costumbre de decirnos más cosas negativas que positivas, ya que suele estar mal visto alabar un rasgo de alguien delante de los demás. ¡Qué absurdo! Además, está tu mente. Tu yo pensante intentará boicotear el ejercicio lanzándote lindezas como: «Esto es una tontería», «Ese atributo no lo tienes siempre», «Eso no es verdad», «¿Qué te va a decir tu pareja?», o «Tu amiga te dice esto porque le das pena»… Mantente firme y no te hagas demasiado caso, al contrario, prueba a decirte: «Gracias, mente, por tratarme tan bien, pero hoy toca cuidarme», o «Sí, ya sé que esto es una tontería, pero lo haré porque somos lo que hacemos y no tanto lo que pensamos. Gracias, mente».

A continuación escribe: «Soy valioso porque soy…». Puedes anotar, por ejemplo, «responsable», «cuidadoso», «empático», «leal» (no todo el mundo es leal, ¿verdad?), «aseado» (no todo el mundo va aseado), «detallista»…, y todo lo que consideres que eres hasta elaborar un amable listado. Se trata de que te centres en las cosas que valen la pena de ti y especialmente en tus comportamientos cotidianos que expresan esas cualidades. Es decir, si te comportas como una persona responsable es que lo eres; si tienes conductas que denotan generosidad, es que eres generosa; si te duchas todos los días y te cepillas los dientes, es que eres una persona aseada. Recuerda que eres lo que haces y no lo que piensas.

Una vez confeccionado el listado, léelo en voz alta e intenta disfrutar de este juego. «Soy valioso porque soy responsable y me gusta.» «Soy leal y me gusta serlo.» «Soy aseado y me gusta.» Y así hasta el infinito. Si puedes hacerlo delante de un espejo, mejor que mejor. Por cierto, ¿recuerdas cuando empezaste a estudiar las tablas de multiplicar? Viste la del uno y dijiste: «Bien, esta es fácil». Y la del dos, que ya tenía más complicación, también te pareció facilita, pero cuando las veías todas juntas decías: «Ostras, yo no voy a poder aprenderme tantas combinaciones». Y mira ahora, las tienes interiorizadas y las recitas de manera automática. Lo que era imposible se convirtió en realidad. Y ¿cómo lo conseguiste? Sencillamente, haciendo y repitiendo y repitiendo, y cantándolas. Hacer, practicar, repetir, intentar. Si, además, le metemos un poco de música y de humor, tendremos la fórmula perfecta para el aprendizaje. Al final, lo asimilarás.

¿Sigues sin ponerte en marcha? ¿Te cuesta?

Imagina que necesitas el coche para ir a trabajar o para ir a jugar al golf. Abres la puerta, te sientas, metes la llave en el contacto, compruebas que está en punto muerto, giras la llave y… ¡oh, cielos! No hay contacto; el coche no arranca. Giras la llave un par de veces más pero solo logras un leve aullido. El coche tiene la batería descargada. ¿Qué haces? Llamas a un familiar o un amigo, quizá al seguro, y viene el clásico y bonito momento de conectar con unas pinzas y unos cables la batería de un coche con la batería de otro. Rojo con rojo y negro con negro, cuidado, no mezcles los colores. Se conectan, esperamos sentados y, unos minutos después, antes de retirar las pinzas, le damos a la llave de contacto de nuevo. Se enciende el motor, retiras las pinzas, y ¿qué haces a continuación? Te das una buena vuelta con el coche para que con el motor en marcha la batería se vaya cargando. Si nada más encenderlo dijeras: «Ya está, me voy a casa y luego lo cojo», el coche no respondería. Lo mismo nos pasa cuando nos encontramos desganados y apagados, deprimidos o desmotivados. Nuestra batería está en las últimas, y la única forma de recargarla es poniéndonos en marcha, enchufándonos a la vida. Aunque no te apetezca, te ayudará a recuperar, más pronto que tarde, las ganas de hacer. Saca las ganas a pasear y recarga tu batería.

Ya conozco tu fobia a coger el bolígrafo y el papel o a abrir el Word o el Pages cuando hablamos de hacer un ejercicio por y para ti, y no sabes cuánto lo siento. Uno de los objetivos de este libro es que venzas esta fobia, y no hay mejor fórmula para derrotar a la pereza (por y para ti) que la exposición: afrontar reiteradamente el estímulo temido hasta que deje de causar temor.

Así que te propongo otro ejercicio. Te adelanto que es sencillo, divertido y útil, y que el fin de semana te daré fiesta. Antes, sin embargo, déjame que te cuente de qué va eso de estar satisfecho con la vida.

Existen varios factores que inciden en el nivel de satisfacción vital. El primero, y el más importante, es el contexto. Vivir en un sitio seguro; tener trabajo o posibilidades de encontrarlo; vivir en un entorno donde los jóvenes pueden emanciparse y trazar un proyecto de vida; formar parte de una sociedad avanzada que cuida a todas las personas por igual, pero sobre todo a los desprotegidos (por enfermedad, por la falta de trabajo o por cualquier otra circunstancia). Si las anteriores condiciones se cumplen en el mundo donde vives, enhorabuena: cuentas con el ingrediente principal para que tu satisfacción vital tome forma. Si en tu entorno alguna de estas circunstancias brilla por su ausencia, no te quedes de brazos cruzados e intenta luchar para que tu mundo sea un poco más justo.

Hay otros ingredientes que tienes la ineludible responsabilidad de aportar para alcanzar un buen índice de satisfacción vital: la gratitud, la compasión, la generosidad, la capacidad de perdonar y la expresión del amor y otros sentimientos genuinos; apreciar las cosas buenas que te ofrece la vida; recordar experiencias positivas del pasado e imaginar vivencias agradables en el futuro; permitirte soñar, cuidarte y cuidar de alguien; apostar por aquellas acciones que te resulten placenteras y compartirlas con los amigos; hacer deporte; desdramatizar tus errores y reírte un poco de ti mismo cuando te equivocas; bailar, cantar. En definitiva, hacer. ¿Recuerdas que somos lo que hacemos? Pues lo prometido es deuda: sigamos actuando y trabajemos en el diario del bienestar.

Un diario para sentirte un poco mejor

¿Escribías un diario cuando eras más joven? Yo lo hacía de forma intermitente, cuando era adolescente, y me servía para darme cuenta de la cantidad de tonterías que me pasaban por la cabeza. Al cabo de los días me reía, pero no aprendía y volvía a empezar (yo era don Erre que Erre). No obstante, en esa época tan bonita y tan llena de complejos que es la adolescencia, el acto de escribir para expresar preocupaciones me hacía sentir menos mal. Aún recuerdo, como si fuera ayer, que en una libreta verde escribía frases como: «Querido diario: hoy me ha vuelto a dejar María»; «Querido diario: Susana pasa de mí»; «Me han suspendido otra vez y voy a repetir curso». Un pequeño almacén repleto de fracasos. Resulta curioso que en el diario hablara menos de los momentos mágicos, que, por cierto, les ganaban por goleada a los malos: las diversiones; las escapadas a la playa; los primeros conciertos; fumar tabaco y lo que no era tabaco; algunas noches de borrachera y disimulos al volver a casa; las eternas partidas de cartas en la mesa de un bar en horario escolar; los primeros fines de semana fuera de la ciudad con los amigos; los besos; las amistades… Y sin embargo, me regocijaba en los errores propios o ajenos amplificando sus efectos. Mi diario era un altavoz para lo negativo, cuajado de complejos, inseguridades y algunas cosas más; y así me iba.

La máxima de Albert Einstein «Si buscas resultados distintos, no hagas siempre lo mismo» nos viene pintiparada para abordar esta situación. Vamos a cambiar lo negativo por lo positivo y a verter un buen chorro de agua limpia en ese vaso lleno de suciedad que tienes en la mano. Abramos el diario y comencemos a escribir, y para hacerlo más fácil, nos centraremos en cinco de los ingredientes con los que puedes contribuir a tu satisfacción vital: dar las gracias; recordar sucesos positivos del pasado; imaginar vivencias agradables en el futuro; expresar el amor y otros sentimientos genuinos a las personas queridas, y, por último, practicar la generosidad.

Te animo a que lo escribas durante dos semanas. De lunes a viernes vamos a trabajar para vivir, y el sábado y el domingo a vivir para poder seguir trabajando y viviendo. Recuerda que la escritura es la base del aprendizaje; nos ayuda a explicarnos de forma argumentada y estructurada lo que nos sucede, a encontrar soluciones y a dar sentido a los hechos. A diferencia de los pensamientos, que fluyen sin orden ni concierto (ahora pienso una cosa y al rato la contraria), la escritura organiza las ideas.

LUNES. *Día de la gratitud*

Serrat cantaba que «la vida son aquellas pequeñas cosas». Y tenía razón. Dedica el lunes a detectar lo que te va bien, las cosas por las que puedes o debes dar las gracias. Según diversos estudios, las personas que muestran gratitud y toman conciencia de las experiencias agradables que ofrece la vida son más felices, están más sanas, hacen más ejercicio físico y se muestran más optimistas. ¿No se dice que «es de bien nacidos ser agradecidos»? Pues por algo será. Rodearse de buenos amigos; tener una relación afectiva que vaya razonablemente bien (o haberla tenido en el pasado); gozar de buena salud; ir a un concierto y conseguir que te firmen un autógrafo; recibir la sonrisa de un desconocido; tener trabajo, casa y comida suficiente; abrir el armario y poder escoger entre varias camisas, vestidos y ropa interior; abrir la nevera y sacar el zumo de cebada bien frío; guardar recuerdos felices del pasado; ir a la montaña; ser independiente y autónomo; recordar la última vez que lo diste todo en la pista bailando; ilusionarte con un pequeño proyecto, un sueño, un deseo o simplemente vivir. Haz repaso de tu vida con generosidad y anota en el diario diez cosas que te hacen sentirte a gusto y que agradeces. Escribe frases que empiecen, por ejemplo, con: «Doy gracias a la vida por...».

MARTES. ¡Qué noche la de aquel día!

Cogemos el DeLorean y nos vamos de regreso, por una vez, al pasado. Me gustaría que pensaras en un momento de tu vida en el que lo pasaste francamente bien, una de esas experiencias que cuando la recuerdas te hace esbozar una sonrisa o que siempre explicas sin poder evitar una carcajada. Es muy probable que en aquel momento estuvieras acompañado de otras personas: «Hicimos una escapada con las amigas a la playa, y de repente aparecieron unos italianos y ocurrió que...», o «Estaba almorzando con los compañeros de trabajo y el camarero...», o «Había quedado, muy ilusionado, para cenar con aquella cita de Tinder, y en el momento en que apareció en el restaurante...» o «Fuimos de excursión a ese pueblo, hace unos años, todos los amigos, y a uno de ellos le pasó...». Tu vida se compone de miles de experiencias, solo se trata de traerlas al presente. Puede que hoy no sea un buen día, o que estés en una encrucijada; todos pasamos por situaciones de este tipo, aun así, trata de darle un poco de alegría al cuerpo, que hoy es martes y tienes la oportunidad de recordar y hacer. Concéntrate en una de tus buenas experiencias y rememora ese momento: qué día fue, con quién estabas, cómo te sentías, qué pasaba a tu alrededor, y qué sucedió finalmente. Déjate llevar.

MIÉRCOLES. *Un futuro fantástico*

Espera, Marty McFly, no guardes el DeLorean en el garaje todavía, que ahora sí nos vamos de regreso al futuro. Ya sabes que soñar es gratis, y, además, mola mucho. Y aún mola más soñar con que te pasarán cosas bonitas pero con los pies en el suelo y siendo consciente de que has currado un montón para que se hagan realidad. Imagina un futuro amable en el has conseguido alcanzar alguna de las metas que con tanto anhelo perseguías en tu vida personal o profesional. ¡Ojo! Para lograrlo, el universo no te regalará lo que tienes, ni aunque lo desees con todas tus fuerzas o te visualices en la cumbre del éxito. No. Detrás de tus logros hay una buena dosis de realismo positivo y mucho trabajo, esfuerzo y constancia. También un poco de suerte. Bien, vamos allá. En tu profesión has conseguido lo que querías y te ves, dentro de unos años, por ejemplo, trabajando en Londres de publicista y viviendo con tu pareja en un barrio tranquilo al norte de la ciudad; o abriendo tu propia consulta de psicología en tu ciudad y orgulloso de cómo te va; o pagando el traspaso de una peluquería en el barrio donde estudiaste y con una clientela en aumento; o celebrando un ascenso en la empresa donde trabajas... En el ámbito personal, te imaginas que dentro de cinco años estás viviendo con tu pareja en un pueblecito, contento, tranquilo, trabajando a distancia y participando en una asociación con los vecinos; o compartes un piso en el centro de la ciudad con una amiga, trabajas en lo que te gusta, haces deporte a diario, sales con amigos, incluso te has apuntado a ese club de senderismo que tanto te atraía; o has conocido a una persona divertida y que te quiere mucho, y el amor es mutuo, y compartís infinidad de cosas y estáis buscando un sitio para vivir en las afueras, además tienes buena salud y estás contento. Disfruta soñando con un futuro perfecto. Esto no hará que te suceda lo que sueñes, pero sí que pases buenos ratos. Es mejor imaginar la película de tu vida y escribir el guion que más te guste que tragarse las falsarias e infumables vidas ajenas publicadas en Instagram o las engañosas historias de la cartelera de Netflix.

JUEVES. Te quiero mucho, y lo sabes

¿Sabes cuánto nos cuesta decirles a las personas a quienes queremos lo importante que son para nosotros? ¿Cuánto tiempo hace que no le dices a tu pareja que la quieres? ¿Cuándo fue la última vez que le dijiste a un buen amigo lo importante que es para ti y por qué? Piensa en tu pareja, una amiga entrañable, el compañero de trabajo que te salvó el pellejo cuando te cayó aquel marrón o un familiar cercano, tu hijo o tu hermano, y ponlo en el centro de la diana de las emociones más placenteras. ¿Lo tienes? Coge papel y boli o el ordenador y escríbele una carta; vuelca en ella todo lo que piensas de esta persona y lo que te hace sentir, sin preocuparte por la ortografía o la estructura (la carta es para ti, no hace falta que se la mandes, aunque si lo hicieras, sería fantástico). Empieza, por ejemplo, escribiendo: «Querido, eres muy importante para mí porque…», o «Querida, significas mucho en mi vida porque…».

VIERNES. *Practica la generosidad y no mires con quién (o sí)*

Varios estudios han comprobado que las personas que practican la generosidad están más satisfechas con la vida que tienen. En la Universidad de Oregón midieron la actividad cerebral de algunas personas que tenían la oportunidad de hacer donaciones benéficas y de otras que podían elegir entre quedarse el dinero o donarlo voluntariamente. Cuando la persona dona el dinero a una organización benéfica se activa el mismo circuito de recompensa que cuando se queda el dinero. Cuando uno sabe que está contribuyendo a una causa justa se activan los mismos centros cerebrales que cuando satisface sus necesidades básicas. En otro estudio se propuso a un grupo de personas que se gastaran cierta cantidad de dinero o bien en otras personas o bien en ellas mismas. Los investigadores descubrieron que quienes gastaron más dinero en los demás se sentían más contentos que quienes lo gastaron en ellos mismos. Ayudar a los demás sin esperar nada a cambio es la antesala del bienestar. Ten presente que hay personas fantásticas, y, si eres generoso, recibirás generosidad; si das, recibirás más de lo que das. La vida tiene que sumar. Confía en la gente.

Rememora la última semana o los últimos quince días e intenta detectar tus actos de generosidad, es decir, aquello que has hecho por alguien o algo. Son actos de generosidad hacer una aportación económica a una asociación o fundación que ayude a los desprotegidos (hay unas cuantas que te están esperando, y el viernes es un buen día para colaborar); echar una mano, en tu tiempo libre, a personas que lo necesitan realizando tareas en un campo que tú dominas; hacer un favor a alguien; cederle el asiento en el metro a una persona mayor; dar apoyo a un buen amigo que está atravesando un momento complicado; preguntarle a la persona que está vendiendo pañuelos en la esquina, pasando frío o calor, si le hace falta algo, y acompañar la oferta con un simple y amable «¿Cómo te llamas?»; colaborar con una asociación cultural, deportiva o benéfica de tu barrio, pueblo o ciudad… El objetivo es que, al identificar estas acciones y describirlas en el papel, te sientas un poco mejor contigo mismo y te preguntes si puedes hacer algo más. Simple generosidad.

Al cambiar la postura, cambian tus pensamientos y mejora tu autoestima

Cree en ti mismo, y si no, finge. ¿Cómo actúan las personas seguras? ¿Y las simpáticas y con atractivo personal? En ambas preguntas, la respuesta tiene que ver con la comunicación no verbal, es decir, en cómo nos mostramos a los demás en ausencia del lenguaje. Las personas seguras caminan con el cuerpo erguido, la cabeza alta, los hombros hacia atrás y los brazos ocupando el mayor espacio posible (estos gestos expresan seguridad y confianza en uno mismo). Y las personas simpáticas sonríen mucho (generalmente relacionamos el humor positivo y la sonrisa con la inteligencia). El cerebro, igual que en ocasiones confunde una sonrisa genuina con otra forzada, puede equivocarse al interpretar la postura del cuerpo.

De acuerdo con unas investigaciones de la Universidad de Clermont-Ferrand, podemos engañar al cerebro y hacerle creer que estamos bien, aunque nuestra sonrisa sea impostada. Voy a explicarlo con la ayuda de un lápiz y un cronómetro. Quítate el calcetín izquierdo, enciende el cronómetro y sujeta durante cuarenta segundos un lápiz entre tus labios en posición horizontal. Estás frunciendo el ceño, arrugando los músculos de la cara, con los labios mirando hacia abajo; pones cara de pocos amigos y tu cerebro está diciendo: «¿Qué le pasa a este tipo? Se comporta como cuando está enfadado, frunce el ceño, aprieta los labios… ¿Está enfadado?». Entonces, el cerebro inicia la búsqueda de motivos para estar enfadado. Al cabo de un rato, es muy probable que estés un poco enfadado.

Ahora quítate el calcetín derecho, coge de nuevo el lápiz y agárralo entre los dientes, sin que toque los labios, durante cuarenta segundos. Dibujas una sonrisa de oreja a oreja, activando doce músculos, y tu cerebro dice: «¿Qué le pasa? Se comporta como cuando está feliz y contento. ¿De qué se estará riendo? ¿Del chiste del WhatsApp de antes?». Auguro que, pasados los cuarenta segundos, no cstarás tirando cohetes pero te sentirás un poco más contento. Si decides conscientemente sonreír, conseguirás, inconscientemente, ser un poco más feliz.

Sucede lo mismo cuando muestras seguridad aunque estés indeciso. La información propioceptiva, que es la que va del cuerpo al cerebro, provoca que sientas lo que haces. Así, una actitud segura tiene como resultado que acabes por sentirte seguro. No lo dudes. (Por cierto, ya puedes ponerte los calcetines.)

Yo no sé cómo es tu vida en estos momentos, si te encuentras bien, si las cosas van como te gustaría, si has tenido un vaivén emocional y estás sumido en un bache, o si la vida acaba de darte un bofetón de cuidado y te ha dejado fuera de juego. Si es así, lo siento. Ignoro tu edad; si tienes trabajo, pareja, hijos; cómo te llevas con tu familia, cómo vas de amistades, o si estás más o menos a gusto en el trabajo o tienes un jefe tiñoso que te hace la vida imposible. De nuevo, si tus circunstancias no son las que desearías, lo siento. Solo sé, por experiencia personal y profesional, que todo proceso tiene un principio y un final, y que existen los puntos y seguido y los puntos y aparte; incluso existe la opción de pasar página e iniciar un nuevo relato vital añadiendo al guion nuevas aventuras, nuevos destinos, nuevas personas. Sé que es muy importante el entorno o contexto en el que vives, y que la mayoría de las veces, por mucho que lo desees, no es posible cambiarlo todo. Sin embargo, también sé que hay una pequeña parte de tu vida (convertible en una parte mayúscula) que depende de ti, y que puedes servirte de ella para ver las cosas desde otro prisma, para verte a ti mismo de otra manera. Se trata de darle al interruptor que tienes ahí arriba y poner en marcha el procedimiento para colocar las cosas importantes de tu vida en el lugar que les corresponde. A propósito, da igual la edad que tengas, o que sufras una herida emocional profunda (ojalá no), sea como sea, hoy puede ser un buen día para construir una autoestima positiva y sana. En caso de que hacerlo solo te parezca una misión imposible, no dudes en solicitar la ayuda de un profesional de la salud mental. Un psicólogo puede guiarte para que te des cuenta de qué te hace único, especial e irrepetible. Todos lo somos, y tú no eres una excepción.

PUERTA 2
PROCRASTINAR
¿Por qué dejamos las tareas para más adelante?

Una «cincuentañera» procrastinadora, una influencer y un gato

En la puerta 2 del primer piso conviven una mujer, un caniche, un adolescente, una tortuga y un ficus. La responsable de la casa, una «cincuentañera» que superó hace poco la crisis de los cuarenta y se siente más joven que nunca, trabaja para una multinacional farmacéutica promocionando ensayos en los hospitales y vendiendo ilusiones a clínicos. Tiene la inmensa fortuna de vivir encantada con su trabajo de visitadora médica, que, además de permitirle llegar con desahogo a final de mes y tener la cuenta corriente muy lejos de los números rojos, le da la oportunidad de conocer a gente diversa e interesante. Su casa —tres habitaciones, cocina independiente y un amplio comedor con vistas al parque de Las Palomas— es la envidia de medio barrio por su considerable tamaño, la acertada distribución y la excelente orientación. Mirando al sureste, es fresca en verano y cálida en invierno, e invita a quedarse en la ciudad en agosto con una rebequita por si acaso y a encender las luces del árbol de Navidad con camiseta y pantalones cortos.

Su hijo de quince años ocupa la habitación interior que da al animado patio de luces. Está repleto de dudas, cubierto de acné e inseguro, segrega hormonas las veinticuatro horas del día y ha convertido su cuarto en un santuario de la PlayStation. Pasa gran parte de los anocheceres jugando al *FIFA* y espiando las habitaciones de las vecinas de la finca de enfrente. Las horas favoritas del muchacho son las nocturnas, hasta bien entrada la madrugada, cuando los ventanales translúcidos de los cuartos de baño dejan entrever algunas curvas femeninas y tras las cortinas de los dormitorios se adivinan movimientos carnales. Hasta ahora muy reacio a tener presencia en las redes sociales, hace un par de semanas abrió una cuenta en Instagram y ha dejado de asomarse a la ventana.

Nuestra vecina tiene pareja desde hace cuatro años y medio y arde en deseos de casarse o compartir hogar y vida, pero no hay manera. Y no es que se lo impida un día a día complicado, porque la verdad es que el ritmo cotidiano de los dos se acoplaría perfectamente. El problema es que ninguno de ellos se decide a dar el paso, a instalarse en casa del otro y a dejar de repetir: «El mes que viene», «Ya veremos», «Después de Navidad» o «Pues lo que tú digas»; malditas excusas. Unos por otros, la casa sin barrer.

El hombre, que todavía está en los cuarenta y muchos, es el comercial de una empresa de seguridad y alarmas y canta en un grupo de rock los viernes y los sábados (con la intención de seguir hasta que el cuerpo aguante). El grupo, con guiños sonoros a la Velvet Underground, Buffalo Springfield o los Red Hot Chili Peppers, sorprende al público con las sugerentes canciones de The Bahamas y toca el cielo con los castizos Burning y su *¿Qué hace una chica como tú en un sitio como este?* Tras la buena acogida de su primer LP por parte de la crítica y el público, prepara el lanzamiento de un nuevo disco para el mes que viene. En resumen: el grupo de cuarentones no para de subir a los escenarios, y parece que va para largo.

El músico tiene una hija de dieciséis años que estudia bachillerato. La chica, que de mayor quiere ser policía nacional, cuenta con un millón y medio de seguidores en Instagram y TikTok; vamos, es una influencer digital. Su fama ha crecido como la espuma desde que empezó a subir a las redes vídeos mostrando su dominio del *twerking* y perreando el último éxito del reguetón, siempre con su gato siamés como único admirador. En cualquier vídeo en el que ella contonea sus vibrantes nalgas, aparece el gato maullando o ronroneando. Está tan convencida de que debe su fama a Misifú que planea adoptar otro felino y seguir conquistando seguidores con la saga. Los chicos la adoran, las redes echan humo y los libros la echan de menos.

Hace una semana que los dos adultos de esta historia decidieron dejar de procrastinar. Bastaron un traje chaqueta de cada vestidor, sendos «Sí, quiero» en el juzgado y una comida en un buen restaurante con cinco amigos, y empezaron a compartir una vivienda de tres habitaciones con un extenso comedor y vistas al parque de Las Palomas. El adolescente, que ahora pasa menos tiempo en su habitación, se ha convertido en un aplicado ayudante de cámara y esmerado responsable de iluminación de vídeos para TikTok. Entre grabación y grabación, y rebosante de vida, nuestro chico desaparece cámara en mano tras la puerta de su habitación para aliviar instintos y verter ciertos fluidos en un pañuelo de papel o entre las sábanas. Ella ha llegado a los dos millones de seguidores desde que corean sus sinuosos bailes un gato siamés, un malparado caniche cosido a arañazos y un chico con muchas luces. La casa hoy anda más habitada y más segura. Un persuasivo cartel de una compañía de seguridad mantiene alejados a los amigos de lo ajeno, y la buena música deleita los oídos del vecindario a ritmo de rock and roll.

Un cantante que tararea a Burning, un caniche ladrador hostigado en su propia casa, un gato que ha salido ganando con el cambio, un adolescente editor de vídeos, una influencer amante de los animales y aspirante a policía nacional, y una visitadora médica que se ha prometido no procrastinar más ni en el amor ni en la vida. ¡Miau!

Radiografía de un procrastinador

Hazme un favor y no pospongas la lectura de este capítulo. Hablaremos sobre procrastinar, o dejar para mañana lo que puedas hacer hoy, así que no empieces a hacer de las tuyas y dedica tres minutos y catorce segundos a cumplimentar este cuestionario. Valora cada frase con un número del 1 al 5; el 1 significa que nunca en la vida te has visto en la situación que describe la frase, mientras que el 5 indica que te sientes totalmente identificado en ella. ¡Este psicólogo es la bomba!

Cómo saber si eres un procrastinador de los que se tatúan la palabra «mañana» en la nalga izquierda (o no)

Nunca o casi nunca	Apenas	A veces	En gran parte de las ocasiones	Siempre o casi siempre
1	2	3	4	5

1. Cuando tengo que presentar una exposición o dar una charla en una fecha concreta, espero hasta el último momento para preparármela. *Last minute*, sí. Soy de los de última hora, lo reconozco.
2. Aunque sé que debo terminar un determinado trabajo porque es importante y tiene cierta urgencia, busco y encuentro excusas para dejarlo para otro rato. Mi refrán favorito es «deja para mañana lo que puedas hacer hoy». Por cierto, odio el que dice «a quien madruga Dios le ayuda».
3. Cuando tengo que tomar decisiones un tanto complicadas, aplazo el momento de decidir. Mañana será un mejor día para decidir.
4. Tengo una tendencia natural a llegar tarde a las citas, pero más vale tarde que nunca. Por lo menos, llego.

5. Si una tarea no me gusta, no me da buen rollo y no me genera placer, la dejo aplazada para otra ocasión. Soy un firme partidario del *carpe diem* y de disfrutar.

6. Me resulta incómodo seguir las normas y que me pongan límites. Soy un pequeño Bakunin y en mi infancia era fan de la serie *Pippi Calzaslargas*. Las normas están para saltárselas.

7. Cuando debería estar haciendo una cosa, me pongo a hacer otra. «¡Diantres! Por ahí va otra mosca, ¿qué haces respondiendo este cuestionario? Hasta luego, Lucas.»

8. Me es difícil dejar el bello hábito de perder el tiempo que tanto me ha costado implantar en mi día a día, y dedico horas y horas a Instagram, Facebook y YouTube, a ver series o a matar el rato con alguno de los juegos del teléfono.

9. Las consecuencias que tiene aplazar las tareas o las cosas pendientes me causan un sufrimiento gratuito pero que no me afecta en exceso; de hecho, ahora que lo pienso, me importa un bledo.

10. Al final del día estoy convencido de que podría haber empleado mejor el tiempo, y cuando me meto en la cama, una voz interior me recuerda que no he hecho lo que debería hacer.

Si entre todas las respuestas has sumado **10 puntos**, permíteme que te pida, mirándote a los ojos, que me cuentes de qué planeta eres, que quizá para mañana será tarde.

Si has sumado **entre 11 y 20 puntos**, eres un modelo de persona cumplidora, pero prueba a relajarte un poco. Si has sacado un 11, ponte en contacto conmigo cuanto antes, necesito de tu conocimiento y sabiduría. Sin embargo, mira a tu alrededor, tal vez estés atosigando a los demás. ¿No te cansa ser tan perfecto? ¿Cómo lo haces?

Si tienes **entre 20 y 30 puntos**, eres una de esas personas que no deja pasar la oportunidad de trabajar en el momento. Intuyo que eres poco impulsivo y muy metódico. Cuando te comprometes con algo, lo haces. La palabra «responsabilidad» podría ser tu segundo nombre o el de un amante furtivo. Conoces el club de los procrastinadores de oídas, pero no sabes ni dónde está ni cuándo se celebran las reuniones. Además, nadie te espera allí.

Si has acumulado **entre 30 y 40 puntos**, es que de vez en cuando dejas de hacer algo y lo pospones porque tú lo vales. Has asistido a alguna asamblea del club de procrastinadores y pagas la cuota de vez en cuando, pero no participas en sus eventos; ese rollo no va contigo. Aun así, formas parte del 50 por ciento de la población afectada de procrastinación. No eres una *rara avis*: recuerda que el 95 por ciento de las personas admiten que procrastinan en alguna ocasión.

Si has conseguido **entre 40 y 50 puntos**, te has ganado un puesto en la junta directiva del club (yo también soy socio, que lo sepas), y te nombrarán, como mínimo, secretario o tesorero. Dejas las cosas no para mañana, sino para pasado mañana. Aunque mal de muchos, consuelo de procrastinadores, quizá te alivie saber que el 24 por ciento de la población son procrastinadores crónicos.

Si has obtenido **50 puntos**, eres un fenómeno de la procrastinación, y no me creo que hayas respondido el cuestionario en este momento. El «aquí y ahora» no aparece en tu vocabulario. La junta directiva del club de procrastinadores ha decidido que seas el presidente de honor y te ha recomendado para los encuentros internacionales. Tú, la mar de contento, les has contestado que mañana irás a verlos y firmarás los papeles. De eso hace ya tres años y medio. Igual vas hoy, aunque mejor mañana.

Los dos lemas de la procrastinación y los factores que inciden en ella

Diferir, aplazar, posponer, retrasar tareas, eludir situaciones que deben atenderse y dedicarse a otras más gratificantes o irrelevantes. La bandera de la procrastinación tiene dos lemas. Uno es el clásico «deja para mañana lo que puedas hacer hoy», una cantinela en cuyas redes ha caído todo o casi todo el mundo en más de una ocasión. El otro, más que un lema, es un *modus vivendi*, y se resume así: «Cuando me venga la inspiración me pondré a ello; ahora me voy al bar a ver si pillo un cacho de creatividad». Se atribuye especialmente a los artistas, escritores, músicos, pintores y aficionados a la vida bohemia, a pesar de que cualquiera sabe que la inspiración nos visita cuando nos ponemos a trabajar, y que cuantas más horas dediquemos a entrenar la mente haciendo determinadas tareas —escribir, pintar, realizar un determinado ejercicio físico o tocar un instrumento musical—, mejor las haremos.

Detrás de las grandes obras maestras hay toneladas de trabajo y solo unos cuantos kilos de inspiración. Con todo, hay momentos en los que la inspiración no la encontramos ni buscándola, y entonces aparece el síndrome de la página en blanco. ¿Te suena?

Y tú, ¿persigues la inspiración poniéndote a trabajar o respiras profundamente y esperas a ver qué ocurre? ¿Cuántas mañanas te has levantado con la idea de hacer un cambio, aunque fuera pequeño, diciéndote «De hoy no pasa»? ¿Y cuántas veces te has quedado a las puertas de hacerlo pero convencido de que mañana será el día? ¿Le das muchas vueltas a la cabeza analizando los pros y los contras de tal o cual conducta? ¿Eres de los que deja para mañana lo que puedes hacer hoy? ¿Procrastinas? Bienvenido al planeta Tierra, al reino animal y a la especie humana.

Tal vez seas una de esas personas a quienes se les pegan las sábanas los lunes por la mañana o los días posteriores al regreso de las vacaciones, o (ojo, podríamos decir «y también») de los que cuando suena el despertador repite para sus adentros las tres palabras recurrentes a primera hora de la mañana: «Cinco minutos más». Si es así, como socio de honor, te doy la bienvenida al club.

Quizá te identificas con aquellas personas a las que les cuesta ponerse en marcha y que de vez en cuando tienen dificultades para rematar un trabajo o finalizar un proyecto, o que andan cada cierto tiempo un poco desmotivados o desganados a la hora de planificarse y de conectarse con la vida. En este caso, te invito a mi club y te nombro vicepresidente.

Bajar la guardia en la vida, posponer tareas, dejar de hacer cosas y no tener ganas de retomarlas es el pan nuestro de cada día. De hecho, si pedir cinco minutos más cada mañana es un clamor internacional, bajar la guardia, perder la motivación y buscar la vitalidad por los cajones de casa o en los resultados de Google es algo universal. Cuando investigas en internet qué sinónimos tiene la dichosa vitalidad, encuentras todos estos términos: ánimo, brío, dinamismo, empuje, energía, fortaleza, fuerza, vida, vigor, vivacidad, importancia, trascendencia, lozanía, salubridad, salud, sanidad, energía, savia.

Alrededor del 95 por ciento de las personas admite que procrastina y, según algunos estudios, el 24 por ciento son procrastinadores crónicos. De cada 100 procrastinadores, 54 son hombres y 46 son mujeres, y entre ellos hay muchos más solteros que casados.

Así que es fácil que se retrase lo de ir al juzgado o a la iglesia, pedir papeles, hacer algún curso prematrimonial y bastantes cosas más.

—Cariño, que si eso, nos casamos el año que viene; así conviviendo estamos bien. Te quiero.

—Ya, pero es que mi madre…

—¿Se encarga ella de llevar los papeles? Entonces, «Sí, quiero».

Se sabe que el matrimonio o la pareja actúan con eficacia como escudo de protección ante la depresión y el suicidio (entre las personas casadas o emparejadas hay un menor índice de suicidios) y contribuye a alargar la esperanza de vida, pero también nos impulsan a no dejar las cosas para mañana. Tal vez las consabidas broncas del «día después» son una buena medida para convencernos de hacer las cosas lo más pronto posible. Acaso los cursos de autoayuda para dejar de procrastinar podrían recomendar el matrimonio como un buen remedio; ya veo el lema: «Cásese hoy y deje de procrastinar mañana». Y cuando llega el desamor o un tercero aparece en escena, seguramente habrá más procrastinadores separados que divorciados, porque de la misma manera que posponen el compromiso, posponen finalizarlo mediante papeles («¿Al abogado, has dicho? Mañana iré»).

Otra mala noticia para los procrastinadores es que tienen muchos números para encontrarse menos satisfechos con su vida, pues el hecho de posponer tareas, y mantener bien llena la mochila de las cuentas pendientes, genera estrés y ansiedad, y al final hace acto de presencia la hermana mayor judeocristiana: la culpa. Asimismo, parece que los procrastinadores tienden a ser más pobres, según veremos en un estudio que refrenda esta hipótesis.

La parte positiva es que cuanto más cerca estamos del final de la película de nuestra vida, o cuando están a punto de salir los títulos de crédito, menos posponemos las cosas. La etapa de la jubilación es aquella en que se procrastina menos. Y para muestra, un botón:

—¡Uf! Hacer ahora esto, con lo cansado que estoy… Lo dejo para mañana o para el lunes que viene. Total, me sobra tiempo…

—Manolo, que tienes ochenta y cinco tacos y muchos achaques. Anda, tómate la tensión y ponte en marcha, que igual mañana la palmas. Manolo, no te tomes la azul ahora, en el desayuno te tocan las rojas, las verdes y las cápsulas.

—¡Ostras, Josefina, se me había olvidado! ¡Vaya memoria tengo!

Además de posponer aquello que les genera malestar y de, a menudo, abrazar la inacción, los procrastinadores toman decisiones que se vuelven contra ellos mismos.

Se hizo un estudio con varios estudiantes universitarios en el que se los invitaba a participar en una serie de juegos que podían reportarles una ganancia de hasta 300 dólares. Los participantes tenían dos opciones: cobrar sus ganancias a tocateja (con un cheque que se podía hacer efectivo en menos que canta un gallo pasando por el banco) o cobrar una mayor cantidad de dinero si demoraban la recepción de esa recompensa durante dos semanas. De acuerdo con la bonita épica de que los estudiantes engordan el intelecto con los bolsillos vacíos, la gran mayoría de ellos optó por que se les pagase en el acto. Sin embargo, tardaron una media de cuatro semanas en ingresar el cheque, el doble de lo que tendrían que haber esperado para conseguir un premio más cuantioso. La combinación de procrastinación e impaciencia es común; de hecho, dos terceras partes de los estudiantes quisieron cobrar su dinero al instante. Tal vez esto explica por qué las personas procrastinadoras tienden a ser más pobres.

Si te enfrentaras al mismo dilema que los estudiantes, ¿cómo actuarías? ¿Cobrarías enseguida o esperarías? ¿Estás seguro? ¿Recuerdas cuando dijiste: «Mañana iré al banco a reclamar por los costes y gastos de mantenimiento abusivos», y pasaron dos semanas hasta que fuiste, si es que llegaste a ir? Todos posponemos, y la mayoría de las personas que nos planteamos realizar un cambio concreto incumplimos nuestro propio deseo. En realidad, muchos nos quedamos en el intento. No obstante, en este caso, la brevedad también juega a nuestro favor: si la procrastinación es transitoria, no es un problema, sino una actitud más que humana. En cambio, si posponer se convierte en tu sistema habitual de enfrentar los asuntos con los que te encuentras en tu día a día, puede dar lugar a una vida cargada de estrés y propiciar la aparición de la temida ansiedad y la intimidante y asombrosa culpa.

Si eres creativo, impulsivo y perfeccionista, ¡Houston, tenemos un problema!

Los puntos débiles del procrastinador son un autocontrol escaso, un fuerte deseo de querer las cosas para ayer y la impaciencia con que viven el momento presente. Diversos estudios han establecido que el núcleo duro de la procrastinación está formado por algunos rasgos propios de la impulsividad: ser poco meticuloso y tener cierta incapacidad para llevar una tarea hasta el final, carecer del autocontrol necesario, ser un tanto imprudente y tener una facilidad pasmosa para distraerse. Distracción, falta de autocontrol e impulsividad. Normalmente, los impulsivos apuestan por evitar hacer aquellas tareas que les provocan ansiedad, son más desorganizados en sus quehaceres, les cueste planificar el trabajo y se distraen con facilidad. ¿Conoces a alguien así? ¿Crees que eres impulsivo? Tranquilo, quizá tengas solución.

La tendencia a procrastinar puede llevarnos a sentirnos infelices o insatisfechos con la vida, y a no vivir de forma coherente con nuestros propios valores. Esto parece deberse a una sencilla razón: al retrasar la realización de tareas, la conciencia se pone en modo «mosca cojonera» y nos hace saber continuamente que tenemos cosas pendientes sin resolver ni afrontar. ¿Te das cuenta de que no has entregado el trabajo? ¿Eres consciente de que no has ido al banco? ¿Has localizado a esa persona a quien dijiste que llamarías? Tu mente, como la vieja tras el visillo, escudriña tus tareas buscando las que todavía no has terminado. ¡Houston, tenemos un problema! La ansiedad entra por la ventana mientras la culpa está llamando a la puerta.

Todos llevamos una mochila en la espalda en la que vamos metiendo asuntos no resueltos: los pagos de la hipoteca, los conflictos con los hijos, los problemas económicos, las dificultades en el trabajo y en la vida, las pequeñas o grandes complicaciones en la relación de pareja o aquellos quehaceres que nos resultan más o menos pesados. Para viajar con una carga lo más liviana posible, es preciso poner en orden los problemas reales, organizar la mochila para que sea más cómoda de llevar y tratar de quitarnos de encima el peso de los problemas imaginarios y las procrastinaciones. Cada uno de los temas pendientes es, o puede ser, una pesada piedra en la mochila. ¿Cómo tienes de cargada tu mochila de las cuentas pendientes? ¿Has puesto fecha a la reunión que tanto temes? ¿Has ido al gimnasio esta semana? ¿Has dejado de fumar, como te prometiste? ¿Has llamado a tu madre? ¿Has hablado con el banco? ¿Has dado de baja la tarjeta que no utilizas y por la que te cobran comisión? ¿Has pedido cita al médico por esa molestia que arrastras desde hace un tiempo? Es un placer ordenar y vaciar la mochila, y para eso hay que estar un poco atento a la carga que llevas; de lo contrario te costará caminar, y tus paseos matutinos y escarceos vespertinos rezumarán un humor negativo.

Las personas necesitamos finalizar las cosas que hemos empezado y aborrecemos detenernos en medio de algo, dejarlo a medias. ¿Por qué razón, si no, sigues viendo esa serie hasta el final, pese a que no tiene ni pies ni cabeza? No entiendes cómo es posible que continúes haciendo una cosa que no te gusta nada. Generalmente, nos oponemos a ser interrumpidos en medio de un proceso, queremos saber cómo acaba. Lo bueno de la interrupción, es que mientras no terminamos la tarea interrumpida disfrutamos de un 90 por ciento de ventaja de memoria respecto de las personas que la han terminado.

La psicóloga rusa Bliuma Zeigarnik observó que los camareros de los restaurantes son capaces de recordar el pedido de una mesa sin apuntar nada, pero que, una vez los comensales han pagado sus consumiciones, lo olvidan por completo. Antes de que los clientes paguen y abandonen el local, son capaces de cantar el pedido de carrerilla, acertar dónde estaba sentado cada comensal y recordar lo que han consumido todos. La mente deja el archivo abierto en la memoria mientras quede algo por hacer; de ahí la tendencia humana a reanudar las tareas y la necesidad de finalizarlas para poder dar carpetazo.

Quizá te sirva de consuelo saber que la procrastinación no es exclusiva del ser humano. Los animales también posponen tareas y buscan placeres inmediatos. Siguiendo la estela del «más vale pájaro en mano que ciento volando», el investigador James Mazur quiso comprobar si las aves se andan por las ramas y esperan el premio o si, por el contrario, son impulsivas y van directamente al grano. Para ello, adiestró a un grupo de palomas con el objetivo de que trabajaran en dos horarios diferentes y, en un alarde de democracia interna, les dio la posibilidad de elegir el turno que prefirieran. En ambos turnos se les daba como premio unas golosinas en forma de alpiste. En el primer turno se empezaba la jornada con un poco de trabajo y venía después una larga pausa, mientras que el segundo comenzaba con una larga demora y terminaba con mucho trabajo, hasta cuatro veces más que en el turno anterior. Es decir, los pájaros tenían que elegir entre trabajar un poco primero para después relajarse, o tomárselo con calma al principio para después trabajar duramente durante un buen rato. «Ser o no ser un procrastinador, esa es la cuestión», era la duda a la que se enfrentaba el palomo. Pues bien: las palomas demostraron ser unas procrastinadoras natas porque optaron por posponer el trabajo para más adelante y conseguir de inmediato la golosina de alpiste, pese a que después les esperaba mucho más trabajo.

¿Recuerdas a los estudiantes y sus cheques? Parece que lo de retrasar la faena no es exclusivo de los estudiantes.

Dejar de procrastinar es un objetivo que casi todo el mundo dice haberse marcado en algún momento, sobre todo las personas que son conscientes de su tendencia a posponer. Aun así, no conozco a nadie que en la lista de buenos propósitos para el año nuevo, además de dejar de fumar, apuntarse al gimnasio, aprender inglés, sacar tiempo para cocinar o perder un poco de peso, anote dejar de procrastinar, aunque sea solo un poquito.

Hace un tiempo tuve la fortuna de trabajar en mi consulta profesional con María José, una excelente persona, una profesional reconocida nacional e internacionalmente y una campeona de la vida que ha afrontado batallas personales de las que había salido tocada y hundida. Es una mujer organizada, responsable, bondadosa, meticulosa, recta, buena madre y una médica excelente a la que sus pacientes adoran y a la que los compañeros quieren y respetan. Sin embargo, por circunstancias de la vida (y de la mente), en un momento determinado se convirtió en una ex de sí misma. Se mostraba dubitativa, insegura, falta de confianza, poco esperanzada respecto al futuro y muy desanimada en cuanto al amor. Arrastraba desde hacía un tiempo una depresión que le impedía sacar jugo a la vida y exprimir sus mejores momentos. Tras mucho esfuerzo, paciencia, condescendencia consigo misma, autoempatía y trabajo con un psicólogo se volvió a lanzar a la piscina, pues recordaba que sabía nadar razonablemente bien. Y no se hundió, aunque sí tragó unos cuantos sorbos de agua.

María José empezó a salir del pozo apostando por las experiencias y siguiendo la directriz de «menos mente y más vida». Hoy es una persona tan fuerte como tú y como yo, y tan débil y vulnerable como tú y como yo, pero como los finales perfectos son una fantasía, sigue siendo casi tan procrastinadora como lo era en el pasado. Recuerdo que el último día que vino a la consulta antes de recibir el alta, hablamos de las cosas aprendidas, de su futuro, de la esperanza, de las posibles recaídas, del amor y de la vida, del sufrimiento y de la felicidad, y de las muchas cosas que nos quedaban por delante. De pronto sacó el tema de la procrastinación. Se había visto reflejada en un artículo que había leído, y se preguntaba si su perfeccionismo tenía algo que ver con su propensión a aplazar las cosas.

Solemos creer que las personas perfeccionistas —aquellas que cuando hacen una tarea se centran más en lo que les falta o en el pequeño fallo (más que en el final en sí), y que se premian muy poco cuando hacen las cosas bien, porque esta es su obligación— no posponen mucho, que hacen lo posible y lo imposible por no diferir una tarea porque se sienten muy mal si la aplazan y no la hacen bien. El perfeccionismo tiene muy poco que ver con la procrastinación, no así la impulsividad y, en algunos casos, como en el de esta gran mujer, la plena confianza en uno mismo. Curiosamente, María José posponía aquellas cosas que dominaba y que sabía que terminaría haciendo y con buen resultado. Los psicólogos a veces contamos anécdotas de nuestra vida que pueden servir para desdramatizar y normalizar las preocupaciones de quien tenemos delante en la consulta, y yo le conté mi experiencia a

María José de forma simplificada: «Soy presidente de honor del club de los procrastinadores, y con el poder que se me ha dado, si te parece, te nombro vicepresidenta o te doy algún carguito». «¿También tú?», preguntó sonriendo. «Sí, y a partir de mañana dejo de serlo», le contesté. Ella sigue procrastinando con una sonrisa de oreja a oreja en todas las ocasiones en que puede permitírselo, que son muchas; yo, por mi parte, sigo en ello (y lo que te rondaré, morena), pero solo cuando sé que al final llegaré, y razonablemente bien. La cuestión es prever lo peor y esperar lo mejor, asumiendo y aceptando que uno tiene una personalidad con cierta adicción al retraso.

Los procrastinadores incurren más que otras personas en comportamientos negativos: fumar, abusar del alcohol, consumir drogas, actuar de forma temeraria, comer en exceso y de forma compulsiva, conducir de manera agresiva, tender a la promiscuidad sexual, jugar a juegos de azar, ser agresivo. Todas estas conductas suelen estar asociadas a personas muy impulsivas y con escaso autocontrol.

Recuerda las causas de la procrastinación antes de intentar edulcorarla

La procrastinación se manifiesta cuando falla la corteza prefrontal, que es el área del cerebro responsable de, entre otras cosas, el autocontrol, la planificación y la conexión con el presente, y que nos ayuda a filtrar lo que le decimos al resto del mundo. Cuanto menos potente sea la corteza prefrontal, menos pacientes nos volvemos. Un dato que conviene tener en cuenta es que el desarrollo de la corteza prefrontal puede durar hasta los diecinueve o veinte años, edad en la que el fundamento biológico del autocontrol queda asentado. Hasta que los adolescentes llegan a este punto, nos resulta difícil mantenerlos alejados de los placeres y vicios que la impulsividad hace que les parezcan muy tentadores, como las conductas sexuales de alto riesgo, pasarse de la raya con algunas drogas, beber demasiado alcohol, cometer pequeños hurtos, conducir motocicletas de forma temeraria y, obviamente, procrastinar. Si tienes hijos adolescentes, sabrás a qué me refiero, sobre todo cuando oigas desde su habitación: «Sí, ¡ahora voy!», o «¡Ahora lo recojo!». ¿Te suenan estas frases?

Los ingredientes de la procrastinación

- Te falta autocontrol y eres impulsivo.
- Tiendes a ver los proyectos a los que te enfrentas como un todo y no como una suma de diferentes partes.
- Te aburres con facilidad y no disfrutas de lo que estás haciendo, y cuanto menos disfrutas con una tarea, más esfuerzo te supone ponerte manos a la obra.
- Tienes miedo al fracaso y al qué dirán.
- Das poco valor a lo que haces.
- Te cuesta planificar el tiempo o calcular cuánto te lleva realizar determinadas tareas.
- No confías en ti mismo, especialmente ante las tareas que pospones. (Si tienes hijos pequeños y ves

que posponen determinados deberes, pon atención, porque tal vez les cuesta entenderlos o simplemente dudan de su capacidad.)

- Eres perfeccionista, te fijas más en los errores cometidos que en los avances, así que pocas veces saboreas el proceso de realizar las tareas.

Veamos cómo funciona la regla de «solo unos minutos». Cuando inicias una tarea, tu mente experimenta una ansiedad psíquica, y cuando la finalizas, siente alivio y pasa página, se olvida de la tarea. En cambio, si no la finalizas, es decir, si no cierras la carpeta, tu mente te recuerda continuamente lo que no has hecho, te advierte que hay una carpeta abierta que contiene un asunto sin resolver. Por tu salud mental, cierra las carpetas lo antes posible. Por ello, intenta realizar una actividad o tarea que tengas pendiente, aunque sea durante solo unos minutos. Si persuades a tu mente diciéndole que te vas a dedicar a ella durante solo unos minutos (cinco minutos son suficientes), conseguirás animarla a la acción.

La investigación de Bliuma Zeigarnik sobre los camareros en relación con la psicología de la actividad inacabada descubrió que los primeros minutos de actividad crean ansiedad en el cerebro, y este se niega a descansar hasta que el trabajo esté finalizado. Así, el truco es engañar a la mente con solo unos minutos de trabajo. Enfrascándote en una tarea e interrumpiéndola unos minutos después, crearás la necesidad de seguir hasta concluirla, pues lo más probable es que tu mente no quiera parar hasta rematarla.

No te centres en el tiempo que te falta para terminarla; date permiso para trabajar solo unos minutos, y si te cansas, déjalo, no pasa nada. Mañana lo intentarás de nuevo. ¿Acaso no estamos hablando de procrastinar?

Desmenuza la tarea en partes, no la veas como un todo porque te agobiarás. Sepárala en faenas más pequeñas que te resulten un tanto más sencillas y llevaderas. Divide y vencerás. El peligro de la procrastinación disminuye cuando las tareas son importantes e interesantes para quien las realiza. Las acciones que no encajan con las metas que nosotros mismos nos proponemos no nos motivan; nos cuesta mucho más acometerlas. Si puedes, intenta asociar esa tarea a un valor que sea irrenunciable para ti mismo y para tu futuro.

Un ejercicio para reducir tu tendencia a procrastinar

Conéctate con tu yo futuro e imagínatelo haciendo las actividades que no acostumbras a posponer. Las emprende con energía y se siente vigoroso. Está contento y orgulloso de ti, y te da las gracias por lo bien que lo cuidas. Cuanta mayor conexión tengas con tu yo futuro, mejor te irá en el presente.

Frena la impulsividad y potencia el autocontrol y la fuerza de voluntad con una eficaz técnica basada en la respiración. Esta técnica te ayudará a activar tu corteza prefrontal, a sentirte tranquilo y en paz y, a lo mejor, a tener una mayor sensación de control sobre tus comportamientos. La fuerza de voluntad se genera en la corteza prefrontal, que, además, es la zona del cerebro que nos sirve para planificar. Asimismo, cuanto más se activa la corteza prefrontal, mayor paciencia podemos tener.

Con esta técnica verás la manera de mandar a paseo a tu yo pensante (pasado y futuro) y conectarte con tu yo observador (presente) para mejorar tu autocontrol y reducir la procrastinación. Consiste en el siguiente ejercicio, que es muy sencillo.

1. Pon un cronómetro cerca de ti. Puede ser el del teléfono móvil. ¿Lo estás haciendo o lo estás dejando para más tarde? Vamos, inténtalo.

2. Procura respirar más despacio de lo normal, imaginando que tienes una pajita entre los labios. Expulsa el aire por la pajita con calma, sin prisa.

3. Pon el cronómetro en marcha y alarga cada respiración de modo que dure entre diez y quince segundos. El objetivo es hacer cuatro o cinco respiraciones por minuto.

4. No te olvides de expulsar el aire por la pajita imaginaria y pon atención exclusivamente en la respiración real y en las sensaciones que te produce. No procrastines.

5. Haz el ejercicio durante cinco minutos el primer día. Si lo haces sentado, no cruces las piernas e intenta mantenerte en calma y sin mover las manos. Si te pica algo, mejor que mejor; recuerda que puede ser

una señal para que mantengas inmóviles las manos. Significará que has puesto en marcha el autocontrol. No lo pospongas y repítelo a diario.

Practicar esta técnica (cinco minutos es suficiente cuando tu mente te juegue malas pasadas) te hará más resistente al estrés y te ayudará a manejarlo mejor, a estar más calmado para tomar decisiones y, por tanto, a acertar más. Y, por supuesto, a procrastinar mucho menos.

¿Empezamos hoy o lo dejamos para mañana?

Imagínate que estás en un cine viendo la película de tu vida, cómodamente sentado en tu butaca, tomando un refresco y unas palomitas recién hechas. Como imaginar es gratis, añádele a la escena un mando a distancia que te permita pausar la proyección para analizar lo que sucede en la pantalla. ¿Te gusta lo que ves? ¿Qué puedes cambiar? ¿Qué quieres que pase a continuación? Considéralo desde el punto de vista del rendimiento. Pulsa el *play* y disfruta del camino visualizando lo que tienes que hacer para conseguir lo que deseas que te ocurra. Las personas que son capaces de verse en tercera persona tienen un 20 por ciento más de probabilidades de alcanzar sus objetivos que los que se ven en primera persona. Imagínate haciendo algo, no llegando al final.

La visualización es útil, pero ten la precaución de no abusar de ella, porque no es la panacea y puede llevarte a vaguear. En la Universidad de California se pidió a un grupo de estudiantes que dedicaran unos minutos cada día a imaginar que sacaban una nota excelente en un examen y fantasearan con cómo se sentirían después de conseguirlo. A otro grupo que afrontaba el mismo examen se le pidió que no se imaginara sacando una nota muy buena. ¿Qué pasó? Pues que el primer grupo estudió menos y sacó notas más bajas que los estudiantes del segundo grupo. En otro estudio realizado en la Universidad de Pennsylvania, un grupo de estudiantes fue anotando las veces que fantaseaban con obtener el trabajo de sus sueños al acabar la carrera. Tras dos años de seguimiento de los estudiantes una vez fuera de la universidad, los investigadores llegaron a la conclusión de que aquellos que habían dedicado más tiempo a pensar en el éxito habían enviado menos currículums y recibido menos ofertas laborales, y tenían sueldos más bajos que el resto de sus compañeros.

Nos gusta visualizarnos haciendo cosas y consiguiendo logros, pero hay que tener cuidado porque podemos llevarnos un disgusto. Si fantaseas con lo maravilloso que será tu futuro, te esforzarás menos para cumplir tus metas, los contratiempos te pillarán con el pie cambiado y no acertarás a resolver los problemas que encuentres en el camino porque habrás bajado la guardia. La única riqueza creada por la visualización creativa es una vida rica en la imaginación, no en la realidad. En general, las personas que peores resultados obtienen son aquellos que solo se valen de fantasías positivas; de hecho, se alcanzan mejores resultados para dejar de fumar, conseguir un trabajo, mejorar las relaciones sociales o ligar por Tinder cuando no se utiliza esta técnica en exclusiva.

Unos pasos para hacer de la motivación tu aliada

Si un día cualquiera te sientes desmotivado al enfrentarte a una tarea, con muy pocas ganas de hacer cosas, prueba a seguir los pasos siguientes para animarte y engancharte a la vida:

Haz un plan claro y detallado de las cosas que debes hacer para conseguir lo que quieres

Enciende el ordenador y escribe punto por punto un plan que te lleve a lograr tus objetivos. Según indican algunos estudios, las personas que se fijan metas a largo plazo son positivas, tienden a procrastinar menos y actúan de mejor manera. Es muy importante que desmenuces el plan en objetivos secundarios que sean concretos; haz hincapié en el rendimiento y no en el resultado, céntrate en qué tienes que hacer para alcanzar tus metas y olvida la meta en sí misma. Lo importante es el proceso.

Por cierto, cuando escribas tus objetivos, es fundamental formularlos de modo que no consistan en lo que no quieres, sino en lo que deseas. Es decir, si te has propuesto metas negativas, trata de cambiarlas y expresarlas mediante acciones positivas, o metas de acercamiento. Por ejemplo, en lugar de proponerte «No quedarme en casa», plantéate una meta más amable y productiva, como «Salir a la calle, quedar con gente y conocer algo nuevo de la ciudad», o en vez de proponerte «No empezar tarde a estudiar o a prepararme el trabajo», escribe «Empezar por la mañana, y lo antes posible, a estudiar o trabajar». Si te hablas de forma negativa, tu mente te contestará igual; intenta lanzarte mensajes con propuestas positivas, y si lo haces en voz alta a modo de orden, mejor que mejor. ¿Sabías que las personas que se dan órdenes en voz alta tienen más éxito a la hora de ponerse en marcha? Y no solo eso, sino que, al parecer, hay una relación entre el hecho de hablar con uno mismo y tener una gran inteligencia. ¿Te hablas en voz alta? Yo lo hago cuando me enfado y estoy a solas, y cuando tengo que ponerme a trabajar y no me apetece nada. Expresar los pensamientos hablando y darte instrucciones concretas puede ayudarte a materializar lo que piensas. Además, te permite centrarte en lo que haces, contribuye a que se asienten los recuerdos, te alienta a ponerte en marcha, favorece el aprendizaje, clarifica y te ayuda a organizar los pensamientos. Y por si esto fuera poco, hablar en voz alta disminuye el estrés, aumenta la creatividad, motiva y, una cosa muy importante, ayuda a ver los conflictos personales con perspectiva.

Cuenta lo que quieres conseguir a otras personas, haz públicos tus sueños

Busca aliados y cuéntales tus proyectos. Esto te hará más complicado abandonarlos y que saques fuerzas de flaqueza para seguir en el camino. Si se los explicas a mucha gente, estarás más motivado para lograr tus objetivos, y no querrás fallar. Piensa en una persona que quiere empezar a hacer deporte; cuantos más de sus allegados conozcan ese desafío, más fácil le resultará contactar con gente que lo acompañe y más aliento recibirá de su entorno para cumplirlo. Las personas suelen ser más fieles a sus promesas y a sus opiniones si antes las han hecho públicas. Asimismo, la idea de ser fiel a uno mismo y de mostrarse coherente ante las personas de confianza aumentará el placer de aferrarse a la tarea e ignorar los tentadores cantos de sirena que incitan a abandonar. Comparte tus metas con tus amigos y conocidos, y recuerda que los amigos son, junto con el sexo, el mejor antidepresivo. Cuando la cosa se pone fea, los amigos y la familia pueden brindarte un valioso apoyo y reconfortarte si te has equivocado.

Piensa en los futuros beneficios

Es decir, si consigues lo que te has propuesto, ¿qué aspectos de tu vida mejorarán? ¿Te sentirás más a gusto? ¿Estarás orgulloso de ti mismo? Es más conveniente esperar con ilusión un futuro alentador que flagelarse con lo mal que te irá o con lo que pudo haber sido. Dicen que la letra con sangre entra, pero con dulzura y con amor se aprende mejor, y el humor es un excelente potenciador de la motivación.

Si avanzas, prémiate

Conviértete en un cazarrecompensas y esfuérzate en detectar los progresos, por pequeños que sean. Conforme vayas dando pasos de forma certera y constante, es conveniente que te recuerdes que estás haciendo bien las cosas, que te esfuerzas y sacrificas. Y si te das un pequeño premio por los resultados conseguidos, te sentirás mejor, más contento y realizado.

Para mejorar tu rendimiento y estar más satisfecho, prueba el siguiente ejercicio: antes de irte a dormir, enumera diez cosas agradables que te hayan ocurrido durante el día. Las personas que muestran gratitud y toman conciencia de las experiencias agradables que ofrece la vida son más felices, están más sanas, hacen más ejercicio físico y se muestran más optimistas ante los retos vitales. Es importante concederte un pequeño premio después de culminar una tarea más o menos exigente (una comida, una escapada, un capricho). En psicología, llamamos a esta técnica «diligencia aprendida», y con ella aprendemos a valorar un poco más, incluso a disfrutar, del trabajo que hacemos. Aunque también es cierto que algunos trabajos, por más que uno quiera, son muy difíciles de apreciar, de hecho, en ocasiones, son imposibles.

Anota tus progresos

Es muy interesante tener un diario o un cuaderno donde escribir o dibujar los avances e ir tachando los objetivos secundarios conseguidos. Hazlo, y si, además, guardas el cuaderno en un sitio bien visible donde puedas consultarlo con facilidad (como la estantería del comedor, la puerta de la nevera o la puerta de tu habitación), multiplicarás tu motivación y tu deseo de seguir conquistando metas.

Una buena fórmula para ponernos en marcha, engancharnos a la vida y no procrastinar (o hacerlo lo menos posible) es mejorar el autocontrol, reducir la impulsividad, intentar encontrar cierto sentido a las cosas que hacemos y sentirnos bien con nosotros mismos.

Unas sugerencias de regalo para procrastinar mañana en lugar de hoy

¿Necesitas algún motivo más para no procrastinar? He aquí algunas sugerencias que te ayudarán a conectarte con lo mejor de ti mismo y a tener más ánimo, brío, dinamismo, empuje, energía, fortaleza, fuerza, vida, vigor, lozanía, salud y buen rollo.

Duerme bien

El sueño es reparador y contribuye a que memoricemos los recuerdos útiles y desechemos lo accesorio. Una siesta de entre quince y treinta minutos mejorará tu rendimiento intelectual y tu capacidad de concentración, y te ayudará a estar más sereno cuanto tengas que tomar decisiones.

Haz deporte

Recuerda que el ejercicio aumenta la cantidad de neuronas en el hipocampo, lo cual aviva la memoria. Es suficiente dedicarle cuarenta minutos tres días a la semana.

Rodéate de gente que te proporcione un estímulo intelectual constante

Curiosea, aprende, estudia, expande las ganas de saber y conocer. La vida es mucho más que cotillear sobre asuntos ajenos.

Diviértete, sonríe y sé flexible

El humor y la risa te ayudarán a analizar la vida con mayor tolerancia.

Apuesta por una vida un poco más saludable

Prescinde del alcohol, el tabaco y otras sustancias dañinas. El uso y abuso de dichas sustancias puede provocar cambios perjudiciales en el cerebro. Además, recuerda que el placer deja de ser placer cuando se convierte en hábito.

Saca partido a las pequeñas cosas

La vida está repleta de pequeñas alegrías; basta con prestarles un poco de atención.

Procúrate una buena alimentación

Una dieta rica en polifenoles y ácidos grasos poliinsaturados es muy beneficiosa. Más de uno tendrá una alegría, dado que los polifenoles se encuentran en la cerveza y el vino (no olvides la moderación), y también en el té, el aceite de oliva, las nueces y otros frutos secos, el cacao y las frutas y verduras. Contienen ácidos grasos poliinsaturados el pescado azul (atún, sardinas, salmón), la calabaza (al horno está exquisita), el maíz y la soja.

Mantén a raya el estrés

Practica técnicas de relajación, yoga y deporte. Sal con amigos e intenta hacer actividades al aire libre. No olvides desdramatizar los problemas y afrontarlos con cierta distancia. Tal vez la cuestión en sí no sea tan importante. Y recuerda que, aunque estés muy motivado y conectado con la vida, puedes permitirte disfrutar de esos fantásticos cinco minutos de más en la cama, bajar la guardia de vez en cuando y darte el gustazo de dejar para mañana lo que puedas hacer hoy. No eres un superhéroe.

¿Sabías que...

... una ducha fría reduce el estrés, mejora la circulación, aumenta las defensas y ayuda a combatir la depresión? Te levantas, te metes en la ducha, giras el grifo a la izquierda y te pones debajo del chorro de agua bien caliente. Es pronto y no hay nada como una cálida ducha para despejarte, te dices, pero, curiosamente, tu cuerpo lo interpreta al revés. Tomar una ducha caliente, lejos de activarte, te adormece. Al salir, la temperatura del cuerpo cae en picado, lo cual conduce a un estado de ánimo reposado.

Te propongo un ejercicio solo apto para valientes: gira el grifo hacia el otro lado, aprieta los dientes y deja que el agua fría estimule cada centímetro de tu cuerpo durante 30 segundos. ¡Luego me cuentas qué tal! Y si ya eres de los valientes que se duchan con agua fría, pruébala caliente y vuélvete a la cama, pero vigila o llegarás tarde al trabajo.

PUERTA 3
TOMAR DECISIONES
Don Indeciso

Un albino disléxico que dejó de utilizar las listas de pros y contras

Convencido de que el sol siempre brilla en su ciudad, de que todo el monte sí es orégano y de que cada día es domingo, mi vecino de la puerta 3 vive de lunes a viernes ofrecido al amor. Los fines de semana descansa, pasea por alguno de los pocos parques de la población y parece observar la vida. Ronda los cuarenta años, vive con su madre y es un jeta de pies a cabeza. Cantante poliédrico de tangos, lo mismo rumbea al amanecer que entona sinuosos fados bajo la luz del crepúsculo, si no se lanza con un arisco bolero. Canta francamente mal, aunque su madre y el sordo de la finca de enfrente opinen lo contrario.

Albino, con los ojos violáceos, disléxico, y un metro noventa y tantos de estatura, tiene cuerpo de matón de *Spectre* sin chica Bond y, con la idea de que su genotipo merece perdurar, hace todo lo posible por dejar huella en este mundo.

El tipo le da mucha importancia a su impronta y trascendencia. Hace cuatro años, nueve meses y un día decidió abrir una cuenta corriente en varias sucursales del banco de semen. Lo que más ilusión le hace es encontrarse un día, bajando por un tobogán o en la terraza de un Burger King, a un infante albino, disléxico y con ojos violáceos. Está buscando descendencia, buscando eternidad.

Cuatro años y un día observando el ajetreo de la ciudad tras unas gafas de Mendel lo han convertido en un triste coronel que no tiene quien le escriba. No hay albinos, no hay dislexia violácea, no hay infantes gigantescos. Por ningún lado aparecen sus fotocopias reducidas ni sus bellos descendientes. No hay nada.

Hoy, a las cinco en punto de la tarde, sin té y sin llanto por Ignacio Sánchez Mejías, en el parque más céntrico de la ciudad se produce el encuentro de dos almas gemelas. Sentada en un banco, una pelirroja que aparenta treinta y tantos años, de ojos violáceos, cocinera especialista en postres que hace florituras en un restaurante con estrella Michelin, que hace tres años, nueve meses y un día que dona óvulos sin parar en diferentes clínicas de la ciudad, parece observar la vida.

Mi vecino, que de lunes a viernes vive ofrecido al amor y piensa que todos los días son domingo, lleva varias horas contemplándola y dudando si acercarse o no a su giganta de Baudelaire. Se ha enamorado y no sabe qué hacer; está atenazado por el temor y la ansiedad. Deshoja imaginariamente una margarita: tras un sí viene el no, y luego otro sí, y al final el no definitivo. No se da por vencido y continúa persiguiendo un sí. Hace un listado de las ventajas y las desventajas que tiene declararse, y los contras ganan por goleada. El miedo al ridículo y el temor a ser rechazado pesan demasiado cuando se trata de decidir; así es como la emoción nubla el poder de la razón. Aun así, mi vecino tiene el firme presentimiento de que esa mujer es la mujer de su vida. Tembloroso, dispuesto a jugársela a cara o cruz, saca una moneda del bolsillo y la lanza al aire. Si sale cruz, se le declarará. No lo duda: la vida es para los valientes que toman decisiones.

Toma asiento junto a ella. Con ansiedad pero con determinación, mira al frente, alza la voz y le empieza a contar un chiste:

> Le dice un marido a su mujer: «María, ¿cómo te fue en el campeonato de tiro con arco para disléxicos?». Contesta ella: «Fui certera». «Qué bien, entonces ganaste, ¿no?» «No, leñe. Certera, entre la gesunda y la tuarca.»

La estruendosa carcajada se extiende por el parque. Los contados gorriones que picotean por el jardín sueltan sus migas, asustados, y un niño se echa a llorar en lo alto del tobogán. Como el humor y el amor van cogidos de la mano (y este caso no va a ser la excepción), el siguiente domingo al atardecer hay una reserva de cena para dos. Una pelirroja, un albino, Mendel y una cita con final feliz, o no.

Cuando en los apasionados encuentros se suma necesidad, diversión y un ardiente deseo de intercambiar fluidos, confidencias y trascendencias varias, las historias de amor acaban como tienen que acabar. Hoy, lunes por la mañana, un tipo con millones de espermatozoides abandona el tango y los boleros y se lanza a rumbear a una pelirroja donante de óvulos que hasta ayer no tenía quien le cantara. Un albino con ojos violáceos y una atractiva pelirroja acaban de recibir sendas cartas de los bancos depositarios de sus donaciones.

Lamentamos comunicarle que, según los últimos análisis genéticos de sus muestras, es usted estéril. Reciba un cordial saludo y que tenga una buena vida.
Atentamente,

SU BANCO

La teoría del pensamiento inconsciente deja claro que pensar demasiado en un problema es, en cierto modo, tan poco conveniente como tomar una decisión precipitada, y el inconsciente de mi vecino toma nota de ello para las decisiones futuras. Ignorar un poco a la mente y dejarse llevar por lo que te presente la vida, hacer menos listas de pros y de contras y apostar por las experiencias. Arriesgarse, actuar, experimentar, lanzarse, errar y, de vez en cuando, solo de vez en cuando, acertar.

Nuestro albino disléxico y la pelirroja con ojos violáceos están viviendo una tórrida historia de amor. Han abierto una cuenta conjunta en el Banco Santander y comparten piso en mi finca, concretamente, en la puerta 3. Que viva el amor.

Los neurocientíficos piensan que el cerebro contiene una media de alrededor de 20.000 millones de neuronas y alberga más de 160 billones de conexiones entre ellas. Aunque cada neurona por su cuenta solo genera una ínfima cantidad de electricidad, si sumáramos la de todas ellas, el cerebro produciría energía suficiente para encender una bombilla de 20 vatios. ¿Sí o no? ¿Derecha o izquierda? ¿Subo o bajo? ¿Le llamo para quedar esta noche o no le llamo? ¿Y si me dice que nones? ¿Presento el proyecto o lo dejo aparcado hasta que lo tenga más claro? ¿Le digo lo que pienso (y descanso) o me lo callo (y reviento)? Por fortuna (y hasta que nos vistan con un pijama de madera), las personas tomamos cada día infinidad de decisiones sobre muchos temas, unos más importantes que otros. Cuando los afrontamos, unas veces, pocas, nos atascamos; otras, nos preocupamos o nos instalamos en la incertidumbre; raramente nos quedamos bloqueados por la angustia, y en la mayoría de las ocasiones solventamos nuestras dudas con soltura, imaginación, creatividad y bastante acierto.

Me gustaría que pensaras en un número del 1 al 9. Cuando lo hayas elegido, lo multiplicas por nueve. Si el resultado obtenido es de dos cifras, súmalas, y a la cantidad resultante réstale 5. Ahora busca la letra del abecedario que corresponda al número que has obtenido.

Para echarte una mano, te doy las correspondencias:

1 es A, 2 es B, 3 es C, 4 es D, 5 es E, 6 es F, 7 es G, 8 es H, 9 es I, 10 es J. El 11 es K, el 12 es L, el 13 M, el 14 es N, el 15 es Ñ, el 16 es O, el 17 es P, el 18 es Q, el 19 es R, el 20

es S, 21 es T, 22 es U, 23 es V, 24 es W, 25 es X, 26 es Y y 27 es Z.

¿Has encontrado tu letra? Ahora te haré dos preguntas muy sencillas y quiero que seas rápido a la hora de contestar. Piensa en un país que empiece por la letra que te ha tocado y en un animal que empiece por la siguiente letra del abecedario. Ahora adivinaré lo que has pensado. Me concentro unos segundos… *et volià!* Has pensado «Dinamarca» y «elefante». Lo he acertado, ¿a que sí? Enseguida te explicaré la razón, no es que sea adivino. No obstante, si no he acertado, sé condescendiente y no se lo cuentes a nadie; di que este psicólogo lo adivinó y es la bomba. De todos modos, antes de explicarte mi técnica adivinatoria, te haré una nueva petición. Quiero que te imagines que estás en casa, que abres el armario donde guardas la caja de herramientas y que sacas la caja. A continuación, abres la caja y escoges una herramienta. ¿La tienes? Pues entonces, piensa en un color. Repito, una herramienta y un color. ¿Ya está? ¿Has elegido un martillo azul? Menuda sorpresa.

Si he fallado el pronóstico, no me lo tengas en cuenta. Tal vez escogiste un destornillador rojo, o unos alicates verdes, u otra herramienta de otro color. En este caso, demos la bienvenida a la ambigüedad de la psicología o a la realidad de que hay personas un poco raritas, lo que más te convenga.

Volvamos a la primera pregunta. Fíjate en que de entrada te envié unos estímulos y respondiste como se esperaba. De hecho, te nombré el número 9 en dos ocasiones y tu mente te predispuso a elegirlo. Respecto a Dinamarca, ¿cuántos países conoces que empiecen por la letra D? Ahí lo tienes. Y lo del elefante es porque está grabado en tu mente desde que ibas al jardín de infancia o a la guardería. Me explico: hay unos cuantos nombres de animales que empiezan por la letra E, aunque no muchos, como esponja, elefante, escorpión, escarabajo, estornino, erizo de tierra, erizo de mar y estrella de mar, pero ¿cuál de ellos utilizaban para enseñarte esta letra cuando eras un mocoso? «E de elefante.» Cada vez que te encuentres con una letra E y te pidan que la asocies con un animal, tu cerebro te enviará automáticamente la imagen de un elefante, ni más ni menos. Solo has sido engañado por un efecto al que llamamos «primado». Lo del martillo azul ya te lo explicaré más adelante.

El efecto primado tiene que ver con la memoria implícita, que es una clase de memoria en la que las experiencias previas nos ayudan en la realización de una tarea del presente, sin que seamos conscientes de que esa experiencia nos influye. Esto explica muy bien la tremenda influencia que tienen el lenguaje y las palabras, tanto cuando hablamos como cuando pensamos, en nuestro estado de ánimo, en nuestros comportamientos y en las decisiones que tomamos. La memoria implícita es muy importante para trabajar desde el punto de vista psicológico con trastornos como la depresión, o incluso para motivar a los deportistas ante las competiciones, pero también nos puede servir a cualquiera de nosotros en situaciones más cotidianas, como una entrevista de trabajo o un atasco en la autopista. Según lo que nos digamos a nosotros mismos, lo afrontaremos de una forma o de otra. No es lo mismo decirse: «Estoy muy nervioso, me saldrá mal, seguro que no me eligen», que pensar: «Respira hondo, estás muy preparado y cualificado, te irá bien». Nuestro cerebro responderá de manera muy diferente ante cada una de estas afirmaciones, y nuestra conducta será también distinta. Cuando pensamos de manera positiva, es más probable que hablemos con mayor seguridad y decisión y que adoptemos una postura corporal mucho más firme.

¿Por qué nos decantamos por lo más caro?

La psicología se apiada de ti y se olvida por unos momentos de los elefantes y las herramientas, y te invita a participar como voluntario en una emocionante cata de vinos. Tras requisaros el carnet de conducir, que os devolverán dentro de unas horas, al grupo de voluntarios del que formas parte os dan a probar cinco vinos con sabor y precios diferentes. ¿El vino más caro sabe mejor? ¿Produce más placer tomar una bebida que sabes que es más cara? ¿Qué opinas tú?

Los experimentadores, que a buen seguro cerraron más de un bar en su juventud, tienen preparados un vino de 5 dólares, al que llamaremos Tetrabrik, y un vino de 90 dólares, bautizado como Marqués de don Simón. El vino más barato lo sirven en dos vasos, a los que ponen dos precios diferentes: a uno, el precio real del vino, es decir, 5 dólares, y al otro, un precio de 45 dólares. Con el Marqués de don Simón hacen la misma jugada y marcan un vaso a 90 dólares, lo que cuesta el vino, y el otro a 10 dólares. Y no hace falta ser un lince para pronosticar que a los voluntarios, que no son tontos, los más caros les iban a saber mejor; en efecto, disfrutaron más de los vinos más caros. Lo curioso es que estos vinos caros generaron una mayor actividad en la parte del cerebro correspondiente al placer. Curioso, porque los vinos no eran diferentes, pero lo que pasaba es que el precio alto aumentaba el placer medido objetivamente.

¿Por qué solemos decantarnos por lo más caro? ¿Lo caro va asociado al éxito y lo barato al fracaso? ¿Lo caro cuesta más porque tiene más calidad y está hecho con más esmero, a diferencia de lo barato, que es malo porque está hecho sin amor? Cuando en una tienda escogemos un producto, cuando en una cata preferimos un vino a otro y así en otras muchas rutinas diarias, nos comportamos de un modo irracional. Por ejemplo, vamos a comprar al supermercado el sábado por la tarde con el carro lleno de supuestos que hacemos de antemano. El primer supuesto es que el precio indica calidad, y esto suele ser cierto en algunos casos. Un precio más alto reflejaba un valor más elevado en épocas pasadas. Antes de la revolución industrial, la mano de obra y el coste de los materiales determinaban el precio de los bienes. Con la industrialización se abandonó en gran medida la producción artesanal, más reducida, y comenzó a producirse en masa, con lo que cambiaron los productos y su valor. Ahora son los círculos empresariales y las clases dominantes quienes definen los precios de los productos y al hacerlo no piensan en el coste de la mercancía, sino en cuánto están dispuestos a pagar los compradores por ellos. Así, el precio da un valor objetivo a un valor percibido.

Otro supuesto que nos puede confundir y jugar malas pasadas cuando vamos de tiendas es la expectativa de precios. Si encontramos un artículo con un precio que no nos parece el que corresponde, miramos y remiramos el artículo con cierta incredulidad. Si es un precio muy bajo, enseguida pensamos que el artículo es una falsificación o tiene algún defecto no visible; un precio demasiado bajo nos parece preocupante. Las personas tendemos a aferrarnos a aquellas cosas que nos aportan seguridad y huimos de los riesgos (salvo cuando escogemos una pareja), de forma que, inconscientemente, asociamos lo muy barato al riesgo y tendemos a elegir la opción más cara, que percibimos como más segura. Además, el hecho de ir a por la pieza más barata nos sitúa en el estigmatizado grupo de los fracasados. Esto sucede con las falsificaciones, o con la opción más barata de un mismo producto pero de diferentes marcas y precios. Comprar la versión barata de un producto puede hacernos parecer unos fracasados, así que quizá no sea una buena decisión desde el punto de vista emocional, aunque sea más saludable para la cartera.

Y no solo tomamos decisiones irracionales y nos inclinamos por lo más caro cuando decidimos comprarnos un coche de segunda mano, unas zapatillas o un bolso falsificado en un mercadillo ambulante. En el ámbito de la salud, nos pasa tres cuartos de lo mismo. Un grupo de investigadores clínicos falsos creó un nuevo fármaco al que llamaron Veladone Rx (un placebo de toda la vida). En sus estudios, dichos investigadores aseguraban a los participantes que el 92 por ciento de los pacientes que tomaban el nuevo medicamento notaba un importante alivio del dolor en menos de diez minutos, y que el efecto reductor de las molestias les duraba, aproximadamente, ocho horas. Como las farmacéuticas tienen muchos gastos y no regalan nada, cada dosis tenía un coste de 2,50 dólares. A continuación, llevaban a los valientes voluntarios a una acogedora habitación en la que se les aplicaban unas cuantas descargas eléctricas. Con las primeras descargas, los voluntarios no notaban ningún alivio del dolor. Las siguientes se las aplicaban después de haber ingerido el maravilloso medicamento Veladone Rx. Como era de esperar, el placebo hizo su efecto y la mayoría de los voluntarios sentía menos dolor tras la ingesta del placebo. Pero ¿habría tenido el mismo efecto balsámico el Veladone Rx si a los voluntarios les hubieran dicho que, en lugar de costar 2,50 dólares, el fármaco valía 10 céntimos? Lo probaron: se aplicó otra tanda de descargas eléctricas a nuevos voluntarios, y solo la mitad de ellos dijo sentir alivio tras tomar el fármaco de 10 céntimos. Moraleja: cuanto más cara es la pastilla, más efectivo resulta el placebo, y cuanto más caro es el placebo, más neurotransmisores se liberan en nuestro cerebro.

Si decides ir de compras con el objetivo de animarte, optar por los productos más baratos no te levantará demasiado el ánimo. Incluso puede hacerte sentir peor porque te recuerde que no puedes permitirte los más caros. Si estás pasando por un momento de bajón psicológico y optas por lanzarte a las tiendas para aliviar la tristeza o la ansiedad, te recuerdo que, según varios estudios, las personas experimentan más felicidad antes de hacer las compras que después. En realidad, no hace falta que compremos determinado artículo que nos resulta muy tentador por más caro que sea para sentirnos bien. Podemos elegirlo en la web que lo ofrezca y dejarlo en la cesta de la compra virtual. Para mejorar nuestro índice de satisfacción vital basta con imaginarnos que lo compramos.

Otro de los factores que influye a la hora de tomar decisiones cuando vamos de compras es lo que pensamos que dice un producto sobre nosotros: si nos hace parecer una persona fracasada, o rica y triunfadora; si nos da el aspecto de alguien de estatus elevado, o si por lo menos nos hace ganarle terreno al vecino de la puerta 8. La psicología, como ciencia que estudia el comportamiento, ha analizado la necesidad de compararnos con las personas de nuestro alrededor. Festinger, el psicólogo que propuso la teoría de la comparación social, nos recuerda que, al no existir formas objetivas de evaluarnos a nosotros mismos, lo hacemos comparándonos con los demás, basándonos en nuestras capacidades, nuestras opiniones, las casas donde vivimos, los ingresos que tenemos o lo que compramos. Es decir, el deseo de querer estar a la altura del vecino de la puerta 8 nos ayuda a ponernos en marcha y a pasar a la acción.

Sirve de ejemplo de la gran influencia que tienen las palabras en nuestro comportamiento un experimento realizado en el año 1966. Se ofreció a varios grupos de personas unas tarjetas con palabras sueltas escritas para que formaran frases con ellas. A uno de los grupos les dieron palabras relacionadas con la vejez, como «jubilación», «longevidad», «arrugas», «mayor» o «madurar». Al resto de los grupos se les dio tarjetas con palabras sobre otros temas que no tenían nada que ver con la vejez. Al salir de la prueba, se midió el ritmo al que caminaban los participantes y se comprobó que los que habían recibido las palabras relacionadas con la vejez caminaban más lentamente que los demás. Y eso ocurrió a pesar de que en ningún momento se les predispuso a ello, dado que no se les había hecho llegar palabras como «lento», «despacio» o «lentitud».

Una conferencia sobre ancianos y una partida de Monopoly

Algo parecido sucedió en dos estudios que explican cómo afecta a nuestras decisiones y comportamientos el contexto y las cosas que no controlamos, que son muchas.

En el primero, se invitó a dos grupos de personas a asistir a unas conferencias. En un salón de actos, un simpático conferenciante ofreció a los asistentes una charla sobre los beneficios de practicar turismo en una ciudad norteamericana, por la belleza de los parajes que la rodeaban y la hospitalidad de sus gentes. En el salón contiguo, abarrotado hasta la bandera, un entregado profesor proclamaba sus conocimientos sobre los achaques de la tercera edad, las enfermedades degenerativas, la congelación de las pensiones y los beneficios de las nuevas dentaduras postizas. Al terminar las dos conferencias, los investigadores midieron el tiempo que tardaban los miembros de cada grupo en llegar a un punto determinado, y comprobaron que, de media, los que habían asistido a la conferencia sobre la tercera edad caminaban con más lentitud que los que habían escuchado la charla sobre turismo. Y ojo, había personas de todas las edades en ambos grupos, no solo había gente mayor en la segunda conferencia.

El segundo fue un divertido y creativo estudio para comprobar cómo influye el contexto en nuestros comportamientos, nuestro estado de ánimo y, evidentemente, en las decisiones que tomamos, al que me habría encantado ofrecerme como voluntario porque se trataba de jugar al más famoso juego de mesa de la historia, el Monopoly. Es uno de los juegos de mesa más vendidos del mundo y, como su nombre indica, el objetivo de los jugadores, convertidos en los más firmes defensores de la propiedad privada y los desahucios, es crear un monopolio de propiedades —casas, hoteles, calles, barrios y hasta estaciones de ferrocarril— con el que arruinar a sus contrincantes. No parece que la solidaridad, la cooperación o el cuidado de lo público sean lo que enseña este juego, pero también es cierto que no por haber jugado al Monopoly te conviertes en un egoísta psicópata y amante bandido de lo ultraliberal.

Los investigadores invitaron a ocho jugadores a jugar al Monopoly, distribuidos en dos mesas. En la mesa A se sentaron cuatro jugadores y, nada más empezar la partida, un sigiloso experimentador colocó sobre la mesa, junto al tablero de juego, un maletín de ejecutivo. En la mesa B, donde competían los cuatro jugadores restantes, otro silencioso investigador colocó una pequeña mochila de las de ir a la montaña. ¡Hagan juego, señoras y señores, y recuerden que la banca gana! Mientras jugaban, los investigadores observaron el comportamiento de cada uno de los voluntarios y cuánto disfrutaban de las estancias en la cárcel o la pérdida de calles y casas de los demás. Lo interesante es que los jugadores de la mesa A, que habían jugado con un maletín de ejecutivo junto al tablero, mostraron más agresividad, más competitividad y más deseos de arruinar que los de la mesa B, que tuvieron menos conductas agresivas. Dime con quién vas y te diré cómo eres. O cómo se modifica tu comportamiento según reciba un estímulo en forma de ejecutivo o de *boy scout*. Recuerda que el contexto importa, y mucho, y que, a menudo, cuando tomamos decisiones no podemos controlar todos los factores que intervienen en ellas. Somos más vulnerables a las influencias de lo que pensamos, pero, aun así, tenemos un buen margen de maniobra para equivocarnos lo menos posible.

No siempre decidimos igual aunque nos enfrentemos a las mismas situaciones

En la consulta suelo utilizar una expresión que creo que en este punto resulta muy adecuada: la incertidumbre positiva. Con ella me refiero a aquellas situaciones en las que no sabes a ciencia cierta qué va a suceder ante una elección o vivencia, pero cuyo resultado final, pase lo que pase, te aportará algo positivo, o por lo menos no tan negativo como puedas pensar en ese momento. Aunque las cosas no salgan como esperabas, la vida sigue y sin duda tendrás otra oportunidad. Hay personas que prefieren cerrar los ojos y permanecer en la ignorancia, pues la asocian con la felicidad. Cuanto más saben, menos felices son, y el conocimiento hace que los abrumen pensamientos como: «Pues preferiría no enterarme de nada», «Lo feliz que se puede ser sin saber tantas cosas», o «Tengo envidia del ignorante, mira qué feliz que es».

En un estudio hecho con pacientes sometidos a pruebas para detectar la enfermedad de Huntington —un trastorno genético heredado que produce alteraciones psiquiátricas y motoras, de progresión lenta e imparable y con muy mal pronóstico—, las personas a las que se les dijo que había disminuido el riesgo de que padecieran la enfermedad transmitieron, durante el año posterior a las pruebas, que tenían mejor salud mental que aquellas a quienes se les dijo que en su caso el riesgo no había cambiado. Y esto es algo que parece de lo más lógico, pero lo sorprendente es que quienes habían sido informados de que para ellos el riesgo de padecer la enfermedad había aumentado, también transmitían que tenían mejor salud mental que las personas del grupo cuyo riesgo no cambiaba. Los dos grupos que habían recibido información, aunque para uno de ellos fuese negativa, habían visto como disminuía la incertidumbre y se sentían mejor en comparación con el grupo de riesgo invariable.

Así pues, parece que es mejor decidir partiendo del conocimiento, aunque este no sea de tu agrado, para saber qué hacer con tu vida. Es cierto también que hay personas con determinadas características para las que puede ser perjudicial conocer la realidad (especialmente cuando se trata de la salud), como las personas que tienen personalidad obsesiva o un estilo de pensamiento obsesivo. Al conocer un dato negativo sobre su salud, pueden sumirse en un caos psicológico y emocional transitorio. Por otro lado, algunas personas tienen muy claro que prefieren no conocer un diagnóstico y delegan la recogida de información en un familiar, pero al mismo tiempo muestran una actitud colaboradora con el tratamiento que prescribe el médico. ¿Por qué opción te decantarías en una situación tan compleja? ¿Seguro?

Ya sabemos la importancia que adquiere el entorno cuando es momento de decidir, pero también influyen otros componentes como el sueño, el poder de la amistad, las barreras psicológicas y los temores, el cansancio o agotamiento del ego, el orden en el que nos presentan los factores de un problema (en este caso, el orden de los factores sí altera el producto), los falsos remedios que nos han vendido para ayudarnos a decidir (como la lluvia de ideas o las fatales listas de pros y contras o de ventajas y desventajas), el influjo de un café caliente y las maravillas de los sesgos cognitivos. Lo iremos viendo poco a poco.

Sin ir más lejos, la falta de horas de sueño afecta a nuestra capacidad de atención y concentración, y hace que decidamos mal. Lo demostró un estudio realizado con dos grupos de voluntarios, los del primer bien descansados y los del segundo con falta de sueño de la noche anterior, a los que se convocó a un salón de juegos (la psicología parece potenciar el alcoholismo, la ludopatía y el ultraliberalismo). Una vez allí, se les pidió que eligieran una serie de cartas; había cartas de dos tipos: unas que les hacían ganar dinero y otras que les hacían perderlo. Los responsables del estudio repartieron las cartas en las diferentes mesas de juego, de tal modo que no todas las mesas tuvieran la misma proporción de cartas ganadoras que de perdedoras. Los voluntarios que estaban descansados y que habían dormido muy bien la noche anterior aprendían inconscientemente a elegir bien las mesas que tenían más proporción de cartas ganadoras. Y, al contrario, los que habían pasado una mala noche e iban faltos de sueño escogían de forma aleatoria de las cuatro mesas sin reflexionar, y se llevaban igual cantidad de cartas perdedoras que ganadoras. Me imagino que habrás recordado alguna mañana en la que te equivocaste en casi todo lo que hiciste, pese a que fueran tareas que por lo general dominaras. Dormir poco tiene los mismos efectos en el autocontrol y la capacidad de concentración que beber demasiado alcohol. Si has dormido poco o estás muy cansado y tienes ante ti un buen elenco de opciones para decidir, lo mejor es procrastinar, si te lo puedes permitir. O prueba a pedirle a un buen amigo que decida por ti, es un método que no falla. Sí, quien tiene un amigo tiene un tesoro.

Por ejemplo, tienes una cena con amigos en un restaurante y llegas agotado después de un duro día de trabajo o con falta de sueño, o tras una pequeña bronca con la pareja. Como a perro flaco, todo son pulgas y todo buen profesional de la hostelería esconde un psicólogo frustrado con un pelín de mala leche, el camarero te entrega con amabilidad una extensa carta de tropecientos platos, unos cuantos entrantes y el postre. Además, te obsequia con una generosa carta de vinos y cervezas artesanales echándote una impaciente mirada que significa: «¡Oiga, rapidito, que tengo faena!». Con los ojos navegando por la carta, preguntas a la mesa qué van a pedir los demás y echas terriblemente de menos la sencilla carta de tres platos y escoger al tuntún.

En psicología conocemos esta sensación de agotamiento como la «paradoja de la opción», que viene a decir que, con frecuencia, cuantas más opciones tenemos para elegir, peor nos sentimos. Si estás ante esta paradoja, déjate sorprender por alguno de los comensales que se supone que te conocen y te quieren. «¿Qué plato crees que me gustaría?» Lánzale esta pregunta a un amigo y acepta el envite. A veces, pedir a personas allegadas que decidan por nosotros, y en especial cuando no hay mucho en juego, puede ayudarnos a fortalecer vínculos, evitarnos quebraderos de cabeza por el desgaste de elegir y al final convertir una cena o una comida en una actividad con sorpresa positiva y más divertida. Y si escogen un plato que no te gusta, ya tienes a quién culpar del mal rato que vas a pasar, pero no te desesperes; piensa en el partido de vuelta: tendrás la oportunidad de devolverle la jugada.

Errores, barreras, miedos: la psicología del arrepentimiento y la nocturnidad

Tener miedo a equivocarse es muy humano. De hecho, la vida consiste precisamente en ensayar y errar, y en ocasiones, acertar. El error forma parte del proceso del éxito; como dice el dicho, de los errores se aprende, aunque el dicho se olvida de que de los aciertos también se aprende. Puede suceder que, para tomar una buena decisión, examinemos una y otra vez las diferentes opciones, y caigamos en la conocida parálisis del análisis, que es el acto de quedarse atascado por examinar hasta la saciedad las diferentes alternativas. Confía un poco más en tu disco duro y recuerda que no siempre hace falta darles tantas vueltas a las cosas ni supervisar tanto. Tu mente inconsciente procesa la información sobre las decisiones incluso cuando tu mente consciente está ocupada en otra cosa.

Veamos ahora un estudio sobre la psicología del arrepentimiento, que te ayudará a comprender el peligro del exceso de análisis y la parálisis permanente. Imagínate que quieres decorar tu habitación con un bonito cuadro que no desentone con los muebles, de un gusto exquisito. Te diriges a una tienda de cuadros, pósteres y láminas que hay en el centro de la ciudad, y compruebas asombrado que solo quedan cinco láminas. Tres de ellas son de arte abstracto y en las otras dos aparecen pájaros y florecillas. El comerciante, que es muy sagaz, se ha dado cuenta de que te cuesta tomar decisiones y, como también es un buen samaritano, te propone un juego para ayudarte a elegir. El juego te da tres posibilidades. La primera, escoger la lámina que tú quieras después de mirarlas todas a la vez. Aquí interviene la rapidez y la intuición que tanto te gusta cuando estás por la noche en los bares de copas. La segunda, elegir siguiendo estos pasos: mirar todas las láminas simultáneamente, apartarlas de la vista, resolver unos anagramas o un sudoku de nivel medio durante siete minutos y medio y escoger luego la primera que te venga a la mente. En esta dinámica dejas que tu mente se distraiga unos minutos, que tu inconsciente determine cuál es la mejor decisión mientras mantienes ocupado tu consciente con una tarea de mayor o menor exigencia. La tercera es la opción clásica: elegir una lámina tras pasar durante un buen rato pensando con detenimiento en cada una de ellas y viéndolas por separado. Supuestamente, en este caso la calma y la reflexión te dan seguridad. ¿Con cuál de las tres posibilidades crees que es menos probable que te arrepientas de tu decisión?

Un grupo de investigadores neerlandeses hicieron este estudio de las láminas con estudiantes de la Universidad de Amsterdam, y el resultado fue el siguiente: al cabo de unas semanas de haber elegido la lámina, los que habían optado por hacer una pausa antes de tomar la decisión (es decir, los que habían resuelto los pasatiempos) estaban más satisfechos que los de los otros dos grupos. Se habían arrepentido en menor medida. Una buena fórmula para tomar decisiones es seguir los pasos de los neerlandeses. Mete la información que deseas en tu mente, distráete durante siete minutos con una tarea que requiera concentración y, a continuación, vuelve a la decisión y deja que salga tu respuesta, tu elección. Deja que tu coco funcione y decida, no te arrepentirás.

¿Por qué pecamos más por la noche que de día? Durante el día, a nuestra mente y a nuestro músculo del autocontrol les cuesta un gran esfuerzo alejarse de las tentaciones que acechan a nuestra mente. Cada vez que reprimimos una tentación es como si levantáramos una pequeña pesa, y activar la fuerza de voluntad una y otra vez durante todo el día equivaldría a una dura y extensa sesión de levantamiento de pesas. Al final, nos agotamos. Tras una larga jornada combatiendo varias o muchas tentaciones, disminuye nuestra capacidad para oponerles resistencia y caemos rendidos. Este agotamiento explica por qué por las noches nuestro autocontrol es más susceptible de fallar, por qué claudicamos más. Cuando nuestra capacidad de razonamiento deliberativo está ocupada, nuestro sistema impulsivo adquiere mayor control sobre nuestros comportamientos: es decir, puede más la parte del deseo (lo que nos gusta) que la del deber (lo que es bueno para nosotros). Recuérdalo: si tenemos la mente ocupada, nuestra impulsividad adquiere más fuerza.

Una mente ocupada

Un equipo de investigadores se hicieron la siguiente pregunta: si tenemos un montón de cosas en la cabeza, ¿nos queda menos espacio cognitivo para resistir las tentaciones y por eso nos resulta más difícil rechazar ese rico pastel o no encender ese cigarrillo? Reunieron a dos grupos de personas. Al primero le dieron la instrucción de recordar un número de dos dígitos. Los integrantes del segundo grupo tenían que recordar un número de siete dígitos. Si eran capaces de recordar el número al pasar a otra sala que estaba al final de un pasillo, podrían cobrar un dinero como premio. Si no lo recordaban, les darían las gracias y a casa. Los participantes, colocados al inicio del pasillo, leían el número y después avanzaban por el pasillo camino de la otra sala; en medio del recorrido se encontraban con un carrito donde había una deliciosa tarta de chocolate y unos cuencos de apetitosa fruta fresca. Había también un cartel con la siguiente pregunta: «Si aciertas el número, ¿qué quieres comer, chocolate o fruta?». Luego seguían hasta el final del pasillo.

¿Habría alguna diferencia entre lo que escogían quienes estaban bajo una gran tensión cognitiva (los que memorizaban el número de siete dígitos) respecto a los que no soportaban ninguna tensión? ¿Ganaría el chocolate o la fruta fresca? Muchos de los voluntarios que iban a toda prisa memorizando el número de dos dígitos eligieron los cuencos de fruta fresca, al contrario de los que intentaban recordar el número de siete dígitos, gran parte de los cuales tomaron una porción de tarta de chocolate. Los que memorizaban el número de siete dígitos eran menos capaces de anular los deseos instintivos y acababan sucumbiendo al que, en otra situación, sería un pastel prohibido.

El efecto encuadre

¿El orden de los factores altera el producto? Sí, y mucho. Amos Tversky, psicólogo cognitivo y matemático y pionero de la ciencia cognitiva, reunió, junto con varios colegas, a un grupo de médicos y les dio información sobre los efectos de la cirugía y los de la radiación en un tipo particular de cáncer. La información se expuso de la siguiente manera: a una parte de los médicos les comentaron que de 100 pacientes que habían sido intervenidos con cirugía, 90 superaron el periodo posoperatorio, 68 seguían vivos al cabo de un año, y 34, al cabo de cinco años. El 82 por ciento de los médicos que recibieron esta información recomendaron la cirugía. Parecía una buena opción. Mientras tanto, al resto de los médicos les dieron los mismos datos pero de una forma diferente. Les dijeron que 10 de los 100 pacientes murieron durante la intervención o inmediatamente después, 32 pacientes murieron al cabo de un año, y 66, al cabo de cinco años. Tras esta exposición, solo el 56 por ciento de los médicos de este grupo recomendaron la cirugía.

En psicología, esto es el llamado «efecto de encuadre», el cual se relaciona con la tendencia a extraer conclusiones diferentes dependiendo de cómo nos presentan los datos. Ten siempre en cuenta que la percepción de un hecho varía según el orden y la forma en que nos lo exponen, también cuando tienes una cita, triunfas y, justo en el bonito momento en que os disponéis a realizar un intercambio de fluidos, os faltan preservativos. La suerte te sonríe y hay una farmacia de guardia en el barrio; allí el farmacéutico se da cuenta de tus necesidades y te pregunta: «¿Prefiere una caja de preservativos con una eficacia del 90 por ciento o una con un 10 por ciento de fallos?». Si la gracia del farmacéutico no te deja la libido por los suelos, seguramente te inclinarás por la primera caja, que te parece mejor aunque no haya ninguna diferencia entre las dos. Nos encanta centrarnos más en las probabilidades de éxito que en las de fracaso, nos da más seguridad.

Donde también saben que la forma de presentar la información modifica las probabilidades de salirse con la suya es en la Iglesia. Un monje pregunta al abad si está bien fumarse un cigarrillo mientras reza. Escandalizado, el abad le contesta: «Por supuesto que no; eso roza el sacrilegio». No contento con la respuesta, y con ganas de echarse un cigarrillo, el monje cambia de estrategia y dice: «¿Está bien rezar mientras se fuma?». «Por supuesto que sí, Dios nos escucha en todo momento.» Entonces, ¿importa o no importa el orden de las cosas?

El efecto señuelo es muy similar al efecto encuadre, con una pequeña diferencia. Imagínate que decides comprarte unos zapatos, y te encuentras en la siguiente tesitura: los zapatos X parecen mejores que los zapatos Y, pero, si presentamos en el escaparate otros zapatos similares a X aunque algo peores, los X nos parecerán unos zapatos aún mejores. O dicho de otra forma: ¿te ha pasado alguna vez que hayas salido de ligoteo con una amiga o amigo que se parece a ti pero es un poco más fea o feo que tú (o menos guapa o guapo, perdona), y has tenido éxito? Este es el efecto señuelo: los amigos menos agraciados nos hacen parecer más guapos a los que en solitario somos del montón, que, por cierto, somos la gran mayoría.

Decidir solo o en grupo, con o sin listas de pros y contras

¿Eres rápido a la hora de tomar decisiones? ¿Das mil vueltas a las cosas antes de tomar una decisión y, aun así, no lo tienes claro? ¿Lo echas a cara o cruz? ¿Preguntas a las personas de tu alrededor y dejas que tomen la decisión por ti? ¿Esperas a que decida tu pareja? ¿Al llegar a casa piensas que te has equivocado? ¿Qué opinas de la lluvia de ideas para encontrar una solución en grupo?

En 1987, los psicólogos Diehl y Stroebe enumeraron veintidós estudios donde se comparaba la productividad de la lluvia de ideas con la productividad de aquellos grupos en los que sus miembros buscaban a solas posibles soluciones antes de ponerlas en común. De los veintidós estudios, dieciocho confirmaban que los grupos cuyos miembros reflexionaban a solas alumbraban más ideas que los grupos que funcionaban bajo el paraguas de la lluvia de ideas. Si estás en el trabajo o con un grupo de amigos y buscáis ideas creativas, recuerda que las lluvias de ideas no funcionan; es mejor que cada uno elabore propuestas por su cuenta y después las presente al grupo.

Según el psicólogo neerlandés Bernard Nijstad, cuando participamos en una sesión de lluvia de ideas dedicamos mucho tiempo a esperar a que el resto de los participantes intervenga, lo cual libera tensión y salimos con la sensación de que hemos compartido una gran cantidad de reflexiones. Por otro lado, cuando reflexionamos a solas, la presión por tener ideas es constante, y si nos quedamos secos y no se nos ocurre nada, podemos sentir una enorme sensación de fracaso. La diferencia entre la sensación que tenemos al trabajar solos y la que nos genera trabajar en grupo sustenta la eterna y errónea creencia en la gran utilidad de las lluvias de ideas. Además, con esta dinámica corremos el riesgo de que alguno de los participantes, por vergüenza o temor a decir disparates, se guarde más de una buena ocurrencia que, sin embargo, podrían ser la bomba. Es fácil que los participantes crean que exponer sus ideas al grupo los va a penalizar.

Si lo que buscas es resolver problemas lógicos, olvídate tanto de grupos grandes como de trabajar a solas: la mejor fórmula es un trío. Los equipos de tres personas son los que funcionan mejor. En un estudio del año 2006, se comprobó el rendimiento de grupos formados por dos, tres, cuatro y cinco personas a la hora de solucionar problemas de lógica y números. Los grupos de tres, cuatro y cinco personas superaron sistemáticamente al mismo número de personas trabajando solas. Los grupos de cuatro y cinco no eran mejores que los tríos, lo que parece indicar que el número tres es el ideal para hacer ejercicios de lógica. Ya tienes más información objetiva para decidirte a formar un trío en tu lugar de trabajo.

¿Cuántas veces has escrito una lista de pros y contras para tomar una decisión más o menos importante? ¿Cuántas veces acabaste trucando la lista para que saliera la opción que en realidad querías que saliera? ¿Has tenido la sensación de que te estabas engañando conforme elaborabas el listado? En la escuela te decían que las listas de ventajas y desventajas funcionan, pero no te engañes. Muchas veces hay una opción que en realidad te emociona más, que en el fondo sabes que es lo que realmente quieres hacer. Solo es cuestión de dejarte llevar por las emociones y, para conseguirlo, debes prestar atención a tu radar emocional: la amígdala.

Los estudios nos obligan a reconsiderar los mecanismos decisorios y a tener en cuenta la participación de las emociones en estos procesos. La amígdala, una estructura cerebral situada en el lóbulo temporal del cerebro, es capaz de asignar significado emocional a los hechos o las situaciones que nos encontramos en nuestro ambiente. Es decir, la amígdala los valora y evalúa y le lanza un mensaje al resto del cerebro, como: «¡Eh, ten cuidado con eso!», o «Vaya, esto es la mar de interesante, vamos a verlo». Por otro lado, en la toma de decisiones es muy importante la corteza prefrontal, cuyas funciones anticipatorias y planificadoras colaboran íntimamente con los mecanismos emocionales del sistema límbico.

Cara o cruz, frío o calor

Tira una moneda al aire. Cuando te encuentres ante dos opciones y tengas que elegir, limítate a lanzar una moneda al aire. Es un método infalible, y no solo porque siempre da una respuesta, sino porque en el breve momento en que la moneda da vueltas en el aire, de repente te das cuenta de qué cara quieres que salga. Déjate guiar por tu brújula, te perderás menos.

Si no te convence, tira la moneda al aire de nuevo. Uno de los padres de la psicología cognitiva, Aaron Beck, utilizaba, en sus sesiones formativas sobre terapia cognitivo conductual para futuros psicólogos, el truco de la moneda en el aire. Planteaba que, cuando la moneda estuviera en el aire, había que preguntar al cliente o paciente cuál quería que fuera el resultado; lo que respondiera sería la solución y la salida al dilema por la que se decantaba en realidad. Eso sí, a la técnica de Beck conviene añadir, por si acaso, que errar es humano y que no existe la respuesta pluscuamperfecta.

Si te visita alguien a quien no quieres caerle bien y buscas una buena excusa para que no vuelva a tu casa, sírvele un café frío. Esta es la conclusión a la que llegaron varios investigadores de la Universidad de Yale. Imagínate que entran en una habitación unos cuantos estudiantes y se encuentran a un desconocido con bata blanca que tiene en las manos un libro y un periódico. A cada uno de los estudiantes, el señor de la bata blanca y con aspecto de haber dormido poco les ofrece una taza de café, a unos frío y a otros caliente, y les pide que sostengan la taza mientras leen el perfil psicológico de una persona. Cuando finalizan la lectura, los emplaza a valorar las características del sujeto al que acaban de analizar. Todos han leído el mismo perfil, pero lo curioso es que los estudiantes que han sostenido la taza de café más caliente definen a la persona como cálida y abierta, todo lo contrario de aquellos a quienes les ha tocado sujetar la taza de café frío, que afirman que esa persona era fría, competitiva y egoísta. ¿Te das cuenta de cómo influyen en nuestras decisiones componentes que escapan a nuestro control?

Los sesgos cognitivos

Hemos hablado de cómo nos afectan a la hora de tomar una decisión la falta de sueño; nuestros temores; el agotamiento del ego, que disminuye el autocontrol; el orden de los factores, que sí altera el producto; la falsaria lluvia de ideas y las fatales listas de pros y contras; la eficacia del trío, y un agradable café caliente. Nos queda hablar de los sesgos o prejuicios cognitivos, esto es: interpretar la realidad en función de las creencias que uno tiene sin plantearse otras opciones, creer que las personas que son más expertas siempre tienen razón, modificar las decisiones propias según lo que el grupo exprese, buscar solo la información que confirma lo que ya hemos decidido, aceptar sin más las pruebas que apoyan nuestras ideas (y mostrarnos escépticos con las opiniones o informaciones contrarias), o creer que es más probable que algo suceda cuando lleva tiempo sin haber sucedido y menos probable que ocurra porque lleva mucho tiempo ocurriendo, como en la clásica falacia del jugador: cuando en la ruleta sale el rojo muchas veces seguidas, la gente piensa erróneamente que a continuación saldrá el negro, o que si un jugador de baloncesto lleva cinco triples seguidos, encestará el siguiente.

Un sesgo cognitivo es una interpretación errónea e ilógica de la información de la que disponemos, que da demasiada o demasiado poca importancia a ciertos aspectos, lo cual nos lleva a un juicio equivocado. De la misma forma que un sesgo cognitivo puede inducir a error, en determinados contextos nos permite decidir más rápido o tomar una decisión basada en nuestra intuición cuando la situación (en un caso urgente, por ejemplo) no nos permite deliberar diferentes opciones. Los sesgos se fundamentan en nuestras experiencias, y así como muchas de las decisiones irracionales que tomamos a causa de ellos pueden ser bastante útiles para la vida diaria, ocurre lo contrario cuando nos enfrentamos a decisiones relevantes, especialmente en situaciones nuevas de las que carecemos de información previa para contrastar. Por ello, es importante tener en cuenta cómo nuestros sesgos (todos los tenemos) pueden ayudarnos a meter la pata.

Algunos ejemplos de sesgos cognitivos

Analizar en modo embudo: Cuando consideramos muy pocas opciones vemos la vida muy pequeña. Con frecuencia planteamos una decisión en términos binarios, cuando, muchas veces, pensando un poco más descubriríamos más alternativas.

Exceso de confianza: En ocasiones no atendemos a las posibles consecuencias de nuestras decisiones más allá de lo que le conviene a nuestro sesgo de confirmación, y eso nos limita a pensar que todo va a salir bien.

Sesgo de retrospectiva: «Yo ya lo sabía», o «Ya te lo decía yo». Reconstruimos el pasado con el conocimiento actual. El lunes es muy fácil saber lo que tendría que haber hecho el Barça para ganar el partido del domingo.

Sesgo de observación selectiva: Seleccionamos la información que nos interesa o nos ocupa. Nos compramos un coche nuevo de un modelo que hasta hace bien poco solo veíamos por las calles de forma muy esporádica. Con el tiempo, nos da la impresión de que todo el mundo ha comprado ese coche, pero, tranquilo, no eres un influencer de los automóviles, lo que ocurre es que ahora te fijas más. Y les pasa lo mismo a los que van con la pierna escayolada y con muletas por la calle o a las mujeres embarazadas («¡Mira, otra embarazada!»), o a aquel que acaba de dejar de fumar y ve fumadores, estancos y ceniceros por todas partes («¡Todo el mundo fuma!»).

Sesgo del experimentador: «Esto tiene que salir así», y metemos este resultado con calzador. Los observadores, y en especial los experimentadores científicos, a menudo advierten, seleccionan y publican los datos que están de acuerdo con las expectativas previas al experimento, y descartan los que puedan contradecir el punto de inicio.

Efecto halo: «Si es guapa, será inteligente». Nos llama la atención un rasgo positivo de alguien y lo generalizamos al conjunto de esa persona. Por ejemplo, tendemos a pensar que la gente guapa es más inteligente y más bondadosa que las personas menos atractivas, a pesar de que una cosa no tiene que ver con la otra. También por este motivo los altos ganan más dinero que los bajos y tienen más parejas. ¿Cuánto mides?

Algunas pautas para mejorar tu capacidad de decisión

Intenta encontrar más opciones posibles: busca información que vaya más allá de tu opción favorita, pregunta a algún amigo y permítete escuchar alguna opinión diferente que te ayude a ampliar tu horizonte.

No fíes todas tus acciones a tus emociones. Nuestro estado emocional influye mucho a la hora de tomar la decisión. ¿Recuerdas haber ido de compras a un supermercado con hambre y haber comprado cosas que no necesitabas? Seguramente compraste escuchando al estómago y no a la cabeza. Yo hace tiempo que voy a comprar con el estómago lleno, así me ahorro unos cuantos euros y cuando paso por la zona de los pastelitos de chocolate puedo echarles una mirada diciendo: «Os veo, os deseo, pero no os necesito», excepto cuando me concedo un premio. Asimismo, una persona triste, con ansiedad, angustiada o deprimida elegirá productos diferentes de los que habría elegido si hubiera estado tranquila y con un grado razonable de satisfacción vital. Intenta ser consciente de tus emociones y trata de regularlas.

*En esta situación, ¿qué me aconsejaría un amigo
o un vecino?*

Establece qué es importante en tu vida, cuáles son tus valores y si eso es bueno para ti o para otras personas.

Clarifica en la medida de lo posible hasta dónde estás dispuesto a llegar. Fija los límites que no quieres traspasar cuando tomes determinadas decisiones. Por ejemplo, si buscas un piso para alquilar, estaría bien que tuvieras firmemente establecido el precio máximo que vas a pagar, si quieres que la casa esté en el centro o en las afueras, si prefieres un estudio o un piso de dos habitaciones, con cocina integrada o con terraza. De esta forma, podrás rechazar ciertas demandas de los demás («Es muy bonito, pero es un estudio y yo quiero dos habitaciones, y me piden por él 90 euros más de lo que tengo en mi presupuesto») y no te confundirá la parte emocional («¡Me encanta!»).

Si te has equivocado, date permiso para seguir

En la vida lo habitual es ensayar y errar, y en ocasiones acertar. Es normal equivocarse, no te lo reproches mucho porque la vida continúa y no se quedará esperándote. Intenta no obcecarte con el error.

¿Qué es lo peor que podría pasarte si al final sucede tal cosa? Acepta la peor posibilidad, porque si estás prevenido para lo peor (seguro que no has de escoger entre el cable rojo y el verde sin saber cuál de ellos hará explotar la bomba termonuclear) y puedes afrontarlo, no tiene por qué darte tanto miedo tomar esa decisión.

Utiliza la técnica del «plato de sopa hirviendo»

Si un día de mucho frío te sirven un caldo hirviendo, lo normal es que esperes a que se tiemple un poco para evitar una fastidiosa y dolorosa quemadura en la punta de la lengua. Con determinadas opciones pasa tres cuartos de lo mismo: hay que esperar unos minutos o darte un tiempo antes de decidir.

Juega, para, desconecta, intenta reír y recuerda que la seriedad es limitante para tu cerebro

Procura que el color verde inunde las paredes, las sillas o la ropa, llena de plantas y flores la sala en la que trabajas habitualmente. Si desde tu ventana se ven árboles o hierba, míralos durante un rato; te ayudará a mejorar la creatividad.

Ponte en marcha. Ante la indecisión, acción. Ya sabes, sigue el lema de «menos mente y más vida». Cuando nos ponemos en marcha, la acción es el puente que une los pensamientos con los resultados. Así que, respecto a cualquier decisión, el proceso no termina cuando la tomamos, sino cuando entramos en acción. Luces, cámara y…

Cambia de perspectiva

Intenta imaginarte cómo enfocarían ese problema un niño de seis años, un amigo o cualquier otra persona. Sí, ¿qué harían en esta situación? Es probable que te sorprenda, además, hay muchos ejemplos para elegir. Si la respuesta no te gusta, intenta ponerte en la mente de un artista o un contable. ¿Qué harían? Cambia de perspectiva.

Plantéate hacer justo lo contrario de lo que has pensado

Este juego de los contrarios te puede llevar a soluciones diferentes y creativas, y también a algunas absurdas, pero explorarlas merece la pena.

Una buena siesta dispara los beneficios para decidir

Una siesta de veinte minutos reporta muchos beneficios para la salud, es reparadora y mejora la memoria. En un estudio, se pidió a los participantes que memorizaran un listado de palabras. A la mitad de ellos se les dejó dormir veinte minutos y los otros se mantuvieron despiertos. Al comprobar cuántas palabras recordaban cuatro horas después, los investigadores observaron que el grupo que se había echado la siesta obtenía mejores resultados. Otros estudios revelan que los pilotos de avión que duermen veinticinco minutos en la cabina de vuelo están un 35 por ciento más atentos y dos veces más concentrados que quienes no descansan. Duerme.

¡Silencio, se rueda!

Busca un lugar silencioso o cierra la puerta y las ventanas unos instantes. Es difícil tomar decisiones acertadas en nuestro frenético día a día, yendo de un lado a otro, en el coche, rodeados de gente y de ruidos. Un rato de silencio, sin nadie alrededor, o un paseo por la orilla del mar a solas, es mano de santo para quienes se enfrentan a decisiones difíciles.

¿Sabías que...

... hay trucos para conseguir que tu casa esté más limpia y que las personas que viven en ella sean más cuidadosas? Veamos dos estudios que hablan del efecto primado —nuestras acciones suelen estar influidas por indicaciones inconscientes— y de cómo reducir las broncas para que las personas con las que convives colaboren más en la limpieza de casa. En el primero, dos grupos de voluntarios se comieron unas galletas, uno en una sala perfumada con aroma de cítricos y el otro en una sala sin perfumar. Los voluntarios de la sala que olía a cítricos hicieron el triple de movimientos con la mano para limpiar las migas de galleta que habían caído en la mesa que los voluntarios de la sala sin aroma. En el segundo, los estudiantes de medicina que examinaban a un paciente con afectación cardiaca eran más cuidadosos con las normas de higiene si el ambiente olía a cítricos. Así que ya sabes, si quieres que tu pareja se corresponsabilice más y colabore con más alegría con las tareas relacionadas con la limpieza, utiliza un ambientador con aroma a cítricos y deja la escoba y la fregona en un sitio visible. Igual le da por ponerse a barrer y a fregar.

PUERTA 4
EL GURÚ DE LA FELICIDAD
Mucho ojo con el desarrollo personal

Una vendedora de felicidad amante del dequeísmo

Trabajar en una empresa dedicada a la venta de repuestos de automóviles no está reñido con ser una inquebrantable aspirante a convertirse en referente en el mundo del crecimiento personal. De la misma forma que no hay ninguna contradicción entre ser un forofo del Real Madrid y desear que gane siempre el Barcelona, o entre trabajar en salud mental y no tener ninguna formación universitaria.

Un curso de coaching de setenta horas de duración, un par de sesiones formativas sobre inteligencia emocional y programación neurolingüística (PNL), un curso en línea de *coaching life* auspiciado por una organización con nombre inglés... La vecina de la puerta 4 está convencida de que poniendo un título en inglés pareces la chica más lista de la clase. En el campo de la neurociencia y de la neurofelicidad lo inglés da tanto glamour como poner «neuro» delante de cualquier vocablo. Segura de que el saber no ocupa lugar, y con la firme creencia de que pasamos demasiado tiempo en la casilla de salida del juego de la vida, mantiene un perfecto equilibrio entre el debe y el haber. Sus seguidores en las redes se están empezando a multiplicar.

Se toma muy en serio su trabajo en la empresa de repuestos de automóviles. Las visitas de los clientes, los albaranes, las quejas, las devoluciones, las broncas, las llamadas en espera y todo aquello que tenga que ver con el funcionamiento de un negocio guarda un claro paralelismo con el mundo mental. Ella cree que sus quehaceres diarios son lo más parecido al campo base que utilizan los montañeros para ascender las más altas cumbres; ella es la montañera, el camino inexplorado es la vida y la cima, la profunda mente. Y así, entre metáfora y metáfora, transcurre la jornada laboral. Cuando acude al taller un cliente que busca un repuesto para la junta de la culata, lo guía para que, por medio de los clásicos cuestionamientos del coaching, descubra por sí mismo que tiene un problema por resolver. Si el cliente tiene los dos limpiaparabrisas averiados y necesita un juego de recambio, le recuerda que las rupturas tienen que ver con los pensamientos saboteadores y que es preciso investigar qué ha sucedido.

Mientras que otros coaches llaman «gremlins» a este tipo de pensamientos, nuestra amiga, en un alarde de originalidad y como buena futura influencer, se refiere a ellos como «los pensamientos bujía». La futura profesional del desarrollo personal, cuyos seguidores en las redes sociales son cada vez más y cuenta con un canal propio en YouTube, tiene un pequeño problema, aunque ella no lo sabe.

Debido a la educación recibida y el poco peso que se le dio a la gramática en su etapa escolar, es una ferviente practicante del dequeísmo. Endosa la locución «de que» cada vez que contesta las preguntas de sus seguidores y clientes, pero solo cuando habla. Si acude un joven con un espejo retrovisor roto, le propone una dinámica con la que descubrir las creencias limitantes y termina con la siguiente frase: «Yo pienso *de que* podrías trabajar tus pensamientos bujía. Esos que te sabotean y te impiden ser megafeliz».

Cada persona es un mundo, pero la mecánica y el coaching, que tienen mucho en común, ofrecen reparación a cualquier incidente. Por ejemplo, sin ir más lejos, las abolladuras en la chapa las relaciona con los vaivenes y los golpes que da la vida, y ella piensa que hay que saber aceptar. Si los intermitentes dejan de funcionar, tal vez es porque son incompatibles las metas y las creencias limitantes del cliente.

Las creencias limitantes, junto con los pensamientos bujía, son el eje de su ejercicio profesional, la brújula para no perder el norte y alcanzar sus objetivos. Hoy ha llegado un recién casado con un flamante coche y le ha pedido un cinturón de seguridad, pese a que el vehículo es nuevo y no ha tenido ningún accidente y, por tanto, el cinturón de serie está intacto y funciona la mar de bien. Quiere uno más porque no se siente del todo seguro. Ella le ha dado los buenos días, le ha instalado un cinturón extra sin cobrarle la mano de obra y le ha pedido que pasara a la trastienda para darle un par de mensajes. Nuestra futura experta en desarrollo personal, con más seguidores en las redes cada día que pasa, se ha lanzado a filosofar sobre la vida y el matrimonio tirando de metáforas. Le ha dejado entrever al recién casado que hay quien se conduce a sí mismo por la vida con el freno de mano puesto, con dos cinturones de seguridad y con el coche en punto muerto. Y que, ante las incertidumbres, hay quien mantiene las ventanillas subidas por si acaso y deja el vehículo estacionado siempre en la misma plaza. Le ha espetado varias preguntas sobre la vida, los sueños y las metas, con la intención de detectar las bujías y los límites. Como el joven no estaba muy por la labor de recibir orientación (y parecía tener la típica prisa del recién casado), le ha preguntado sobre la felicidad y el matrimonio. El chico, que, aunque temeroso, parecía bastante espabilado, le ha dado las gracias y le ha contestado: «Yo pienso *de que* sí».

De la misma forma que nada impide ser feliz si se está casado, tampoco hay razón para que el dequeísmo social no se haya hecho un hueco en el mundo de la salud mental. Yo pienso *de que* sí, ¿y tú?

Si se trata de ganar dinero comerciando con algo, el humo es más fácil de vender que la ciencia y, además de dar pingües beneficios, en este sector no hace falta poseer una extensa carrera académica e investigadora para dar gato por liebre y que aparezca un conejo. En muchas ocasiones, cuando se habla de felicidad en el ámbito de la ciencia, es decir, con datos rubricados por estudios científicos, se recuerda lo que el personal no quiere oír, se mencionan trabajo, negatividad, propósitos, valores, imposibles, tristeza, aceptación, relativización, sufrimiento y unas cuantas cosas más. Es extraño encontrarte con un profesional del bienestar o de la salud mental que hable de felicidad plena y de superpoderes mentales. Quienes ofrecen brebajes del todo a cien para ser felices pregonan mensajes tan bonitos como dañinos: «Si quieres, puedes», o «Llegarás hasta el lugar que tú quieras», o «Sí, donde tus sueños te lleven», o «Pídele al universo y se te proveerá»; consignas agradables de escuchar pero nocivas para la psique del personal.

Lo peor es que determinados medios amparan este circo del crecimiento personal que lo único que hace crecer son las cuentas corrientes de muchos farsantes. Tan responsable es el diosecillo que crea estos mensajes (evidentemente, copiando de otros) como sus seguidores (en muchos casos, verdaderos *hooligans*). Cuando veo a determinados vendedores de humo y a su legión de defensores y fans, se me despierta un no sé qué interior que me dice: «Cuidado, este tipo o esta tipa es un peligro». Tipos y tipas que en sus conferencias dan el mismo mensaje, sin cambiarle una coma, que en su primera charla, de hace diez años, y reviven una y otra vez ante el público una experiencia de su vida falseando la realidad con adornos emocionales, mostrándose compungidos, dejando rodar una lagrimita por la mejilla para que la audiencia empatice con el perdedor que fueron y dé crédito al ganador que (supuestamente) son. Es un truco que ya utilizaban los tahúres del Mississippi. ¿Me creo sus historias o dudo y sospecho que las adornan y exageran? No olvidemos que las personas tendemos a exagerar nuestras hazañas cada vez que las contamos, lo cual puede resultar gracioso si la anécdota es divertida o neutra, pero cuando uno habla de sí mismo para conseguir que la audiencia caiga rendida, puede ser un embaucador con un trasfondo de trastorno de personalidad. Tahúres que juegan con cartas marcadas, que venden felicidad de baratillo, tramperos de tu satisfacción vital y falsarios de la auténtica felicidad. Por desgracia, son multitud.

Prohibido estar mal, tener ansiedad, sufrir y deprimirse

A todo lo anterior, súmale que la gente tiene que estar siempre bien y gozar de una felicidad plena. Añade que vivimos en una sociedad competitiva y muy individualista, y en la que hay que mantener, sea como sea y a cualquier precio, un determinado estilo de vida. Si no lo logras, eres un pobre infeliz y un fracasado. Y si pierdes el trabajo y te deprimes, es que estás tonto. Si no encuentras trabajo o tu jefe te molesta, y andas atascado hasta bien entrada la madrugada cargadito de diazepam y Lexatin, es que no sabes ponerle buena cara a la vida.

Estamos sometidos a la dictadura de la autorrealización. Bajo este régimen, si no subes el último peldaño de la escalera de la realización personal o no haces lo posible para alcanzarlo, te hundes en la casta de los acabados y desdichados; la vida es una perpetua publicación de Instagram en la que el dolor o el sufrimiento no tienen cabida. La dictadura de la autorrealización vende esperanza para llegar a ninguna parte. Según *Psychology Today*, en Estados Unidos las ganancias de las editoriales correspondientes a la venta de libros de autoayuda rondaron los 2.500 millones de dólares en 2017. En España se han llegado a vender 9.937.000 ejemplares registrados en la temática de la autoayuda y el desarrollo personal, según los datos de Comercio Interior del Libro. La Agencia del ISBN recogió en 2016 que la facturación de libros prácticos sobre felicidad fue de 119,05 millones de euros, y la de los libros de divulgación, psicología, medicina y salud mental rondó los 135,5 millones de euros. Se trata, por tanto, de un negocio redondo que suma cada vez más títulos. Solo en el año 2017, la Agencia del ISBN inscribió 2.690 libros dedicados a la superación personal. El crecimiento registrado por este sector entre 2012 y 2017 ha sido del 2,6 por ciento anual.

Como decía Aldous Huxley, «No hay mayor negocio que vender a gente desesperada un producto que asegura eliminar la desesperación».

Esta dictadura de la autorrealización se sustenta en cuatro ideas fuerza, que estoy seguro de que te resultarán familiares si has asistido a alguno de los muchos cursos de superación o crecimiento personal que se dan, has visto algún vídeo de algún supuesto gurú de la felicidad en Facebook o YouTube, si te has dejado caer por la sección de brujería, más allá y superación personal de una librería, e incluso si no has hecho nada de esto. A continuación, detallamos estas cuatro ideas fuerza.

Si quieres, puedes (o cómo conseguir lo que uno se proponga sin que el entorno te importe lo más mínimo)

Si quieres ganar más dinero, pues trabaja más, que seguro que te haces millonario. Y las miles y miles de personas que trabajan de sol a sol, alternando trabajos diferentes, y no llegan a fin de mes es muy probable que no se repitan con la insistencia suficiente el manido «Si quieres, puedes». Tener pareja, ganar más dinero, pagar la hipoteca abusiva, conseguir un mejor trabajo o, en los tiempos que corren, por lo menos poder trabajar y obtener un salario digno, vencer un cáncer recién diagnosticado, ganar una final en una competición o simplemente llegar a ser finalista... ¿Seguimos? Ninguno de estos sueños o propósitos dependen en exclusiva de uno mismo; hay vida más allá del yo.

Las investigaciones demuestran que en torno al 50 por ciento de nuestra sensación de felicidad queda determinada por la genética. Un 10 por ciento se debe a circunstancias generales (como el nivel educativo, la cuantía de los ingresos, tener pareja), que resultan muy difíciles, y en ocasiones imposibles, de cambiar porque no dependen solo de nosotros. El 40 por ciento restante tiene que ver con nuestro comportamiento diario y con la forma en la que pensamos en nosotros mismos y en los demás. Ahí sí que tenemos un buen tajo donde podemos trabajar, pero aun así debemos bajar las expectativas del todo a una parte.

En 1953, unos investigadores entrevistaron a un grupo de estudiantes de la Universidad de Yale que estaban en el último curso y les preguntaron si habían puesto por escrito los objetivos específicos que querían lograr en su vida.

Veinte años después, los investigadores buscaron al mismo grupo y se dieron cuenta de que el 3 por ciento de los antiguos estudiantes, los que tenían objetivos específicos, había acumulado más riqueza personal que el 97 por ciento restante. Objetivos específicos que se asocian al «Si quieres, puedes». Vamos, ya lo tenemos. Esta es una gran historia que se cita en muchos seminarios de autoayuda para mostrar el poder de fijarse metas y, aunque siento amargarte este momento, debo decirte que tal estudio no existe, es inventado y, por tanto, falso. No obstante, no se deja de repetir y utilizar. En el mundo del crecimiento personal y del liderazgo hay formadores que siguen esgrimiéndolo como cierto. ¿Existe un método mágico para conseguir la felicidad eterna? No. ¿Podemos controlar nuestros pensamientos y conseguir la felicidad completa? No. Si ya la buena de Teresa de Ávila llamaba a su imaginación la «loca de la casa». Cada vez que oraba e intentaba entrar en contacto con Dios, sus pensamientos la distraían y la llevaban a ocuparse de otros asuntos más terrenales. La «loca de la casa» y el «Si quieres, puedes».

El poder está dentro de ti y puedes controlar y cambiar los pensamientos que alberga tu mente

Si Superman o Superwoman, Batman o Catwoman tienen su kriptonita o punto débil, imagínate tú, que no eres superhéroe o superheroína. Tienes poder, pero no es sobrenatural, y llegas a un límite, no más allá, como hemos visto. La posibilidad de controlar totalmente los pensamientos y las emociones no existe, y quien te diga lo contrario miente. Muchos gurús nos venden el método definitivo para alcanzar el control total de la mente y unas pistas infalibles para ser felices en un periquete. Estos manuales de la felicidad generan un gran número de lectores frustrados, deprimidos y con sentimiento de culpabilidad por no haber sabido cumplir las altísimas e irreales (aunque bellas) expectativas vitales. Sentirnos tristes, angustiados, bajos de moral, con dudas e inquietos, en definitiva, sufrir, es tan humano que nadie se libra de ello. *C'est la vie.*

Un estudio clásico sobre este tema es el realizado por Wegner sobre el efecto rebote. «No pienses en osos polares, no pienses en osos polares…», y es curioso cómo se disparan los pensamientos asociados a los osos polares. No querer pensar en algo de forma activa hace que aparezcan pensamientos intensos u obsesivos. En un estudio realizado en el Hamilton College de Nueva York, se pidió a un grupo de voluntarios que describieran el pensamiento más negativo que tuvieran sobre ellos mismos. A la mitad del grupo se le pidió que pasara once días intentando apartar ese pensamiento de la cabeza y al resto, que siguiera con su vida normal. Cuando llegaba la noche, todos los participantes debían indicar hasta qué punto le habían dado vueltas al pensamiento negativo, y puntuar su estado de ánimo, su grado de ansiedad y su autoestima en un registro realizado *ad hoc*. Los voluntarios del grupo que intentaba reprimir activamente el pensamiento negativo pensaban más en él que los demás, y se mostraban más ansiosos, más deprimidos y con menos autoestima. ¿Controlar el qué? La clave es estar menos pendiente de nosotros y dejarnos un poco en paz.

Visualízate teniendo poder y éxito, y el universo, la vida, la fuente o el origen te los darán en abundancia.
Tú lo mereces

Una oda a la visualización es *El secreto*, un libro del que se han vendido veinte millones de ejemplares pese a que parte de premisas falsas e invita a las personas a visualizarse consiguiendo sus objetivos. Por supuesto, es bonito y divertido visualizarse con cierto éxito. Lo que pasa es que las investigaciones nos indican que el camino para lograrlo es justo el contrario: trabajar más y visualizar menos o, dicho de otro modo, *menos samba e mais trabalhar.*

En la Universidad de California se realizó un estudio con un grupo de estudiantes, a los que se pidió que dedicaran unos minutos cada día a imaginar que sacaban una nota excelente en un examen y fantasearan con cómo se sentirían después de conseguirlo. Evidentemente, en el estudio había otro grupo de estudiantes, el grupo control, que afrontaba el mismo examen, pero a estos se les pidió que no se imaginaran sacando una nota muy buena. Lo curioso es que el primer grupo estudió menos y sacó notas más bajas que los abnegados y aburridos compañeros del segundo grupo. En otro estudio acometido por la Universidad de Pennsylvania se solicitó a unos estudiantes que anotaran las veces que fantasearan con obtener el trabajo de sus sueños al acabar la carrera. Tras dos años de seguimiento de los estudiantes una vez fuera de la universidad, los investigadores llegaron a la conclusión de que aquellos que habían dedicado más tiempo a pensar en el éxito habían enviado menos currículums y recibido menos ofertas laborales, y tenían sueldos más bajos que el resto de sus compañeros. *¿Menos samba e mais trabalhar?* Si fantaseas con lo maravilloso que será tu futuro, te esforzarás menos para cumplir tus metas, los contratiempos te pillarán con el pie cambiado y no acertarás a resolver los problemas que encuentres en el camino porque habrás bajado la guardia. La industria de la autoayuda lleva muchos años recomendando ejercicios de visualización, pero fantasear sobre el cielo en la Tierra, aunque quizá te haga sonreír, es poco efectivo para ayudarte a transformar tus sueños en una realidad.

Algunas pistas para que descubras las claves del éxito

«Me pongo de ejemplo del modo en que tienes que afrontar los conflictos, porque si yo pude, tú también puedes.» Además, en algunos casos los gurús inducen a cambiar de forma radical el estilo de vida, como si esto fuera sencillo, o lo más recomendable.

«La vida es muy chula, aunque en ocasiones nos hace verdaderas putadas. El cerebro tiende a la infelicidad. Nuestra materia gris no ha evolucionado para hacernos sentir bien, ni para contar chistes o escribir poemas de amor. Se transformó para ayudarnos a sobrevivir en un mundo lleno de peligros. La prioridad del ser humano primitivo era evitar aquello que pudiera dañarlo; cuantas más precauciones tomara, más viviría y más hijos tendría. En la actualidad, tras más de cien mil años de evolución, la mente moderna sigue estando en alerta, pero ahora evalúa y juzga de manera obsesiva e ineficaz el pasado y el futuro. Es como si estuviéramos destinados, casi sin remedio, a sufrir psicológicamente: nos comparamos con los demás, criticamos, juzgamos, proyectamos; estamos insatisfechos e imaginamos todo tipo de situaciones espantosas. Tendemos a dejarnos llevar por una programación innata, que se inclina con mayor facilidad hacia la infelicidad que hacia la felicidad.» Cuidado, que no te vendan la moto con ideas imposibles: el sufrimiento forma parte de la vida, nos guste o no. Por otra parte, la historia de que el fracaso es una oportunidad para superarse porque cuando se cierra una puerta, otra se abre, no es cierta. No todas las dificultades suponen una oportunidad: a veces son producto de la arbitrariedad o de la injusticia, o incluso de nuestras malas decisiones, y producen un gran quebranto vital.

«Puedes ser tan feliz como yo, y te diré cómo. Si no lo consigues, no será porque no te lo haya explicado bien.» Parafraseando a mi colega Jorge Barraca, autor del sugerente libro *La mente o la vida*, «nadie ha dado con un procedimiento psicológico ideal gracias al cual nos podamos relajar e hibernar de nuestras obsesiones y preocupaciones, o superar la tristeza todo el tiempo». Cada persona es diferente, así que las recetas de la felicidad no pueden ser universales.

Los efectos perversos de la tiranía de la felicidad

Del yoísmo al regocijo crónico

El desarrollo personal está asociado a una excesiva introspección, a mirarse demasiado el ombligo y a ser feliz por encima de todas las cosas. Se fomenta el «yo» en detrimento del «nosotros», se potencian las actitudes egoístas y no los comportamientos cooperativos que nos hacen grandes a las personas. Viva el hedonismo y viva el egoísmo, y que muera la generosidad.

Se aplaude el éxito (y se ignora a los que no llegan). Se ensalzan las hazañas de los triunfadores, de esos que alcanzan la cúspide, inmaculados y ocultando sus cráteres personales. Se muestran modelos de superación personal amparados bajo el paraguas de la idea fuerza número uno: «Si quieres, puedes».

Se inhibe la expresión de algunas emociones y se niega lo evidente: es normal estar mal. Negarnos a estar tristes y sustituir la pena por una alegría impostada es cansino e insano. Además, todos conocemos la utilidad de las emociones: todas tienen su papel, nos gusten más o menos, por lo tanto es un error clasificarlas como positivas y negativas, como buenas o malas. ¿Mostrar ira no es conveniente si intentan estafarte o robarte o hacerte daño? ¿Y no lo es sentir angustia ante una noticia devastadora? Cada emoción desempeña una función y nos ayuda a adaptarnos a las situaciones y a comprender el mundo.

Se reduce la tolerancia a la frustración. No se normaliza perder, solo vale ganar, porque «el poder está dentro de ti mismo y puedes con todo si te lo propones». Por desgracia, o por suerte, la vida no funciona así, y uno se lleva verdaderas sorpresas cuando en la vida pintan bastos: «Pero ¿esto no iba de estar bien y que las cosas salieran como yo esperaba?».

Incremento de la culpa

Cada vez nos encontramos más personas que cuando pasan por momentos difíciles se sienten incómodas por el hecho de estar abatidas, tristes o enfadadas. Se sienten culpables y fracasadas por no ser lo suficientemente optimistas y no lograr encontrar sentido a su sufrimiento.

Unas recomendaciones si vas a asistir a un seminario de desarrollo personal

Si estás atravesando un bache, con vaivenes emocionales o sufrimiento, consulta con un profesional de la salud mental: un psicólogo o un psiquiatra. Los profesionales podemos ayudarte a manejar el malestar y proponerte planes de acción para aumentar tu bienestar. Ningún profesional de la salud mental te dirá que tiene el secreto de la felicidad o que te explicará un método infalible para que controles la vida. Si así fuera, aunque te lo prometa desde un púlpito o vestido con un traje impecable y una amplia sonrisa, aléjate pitando de él. La psicología, por fortuna, es una cosa muy diferente. Si tienes dudas, acude a los profesionales de la psicología. Sí, psicología.

Si estás pensando en hacer un curso, taller, seminario o retiro espiritual de fin de semana dedicado al crecimiento o desarrollo personal porque estás en un mal momento, quieres encontrar respuestas y mejorar, quieres conocer a gente nueva o tienes tiempo libre y con tu dinero haces lo que quieres, pues lánzate, faltaría más. Aun así, déjame hacerte antes una sugerencia: ojo con los gurús que venden brebajes de la felicidad eterna porque sacan el dinero a la gente con bellas palabras y contenidos muy dudosos.

Si el curso está estructurado en niveles y a partir del segundo o tercer nivel podrás ser terapeuta, mentor, coach o facilitador y acompañante, para que tú también puedas ayudar a los demás en sus procesos, te están tomando el pelo, y, además, la cosa huele a secta.

Si te prometen que alcanzarás objetivos como reencontrarte y reinventarte, aprender a ser feliz, controlar tus pensamientos y emociones, sanar a tu niño interior y curarte hablando de las cosas que te afligen, seguramente también te están tomando el pelo.

Asimismo, es una tomadura de pelo si en el programa aparecen las siguientes palabras o expresiones: energías, neuroemociones, eneagramas, transpersonal, luz, niño interior, milagros, guía espiritual, procesos, sanar, ángeles, flores de Bach, horóscopo, guía espiritual, apertura de conciencia, regresiones, constelaciones, *tapping*, *mentoring*, futuro terapeuta, reiki, levitar, bioenergía cuántica, ayahuasca, cuencos tibetanos, trascendental.

Si en el apartado sobre el profesorado los currículums son más extensos que el prospecto de un medicamento y con un montón de palabras en inglés que quedan de coña pero que son, la mayor parte, una engañifa, ojo avizor, porque es fácil que te estén pegando un parche y diciendo: «Mira qué sabio que soy y lo tonto que eres tú». Si en los currículums no aparece la profesión de psicólogo, la cosa decididamente no huele bien. Y si aparece, pero junto a alguna de las expresiones anteriores, yo, en tu lugar, llamaría a un par de amigos, me iría a la playa y me daría un chapuzón para refrescar las meninges. Tu mente y tu cartera saldrán ganando. Hay falsos positivos en todas las profesiones.

Y de regalo, una última advertencia: en caso de que alguno de los ponentes cuente en su «biografía» una historia personal sazonada con un fracaso que le hizo tocar fondo y descubrir, gracias a ese proceso, sí, repito, gracias a ese proceso, que su vocación era ayudar a los demás, enseñar el verdadero camino para el crecimiento, abrir la conciencia del público y democratizar la sabiduría que él posee, no lo dudes: apúntate a ese curso porque vas a levitar sin necesidad de sustancias.

Ranking de psicochorradas varias

El color de tu áurea dice mucho de ti. Sí, y si no sale un áurea blanquecina te pondré dos velas negras. ¿Te imaginas en un hospital, junto a las salas de radiología, un detector de áureas? Igual podríamos ahorrarnos unas cuantas pruebas diagnósticas. Qué raro que no esté implantado todavía en el sistema sanitario; seguro que la culpa es de las farmacéuticas.

Cambia tú y cambiarás el mundo. Sí, es verdad: yo cambio de trayecto todos los días, cambio de humor, cambio de voto en las elecciones generales, cambio de amigos, cambio de casa, cambio de ciudad, incluso estoy cambiando mi carácter, y creo que el mundo sigue yendo igual de mal que siempre.

Conseguirás todo lo que te propongas. Es verdad. Creo que los deseos y propuestas de mi interminable lista empezarán a hacerse realidad pronto, porque tengo un poder sobrenatural.

Lo mejor está por venir. Esto me lo dijeron en 2019, y casi lo creí. Si, a finales de 2020 (cuando estoy terminando este libro), lo mejor que tenía que venir era esto, pues qué quieres que te diga: quien me lo dijo igual pensaba que yo era fabricante de mascarillas y que me iba a forrar. Seguiré esperando.

Todo irá bien. Sí, irá fenomenal. Cuánto daño ha hecho esta frase y qué dosis de infantilismo ha inoculado a nuestra sociedad durante la pandemia de la covid-19 y el confinamiento de la población. Ha sido una buena manera de negar las evidencias de dolor, sufrimiento y muerte provocadas por una enfermedad que en España se ha llevado por delante a decenas de miles de personas, ha dejado tocados y medio hundidos a sus familiares y ha arrasado con los pulmones y la vida de otras decenas de miles de personas. ¿Todo irá bien?

Como dice la ley de la atracción, todo lo que piensas sucede. Yo llevo años pensando que me toca la lotería o el cuponazo (sí, soy una de los millones de personas que desean no trabajar y me gasto 5 euros semanales comprando boletos de la primitiva y la ONCE) y solo he sacado algún que otro reintegro. Y también pienso que voy a encontrar aparcamiento cuando llego a un sitio con el coche y tengo prisa, y a menudo doy más vueltas que una noria antes de aparcar. Será que no lo pienso bien. Muchas veces pienso que me llamarán por teléfono para ofrecerme un negocio con el que nadaré en la abundancia. Lo pienso, lo pienso y existo, nada más y nada menos.

Atraes lo que eres. Según esta premisa, y recordando que somos lo que hacemos, si eres generoso, atraerás generosidad, y los demás se comportarán bien contigo. Si cuidas a la gente de tu entorno, colaboras con una asociación de ayuda a personas desfavorecidas o te muestras educado en tu día a día y respetas las normas, atraerás estas actitudes hacia ti. Conozco a personas fantásticas que se dejan literalmente la vida ayudando a gente necesitada, pero con quienes la vida no se ha portado demasiado bien; a personas educadas y buenas con las que algunos no han sido lo bastante respetuosos o educados, sino todo lo contrario. ¿De verdad que atraemos lo que somos? Es cierto que cuando uno se porta bien con la gente a la que quiere y se muestra desprendido y obsequioso, es más fácil que conozca la bondad por parte de los demás, pero también se lleva sinsabores y disgustos, porque la vida es muy chula, muy bonita, pero no es justa. Se ve muy claro cuando le vemos al revés: ¿cuánta gente conoces más mala que un dolor de muelas (la personalidad maligna existe) a la que la vida les va razonablemente bien? Entonces, ¿no se atrae lo que eres?

Tus vibraciones determinan qué personas se te acercarán. No sé si te has fijado en que en los controles de seguridad de los aeropuertos y las estaciones de tren han colocado unos dispositivos que detectan las vibraciones que emiten los pasajeros. Este *vibrator*, diseñado por expertos «vibrólogos» de la Universidad de la Vida, en Arkansas, distingue qué pasajeros son susceptibles de cometer un atentado o traficar con drogas, y es un excelente sistema para separar, cachear, desnudar y detener a delincuentes. Los perros policía olisqueadores de droga están en huelga porque ven que se quedarán sin trabajo. Su lema es: «¡Abajo el *vibrator* y que vivan los canes!».

El poder del universo te curará. Siempre que le pido algo al universo, miro al cielo y suplico que no me caiga un trozo de chapa de un satélite perdido, un pedrusco de meteorito sideral o un pedazo de basura espacial. Ya estoy viendo en la próxima campaña electoral a un político inaugurando el Hospital el Universo, especializado en patologías imposibles, cobijo para desahuciados y lugar de sanación. ¡Será por ideas!

Inspiras una luz blanca de poder sanador, espiras humo negro que te contamina. El cuerpo humano es lo más parecido a una fábrica contaminante cuyas emisiones fomentan el efecto invernadero y se están cargando el planeta Tierra. Inspiramos luces blancas que curan y espiramos el mal en forma de humo negro, así de fácil.

Estas sencillas fórmulas y psicochorradas son un pésimo plan para autorrealizarse y conquistar el mayor éxito en el mundo profesional y personal. Más dinero, más felicidad, más triunfo, más seguridad, más abundancia, más poder y felicidad a raudales. Conllevan cierto peligro, ya que, en algunos casos, inducen a hacer un cambio radical en el estilo de vida, a romper con todo y a reinventarse plenamente. Y esto no es tan fácil, y tampoco lo recomendable en la mayoría de las ocasiones.

Una última observación. Tal vez hayas oído decir que el nacimiento es un hecho traumático que provoca una gran herida que puede acompañarte toda la vida. Que el día que nacemos empezamos a alejarnos de nuestra esencia, que a partir de ese fatídico día nos vamos apartando de nuestro verdadero ser, y ese distanciamiento es el principio de muchos de nuestros problemas. Que hay métodos que sanan a tu niño interior y que sirven de bálsamo para cicatrizar las heridas que te impiden ser feliz, que te impiden reinventarte, que no te dejan crecer como persona y que son el sólido muro que te separa de la verdadera felicidad, tu felicidad. Quizá te hayan dicho tonterías parecidas a estas. Si es así, pon pies en polvorosa porque te están engañando. Estas teorías son una estafa en toda regla tramada por trileros emocionales, mensajes con tufo a «qué bueno y sabio es el gurú que nos enseña estas cosas», un gurú que en las fotografías aparece como un excelente comunicador, pero que tiene el alma de un cantamañanas y actúa en una película sobre fenómenos paranormales. Lo del niño interior y demás milongas no es sino el timo de la estampita para sacarte el dinero, pero sin vírgenes ni santos, solo con imágenes de la supuesta felicidad eterna. Si te encuentras ante dificultades o quieres apostar por tu crecimiento personal, no te dejes engatusar y consulta a profesionales psicólogos colegiados. Y si alguno de mis colegas (los psicólogos colegiados) te cuenta una historia de este tipo, puedes dirigirte al colegio profesional correspondiente, hacer valer tus derechos y presentar una carta de reclamación. Evidentemente, te recomiendo que cambies de profesional. Hay quienes pasan por la universidad sin que la universidad pase por ellos.

¿Sabías que...

... todos tenemos algún punto negro en nuestro pasado? Y quien esté libre de pecado que tire la primera piedra (Juan 8:7). Trata la cuestión de los actos éticamente reprobables que hayas cometido en el pasado y de los que no te sientas orgulloso. Piensa en alguno de estos hechos: el pequeño robo en el supermercado, la no inclusión de ciertos ingresos en la declaración de la renta, la trampa en un examen, la mentira u ocultación que conllevó problemas a otra persona, un delito del que no fuiste pillado por la policía o cualquier otro lance que te haga sentirte mal y del que, lógicamente, te arrepientas.

Intenta ser consciente de las emociones que experimentas al pensar en este hecho. ¿Ya lo tienes? Ahora, durante unos minutos, trata de mantener tus pensamientos centrados en los acontecimientos y observa las emociones que sientes. Rememora a continuación otro hecho del pasado diferente, algo de lo que te sientas muy orgulloso. Bien, recuérdalo y déjate seducir por la sensación de satisfacción.

En un estudio realizado en 2006, publicado en la revista *Science*, se pidió a unos voluntarios que hicieran algo similar a la dinámica que acabas de poner en práctica. Divididos en dos grupos, a los de uno se les pidió que recordaran algún hecho del pasado que se pudiera inscribir dentro de los parámetros de lo ético, y a los del otro, que rememoraran alguna fechoría en la que hubieran estado involucrados; que pensaran en ello y describieran cómo se sentían. A continuación, se les mostraron imágenes de productos que se venden en cualquier supermercado, como jabones, champús, patatas fritas, chocolatinas, sobres de comida instantánea, zumos y diferentes productos de limpieza del hogar. Una vez que los habían observado, tenían que calificarlos como más o menos atractivos.

Lo que resulta curioso es que las personas que habían recordado la acción poco ética tendían a escoger productos de limpieza como los más atractivos, por encima de los demás. ¿Significa eso que los productos de limpieza borran las manchas del pasado? Un buen jabón puede limpiar bocas en el presente y hacer un digno papel en nuestros recuerdos.

PUERTA 5
PSICOLOGÍA DE LA MENTIRA
¿Se pilla antes a un mentiroso...?

**Un tipo que perdió la memoria y se convirtió
en un ex de sí mismo**

Francisco anda más perdido que un pingüino en el desierto. Exdiputado regional de un partido político de ámbito nacional hasta hace dos años, empresario del sector de la información local hasta hace tres y marido hasta hace seis, recientemente se ha convertido en una sombra de lo que fue.

Señalado por las escuchas telefónicas a las que fue sometido en su etapa de empresario y que, según los indicios, proceden de fuego amigo, lleva varias visitas al juzgado, que le han acarreado un sinfín de disgustos. Ser portada en los medios de comunicación, ver tu imagen en los telediarios nacionales y escuchar tus conversaciones privadas en las tertulias radiofónicas se le atraganta a cualquiera. Oír tus propios dejes, tacos, bromas de doble sentido y alguna sandez que otra (que de esto no se libra nadie), puede provocar más de un cortocircuito. De hecho, Francisco tiene chamuscados tanto el corazón como el cerebro.

El estrés mantenido, combinado con comportamientos tan poco sanos como llevar una vida sedentaria, comer fritanga, abusar del alcohol y fumar, suele acarrear más de un disgusto. Si, además, entran en juego el sobrepeso y el colesterol, pues ya tenemos números suficientes para cantar línea y bingo.

A Francisco le gusta tomarse sus buenos gin-tonics con cardamomo en la terraza del local de moda de la playa. Le encanta contemplar el mar y dejar la mirada perdida en el horizonte, entre los veleros que surcan las olas. Soñar, escaparse, perderse, navegar. Su camisa azul remangada por encima de las muñecas y con los botones desabrochados casi hasta el ombligo deja entrever una poblada pelambrera y la medallita de la virgen del Carmen, virgen por la que siente verdadera devoción desde que era pequeño. Virgencita virgencita, que me quede como estoy.

Hace poco más de seis meses y medio, mientras con una mano se llevaba el gin-tonic a la boca y con la otra sostenía el móvil, se desplomó en medio de una fortísima discusión telefónica con un don nadie. La ambulancia, que llegó al cabo de veinte minutos, logró llevárselo vivo gracias a que entre la clientela se encontraba un joven estudiante del MIR que actuó con entereza y lo mantuvo a salvo. Ese ataque al corazón le causó algunas lesiones en el área frontotemporal del cerebro y, desde entonces, Francisco arrastra un problema muy peculiar de memoria. En el siglo XVII, el matemático Blaise Pascal dejó para la posteridad algunas frases como esta: «El corazón tiene razones que la razón no entiende». Francisco ha tenido un problema cardiaco de órdago y ha perdido parte de su razón de ser y casi toda su identidad. El diagnóstico con el que salió del hospital consiste en la suma de varias cosas. De primer plato, una amnesia anterógrada; de segundo, anosognosia y, de postre, un síndrome de desinhibición. El café, el puro y el gin-tonic lo dejan para otra ocasión.

Aunque sigue llevando el corte de pelo acostumbrado y no ha cambiado de número de zapatos ni de talla de pantalón, Francisco no es el mismo. Su DNI no ha caducado y muestra la fotografía y el número de siempre, pero su historial es muy distinto al de la época de los mítines, los chanchullos y los navajazos políticos. Por mucho que siga vistiendo sus camisas abiertas en verano y llevando en el pecho la medalla de la virgen del Carmen, es llamativo como, de resultas del infarto, parece un camaleón humano. Francisco cambia de identidad según la situación en la que se encuentre. Cada vez que va al centro de salud mental para que el psiquiatra le regule la medicación y le pregunte por las cosas de su corazón, Francisco se transforma durante los minutos que dura la visita en un médico especialista en psiquiatría. Discute sobre psicofármacos o salud mental en general, o canta los cuarenta trastornos con los que no está de acuerdo del nuevo *Manual Diagnóstico de Trastornos Mentales (DSMV)*. Si al psiquiatra no le gusta dicho referente, se pasa a la Clasificación Internacional de Enfermedades de la Organización Mundial de la Salud, y aquí paz y después gloria. Y lo mejor de todo es que da el pego y parece un psiquiatra hastiado de pasar consulta de ocho a tres. Cuando se acaba la visita, coge sus recetas, se marcha y vuelve a ser Francisco.

Si se encuentra con algún abogado de prestigio, por arte de birlibirloque se convierte en un letrado con pleitos en el Supremo. Hablan de leyes, del código penal, del juzgado número 4 (que es insoportable) o del peligro que tiene el fiscal del número 5. Incluso adorna las conversaciones con los latinajos clásicos del mundo jurídico, como *in dubio pro reo* o *pacta sunt servanda*, que le recuerdan (con cariño) al profesor de romano de la facultad. Y así lo cuenta Francisco.

Y lo mismo sucede cuando va a la elegante cafetería de la esquina, donde trabaja un joven experto en bebidas y barman de profesión que hace las delicias de la clientela mezclando sabores y sirviendo excelentes cócteles personalizados. Allí Francisco tampoco deja escapar la oportunidad. Cuando entra en el local, pasa al otro lado de la barra y se convierte en un competente coctelero. Nadie sabría decir quién es el maestro y quién, el discípulo. Cuando un cliente pide un cóctel —algo que ya se ha convertido en tradición para los seguidores de Francisco los sábados por la tarde—, el joven barman toma nota y nuestro hombre se pone a preparar, coctelera en mano y pajarita en cuello, un negroni, un daiquiri o un black russian con su puntito de licor de café. Y da el pego. En el local, incluso han bautizado un nuevo cóctel de sabor inolvidable con el nombre de amnesia anterógrada.

El pasado jueves, Francisco se encontró con un repartidor de pizzas que conocía sus antecedentes. Empezó a hablarle de masa fina, de cuatro quesos, de mozzarella, de tipos de tomate, de la historia de la pizza y de Marco Polo, esperando que nuestro hombre entrara al trapo. Lo extraordinario del caso es que su cerebro chamuscado le permite a Francisco convertirse en el profesional que tiene delante, siempre y cuando su actividad esté asociada al éxito y al prestigio social. Jamás se convertirá en un pizzero, ni en un taxista ni en un repartidor de Glovo; carecen de glamour. «He perdido la memoria y casi pierdo mi identidad, pero no soy gilipollas. Virgencita, virgencita, que me quede como estoy.»

Mi vecino de la puerta 5, que se convirtió en la sombra de sí mismo, sabe que uno puede mentir, pero hasta cierto punto.

Detrás de un gran hombre puede haber un mentiroso y detrás de una gran mujer, también

Lee los casos siguientes y señala los que creas que son una engañifa o te parezcan más falsos que un duro sevillano.

1. Enric Marco, español que participó en la Resistencia francesa y luchó contra los nazis, fue detenido por la Gestapo y encarcelado durante unos años en el campo de concentración de Flossenbürg. Los supervivientes españoles de los nazis le nombraron presidente de su asociación, dio cientos de conferencias en las que se hacía eco de las atrocidades de los campos de concentración, recordaba a

los muchos republicanos españoles que murieron en ellos y reivindicaba a los pocos que salieron con vida de allí. Al difundir su experiencia personal hacía lo posible para que las nuevas generaciones no se olvidaran del horror nacionalsocialista. Entre otras distinciones, recibió, en el año 2001, la Creu de Sant Jordi de la Generalitat de Cataluña. ¿Verdad o mentira?

2. Thomas Larez, sargento del cuerpo de los marines de Estados Unidos, sobrevivió a los disparos recibidos en Afganistán cuando combatía ferozmente contra los talibanes. En un intercambio de fuego y metralla y rodeado de fuerzas enemigas, puso a salvo a otro soldado herido en el combate, lo alcanzaron varios balazos (ninguno mortal) y mató a unos cuantos barbudos talibanes. Cuando todo parecía perdido, gracias a la ayuda de otro destacamento, su proeza tuvo un final feliz. Chuck Norris llevó su vida al cine. ¿Verdad o mentira?

3. Tania Head, una joven formada en las prestigiosas universidades de Harvard y Stanford, trabajaba en la planta 78 de la Torre Sur cuando se produjeron los atentados del 11-S en Nueva York. En el momento del impacto quedó inconsciente y su brazo empezó a arder. Un guapo bombero de almanaque con la cara tapada con un pañuelo rojo le apagó las llamas y la ayudó a salir. Mientras huía, un desconocido, moribundo, le dio su alianza para que se la en-

tregase a su esposa, y Tania lo hizo en cuanto pudo. En el ataque terrorista, Tania perdió a su prometido, que trabajaba en la Torre Norte, con el que iba a contraer matrimonio al cabo de unas semanas. Se quedó sola y descompuesta. Tania Head se convirtió en leyenda y llegó a ser una de las guías que acompañaban a un grupo de autoridades, entre ellas dos alcaldes de Nueva York, en una visita al World Trade Center. Asimismo, fue nombrada presidenta de la Asociación de Víctimas del World Trade Center. ¿Verdad o mentira?

4. Uno de los tentempiés más socorridos en bares y hogares cuando hay prisa o pocas ganas de cocinar es la conocida universalmente como tortilla francesa. Vierte uno o dos huevos, bien batidos y sazonados con una pizca de sal, en una sartén manchada con un poco de aceite bien caliente (si es de oliva, mejor). Espera unos segundos y *voilà!*, hete aquí una deliciosa tortilla francesa para servir en un plato o en un sabroso bocadillo. Cocinada por primera vez en la Bretaña francesa, su sabor trascendió fronteras y hoy es conocida como tortilla francesa. ¿Es verdad?

5. Aries, Tauro, Géminis, Cáncer, Leo, Virgo, Libra, Escorpio, Sagitario, Capricornio, Acuario y Piscis. Doce signos del zodiaco que se describieron a partir de las constelaciones situadas en la trayectoria del recorrido aparente del Sol alrededor de la Tierra

a lo largo del año, dividida en doce sectores. La fecha en que naces te da un signo determinado, que define tu personalidad. Según el mundo del zodiaco, en función del signo de cada uno, se recomienda una pareja de un signo concreto para tener los menos problemas posibles en la relación. Por ejemplo, Sagitario y Aries forman una pareja muy creativa, son muy similares y les encanta salir; Tauro y Capricornio son almas gemelas y si forman pareja, su relación es como la de las buenas películas; Acuario y Géminis, cuando el amor los reúne y comparten ideas y sueños, no ven nada más en el mundo. Y tú, ¿crees en el horóscopo?

6. Thamsanqa Jantjie es un intérprete de lengua de signos con una dilatada experiencia que, a los treinta y cuatro años, fue contratado por el gobierno de Sudáfrica para traducir los discursos de varias figuras internacionales, como los presidentes Barack Obama o Raúl Castro, en el funeral de Nelson Mandela. Estuvo trabajando cuatro horas en el escenario y salió en todas las televisiones del mundo por un salario de 60 euros. ¿Es verdad o le crecerá la nariz?

Veamos las respuestas. Agárrate que vienen curvas.

1. La historia real de Enric Marco no es nada heroica. En el año 1942 viajó a Alemania como trabajador

voluntario en el marco de uno de los acuerdos que firmaron el gobierno de Franco y el de Hitler y regresó a España un año después sin haber estado prisionero en ningún campo de concentración. Parece que solo tuvo un problema con la autoridad, pero por temas menores. El historiador Benito Bermejo desmontó la farsa al revisar los archivos de Flossenbürg y comprobar que el nombre de Marco no figuraba en ninguna lista. Javier Cercas le ha dedicado un libro con el título *El impostor*, que a Enric no le ha gustado mucho. No obstante, en un alarde de honestidad, este ha devuelto recientemente la Creu de San Jordi a la Generalitat de Cataluña.

2. El soldado Larez, con una buena dosis de imaginación y amor por las películas de Stallone y sus diferentes versiones de *Rambo*, convirtió varias de las secuencias heroicas que había visto en las películas bélicas en su pan de cada día, aunque hay una parte de verdad en esta historia: por lo menos era marine. Lo más cerca que estuvo de Afganistán fue cuando le enseñaron mapas militares en la Escuela de Infantería de Camp Geiger, o en sus sueños de hazañas bélicas, quién sabe.

3. Tania Head no se llamaba así; su verdadero nombre es Alicia Esteve. Ese 11 de septiembre de 2001, la buena de Alicia Esteve Head (no mintió con su segundo apellido, el de su madre, que es inglesa)

se encontraba a seis mil kilómetros de distancia de las Torres Gemelas, concretamente en Barcelona, estudiando un máster en gestión empresarial. De familia de clase alta catalana, y con una afición hereditaria a las trampas, se había destrozado el brazo en un accidente con un Ferrari unos cuantos años antes y el prometido que perdió en el atentado era imaginario. Con la gran inventiva que demostró tener, podría trabajar de guionista en futuras versiones de *Los cuatro fantásticos*. Se le ha dedicado el documental *La mujer que nunca estuvo allí*, aunque nos había convencido a todos de lo contrario. Tania Head, una mujer con cabeza.

4. La tortilla francesa habla tan poco francés como yo, pese a los muchos años que estudié esta lengua en EGB. Lo de francesa le viene del asedio al que las tropas napoleónicas sometieron a la ciudad de Cádiz allá por el año 1810. Debido a la presión del ejército francés, los gaditanos sufrían escasez de alimentos y, cómo no, de las patatas con las que preparar la patria tortilla española. Hambrientos y resolutivos, dijeron: a falta de patatas, echémosle huevos. Finalizada la guerra siguieron cocinándose los huevos en forma de esa tortilla a la que se llamaba «tortilla de cuando los franceses». Si vas a Francia y pides una tortilla francesa, te la darán con queso, esa es su auténtica tortilla.

5. En primer lugar, hay que recordar que la astrología no es una ciencia sino una creencia, y que las posiciones de las estrellas y los planetas no influyen en nuestro comportamiento. Teniendo en cuenta que hay millones de iluminados que defienden que la Tierra es plana, esto de que unas cuantas estrellas que están a años luz de nosotros afecten a nuestras actividades cotidianas es un tema menor. Hace tres mil años los babilonios dividieron el zodiaco en doce partes iguales, que nombraron según las constelaciones que contenían, y observaron que, a medida que la Tierra orbitaba alrededor del Sol, parecía que pasaba a través de cada una de las doce partes del zodíaco. En 2016, la NASA lo explicó en un comunicado oficial: «Las constelaciones son de diferentes tamaños y formas, por lo que el Sol pasa diferentes períodos de tiempo con cada una. La línea desde la Tierra a través del Sol apunta a Virgo durante cuarenta y cinco días, pero apunta a Escorpio solo siete días. Para hacer una combinación ordenada con su calendario de doce meses, los babilonios ignoraron el hecho de que el Sol realmente se mueve a través de trece constelaciones, no doce. Luego asignaron a cada una de esas doce constelaciones la misma cantidad de tiempo».

De acuerdo con lo que en realidad ocurre en el firmamento, los signos del zodiaco quedan de esta forma con la aparición del «novato» Ofiuco: Capricornio, del 20 de enero al 16 de febrero; Acuario, del 16 de febrero al 11 de marzo; Piscis, del 11 de marzo al 18 de abril; Aries, del 18 de abril al 13 de mayo; Tauro, del 13 de mayo al 21 de junio; Géminis, del 21 de junio al 20 de julio; Cáncer, del 20 de julio al 10 de agosto; Leo, del 10 de agosto al 16 de septiembre; Virgo, del 16 de septiembre al 30 de octubre; Libra, del 30 de octubre al 23 de noviembre; Escorpio, del 23 de noviembre al 29 de noviembre; Ofiuco del 29 de noviembre al 17 de diciembre y Sagitario del 17 de diciembre al 20 de enero. Si eres Ofiuco, enhorabuena, tienes el mundo a tus pies y ya conoces una nueva técnica para ligar y hacer amigos. Oye, ¿qué signo del zodíaco eres? Cariño, ahora vuelvo.

6. Thamsanqa Jantjie apareció en las pantallas de televisión junto a diferentes personalidades internacionales en el funeral de Nelson Mandela, y, mientras estas daban su discurso ante decenas de millones de personas, nuestro experto intérprete del lenguaje de signos se dirigía al público moviendo las manos sin ningún sentido y sin ninguna expresión en su impávido rostro. Un auténtico disparate, que le dio un cariz divertido a la despedida del bueno de Mandela. Aún hoy recuerdo ese momento con lágrimas en los ojos, y no eran de tristeza. Puedes encontrar en las redes vídeos de este pedazo de actuación. Sublime.

La mentira del día más triste del año

Un buen ejemplo de engañifa sideral que, año tras año, los medios de comunicación repiten como papagayos es el timo creado por Cliff Arnal, psicólogo de la Universidad de Cardiff, y la desaparecida compañía de viajes Sky Travel. Al más puro estilo de Robert Redford, Paul Newman y su camarilla de tramposos en la estupenda película *El golpe*, Arnal y Sky Travel idearon una campaña publicitaria que consistía en encontrar el día más triste del año con la ayuda de una fórmula matemática y animaba a contrarrestar la tristeza comprando un billete de avión. Los creadores de la campaña lograron descubrir que la tristeza se dispara el tercer lunes de enero de cada año, día que bautizaron con el original nombre de Blue Monday. Aunque su descubrimiento no fuera verdadero (la fórmula es artificiosa y acientífica), consiguieron que todavía habláramos de él al cabo de unos años. A Goebbels, el que fuera todopoderoso ministro de Propaganda de la Alemania nazi, le atribuyen la frase «Una mentira mil veces repetida acaba tomando forma de verdad», que más de setenta años después de la muerte de su autor, sigue estando de rabiosa actualidad. El Blue Monday es una clara muestra de su vigencia y, por desgracia, no es la única. Observa la fórmula matemática y fíjate en la gran dosis de imaginación y creatividad que requirió acuñarla.

$$[1/8C + (D\text{-}d)] \, 3/8 \times TI \, M \times NA$$

En la fórmula, *C* es el clima, *D* son las deudas que tenemos desde las Navidades (¡maldita tarjeta de crédito!), *d* es el salario que se cobrará a finales de enero (el que lo cobre), *T* es el tiempo transcurrido desde las fiestas navideñas, *I* hace referencia al tiempo que ha pasado desde que has incumplido uno de tus propósitos de principios de año (ir al gimnasio, estudiar inglés, ponerte a dieta, dejar de fumar…), *M* corresponde a la motivación que queda tras las frustraciones por no haber conseguido los propósitos deseados, y *NA* se corresponde con la acción.

El resultado que se obtiene con esta fórmula es el tercer lunes de enero, como podría ser el 15 de noviembre, el 4 de junio, el 7 de julio San Fermín o el día del cumpleaños de tu suegra; un disparate y una engañifa. Sin embargo, se habla tanto del día más triste del año en las redes, en los medios de comunicación y hasta en la barra del bar mientras se toma uno el primer café de la mañana que no es raro acabar creyendo esa patraña.

En psicología llamamos «profecía autocumplida» al mecanismo de pensar que algo puede ocurrir y hacer lo posible para que pase. Imagina que me creo lo del Blue Monday y cuando me pongo en marcha ese día pillo un atasco que me hará llegar tarde al trabajo. En el coche oigo en las noticias que mi equipo de fútbol perdió ayer su enésimo partido, y además me doy cuenta de que se me ha olvidado en casa el cargador del móvil y pronto me quedaré sin batería. Encima, precisamente hoy me espera un marrón de campeonato en el trabajo. «Lo sabía, hoy es Blue Monday, menudo día llevo.» Pero ¿cuántos días te ha pasado algo así? Casi todos, pero hoy estás muy triste porque tienes que estarlo, no en vano es el día más triste del año. Por cierto, el bueno del psicólogo actualmente lidera una campaña en las redes sociales desmontando su propia teoría, pero parece que con poca repercusión en algunos medios de comunicación. Cuando llegue enero estaremos atentos al telediario.

¿Quién no miente alguna vez?

¿A quién no le han mentido en alguna ocasión? ¿Y quién no ha mentido a su vez? ¿Somos los seres humanos mentirosos por naturaleza? ¿Cómo podemos saber si nos están contando mentiras? ¿Existen de verdad señales como la creciente nariz de Pinocho que permitan detectar las mentiras? Somos mentirosos, sí, y mucho, aunque unos más que otros. Los estudios indican que el 90 por ciento de las personas reconoce haber mentido en una cita, y que al 40 por ciento no le supone ningún problema mentirles a los amigos. Según una encuesta realizada en 2007 por la compañía de seguros británica Royal and Sun Alliance, en el ámbito laboral, el 80 por ciento de la gente ha mentido al ser entrevistada, y casi el 50 por ciento de los empleados ha contado al menos una mentira importante a su jefe.

Empezamos pronto a mentir. A partir de los cuatro o cinco años comenzamos a decir mentiras con el fin de experimentar y jugar con el lenguaje. Conforme crecemos, seguimos utilizando la mentira para suavizar la realidad o para conseguir lo que queremos. Mentimos cada día una o dos veces, y, de media, en entre el 30 y el 38 por ciento de nuestras interacciones. En un estudio realizado en la Universidad de Santa Bárbara, se pidió a 147 personas que durante una semana explicaran en un diario anónimo el cómo y el porqué de cada mentira que decían. El resultado fue sorprendente. Los estudiantes universitarios decían un promedio de dos mentiras al día, y el resto de la gente, solo una. Las falsedades podían entrar en la categoría de «mentirijillas», aunque las hubo de todo tipo (infidelidades, estafas y demás engañifas). Muchos de los participantes admitieron sentirse perseguidos por la culpa, pero otros confesaron que, cuando se dieron cuenta de que el embuste les había salido bien, utilizaron la técnica una y otra vez.

¿Podemos considerar que todas las personas sufrimos una patología común cuando mentimos? En realidad, no. La mayoría de las mentiras no son intencionadas, y a veces cumplen una función, que puede ser adaptativa. En muchas ocasiones las usamos como lubricante de las relaciones humanas: son «mentiras piadosas». Desde pequeños aprendemos que es mejor evitar las críticas y las recriminaciones en público, así como ciertos comentarios sobre el físico, la vestimenta o cualquier aspecto de la vida privada de los demás. Las que decimos con esta intención serían las mentiras socialmente aceptadas y a las que todos hemos recurrido alguna vez en nuestra vida. Imagina que viene tu pareja o una amiga y te pregunta: «¿Me ves más gorda?». Si no quieres dormir en el sofá esa noche o romper una amistad, vale la pena que optes por no decir la verdad, toda la verdad y nada más que la verdad y lances una verdad a medias. Un simple «No» o un lacónico «Qué va» pueden ser un buen salvavidas.

No solo mentimos los humanos; en el mundo animal este fenómeno también se produce con frecuencia. Los juegos de engaño son más comunes en las especies más sofisticadas. Por ejemplo, unos parientes cercanos nuestros (de algunos más que de otros), los chimpancés y los orangutanes, son unos grandes «mentirosos». En una investigación simiesca de la Universidad de Saint Andrews, los científicos descubrieron una relación directa entre el tamaño del cerebro de los primates y el carácter furtivo de estos animales: cuanto mayor sea el volumen de la neocorteza de una especie de primates, mayor es la posibilidad de que el mono o el simio en cuestión realice una maniobra de distracción. Sin embargo, el engaño es habitual en otros muchos animales, como los que adoptan la estrategia del camuflaje, bien para evitar ser devorados, bien para cazar a sus presas.

¿Mentimos más los españoles y los latinos que otros seres del planeta Tierra? Vale, hay unos cuantos ejemplos que describen muy bien el mundo de la mentira patria, como la fabulosa novela del gran Quevedo *Historia de la vida del Buscón, llamado don Pablos; ejemplo de vagamundos y espejo de tacaños* o la anónima *La vida de Lazarillo de Tormes, y de sus fortunas y adversidades*, en las que el ingenio, la picaresca y un cúmulo de mentiras son el pan nuestro de cada día. Está claro que en aquellos tiempos con las medias verdades se lograba sobrevivir, y que el embuste significaba subsistencia. Aun así, en nuestro ADN no solo están impresas las mentiras, ni tampoco es cierto que en nuestro país se engañe más que en el resto del mundo. Lo demuestran casos flagrantes de fraude, como el asunto Volkswagen y sus coches diésel destapado hace unos pocos años (en Alemania no son mejores), o el pasado pirata de los ingleses y sus cambios de bandera. De mentir no se salva nadie, y lecciones, las justas, aunque debemos admitir que los famosos másteres y otros títulos de algunos de nuestros representantes políticos no nos dejan en muy buen lugar.

Veamos ahora un experimento realizado en la cafetería del Departamento de Psicología de la Universidad de Newcastle, a la que tenían acceso el personal docente e investigador —profes y psicólogos, gente culta y sensata libre de toda sospecha y «exentos» de trastornos psicológicos (recuerdo unos cuantos profesores que estaban como una regadera)— y el personal de administración y servicios. En la sala donde estaba el café, el té y la leche y otros productos frescos, guardados en la nevera, se colocó un cartel recordando a la gente que dejara el dinero que costaba cada consumición en una caja que había junto a las bebidas. Durante las diez semanas que duró el experimento, la sala estuvo decorada con dos imágenes diferentes: las primeras cinco semanas, con un paisaje repleto de flores, y las otras cinco semanas, con una gran fotografía de unos ojos penetrantes que miraban directamente al personal cuando se servía su taza de té o café. Al final de cada semana se contaba el dinero que dejaban los psicólogos y demás empleados del departamento en la caja de la honestidad, y se constató que pasaba lo que estás pensando: el personal se escaqueaba de pagar. Durante las cinco semanas en que presidió la sala la imagen de las flores se recogió algo de dinero, pero poco para las consumiciones servidas. Ahora bien, mientras estuvo colgada la fotografía de los grandes ojos vigilantes, se recaudó casi el triple de dinero. Al parecer, la ocasión, la pintan calva, y todos llevamos un pequeño ladronzuelo dentro y nos zafamos de las obligaciones en cuanto podemos, es decir, cuando no nos ven. En cambio, si nos sentimos observados y controlados, nos comportamos de forma más honesta. En la gran mayoría de los países de nuestro entorno existen más mecanismos de control; no es que sus habitantes sean mejores, sino que, simplemente, sus instituciones son más exhaustivas cuando se trata de controlar.

¿Somos conscientes de cuando estamos mintiendo? No siempre. Robert Feldman, profesor de psicología de la Universidad de Massachusetts, llevó a cabo un estudio con parejas de desconocidos que sostenían una conversación informal durante diez minutos y después escuchaban la grabación. Los participantes manifestaron que habían sido sinceros del todo en la conversación, pero quedaban asombrados al ver cuánto podían mentir en tan poco tiempo: el 60 por ciento de ellos mintió en al menos una ocasión, y había un promedio de casi tres declaraciones intencionalmente falsas por conversación. Estos datos parecen indicar que nuestras conversaciones cotidianas están plagadas de verdades «a medias». Ahora bien, cuando hablamos de mentiras, todos pensamos en las dañinas. El engaño que entendemos como tal son esa clase de mentiras que no se dicen con intención amistosa y que pretenden causar daño, evitar o aliviar un castigo a uno mismo o a otros, o proporcionar un beneficio o ventaja a quien las formula, o sea, eludir responsabilidades, dar buena impresión, sacar beneficios económicos y un sinfín de trampas más. En la intencionalidad está la gravedad. Farsantes.

Todos conocemos a algún mentiroso compulsivo (una compañera de trabajo, un primo, un amigo de amigos, un jefe…), personas que mienten con una facilidad pasmosa, ya sea por conveniencia, ya sea por una absoluta y cínica falta de respeto a la verdad. Son mentirosos patológicos, creadores de engaños desproporcionados, que pueden llegar a idear historias inverosímiles y muy floridas. Incluso los hay que se inventan personajes y crean cuentas ficticias en las redes sociales o en servicios de correo electrónico desde las que difunden bulos para ensalzarse a sí mismos o atacar a algún compañero de profesión, devorados por la envidia. En estos casos, la personalidad ficticia se superpone a la personalidad real, y a estos individuos les cuesta salir de su mundo de fantasía. Tienen algo de psicopatología y mucho de farsantes, y viceversa.

¿Hay alguna diferencia entre la mente de un mentiroso compulsivo y la tuya?
La respuesta está en la investigación que realizaron en la Universidad del Sur de California, que encontró la primera prueba de anomalías cerebrales en mentirosos patológicos. El estudio reveló que los mentirosos patológicos tienen un excedente de sustancia blanca y un déficit de sustancia gris. Esto significa que disponen de más herramientas para mentir y menos restricciones éticas que las demás personas. Cuando una persona toma decisiones

morales, utiliza la corteza prefrontal. Puesto que los mentirosos poseen un 14 por ciento menos de sustancia gris, son menos propensos a preocuparse por asuntos morales. Entonces ¿tener más sustancia gris supone un freno a la hora de mentir? Lo cierto es que no. Si así fuera, bastaría con hacer una resonancia magnética para detectar si alguien es un potencial mentiroso y problema resuelto, pero tener más sustancia gris no es lo único necesario para no mentir. El ser humano no está muy bien dotado para engañar, excepto cuando tiene un trastorno como la psicopatía o cuando se miente a sí mismo y se cree sus propias mentiras. Justificamos nuestras propias mentiras hasta que terminamos creyéndolas.

A mayor cansancio, mayor probabilidad de mentir

En un estudio planificado por Dan Ariely, catedrático de psicología en la Universidad de Duke, se pidió a unos estudiantes que escribieran una redacción sobre las cosas que hacían en el día a día: que si he fregado, he pasado la mopa y el aspirador; he ido al lavabo y he tirado de la cadena; he llamado por teléfono… Es decir, sobre las cosas que son y existen y que no salen en Instagram. ¿Alguien se imagina un Instagram sin morritos y en el que la gente muestre la realidad? Dividieron a los estudiantes en dos grupos; el primero debía describir su bonito día sin utilizar las letras «x» y «z», y el segundo, prescindiendo de las letras «a» y «n». Es fácil concluir que las palabras que contienen las letras «x» y «z» son escasas, a diferencia de las que contienen alguna «a» y alguna «n», letras que aparecen con mayor abundancia. También es evidente que, con estas restricciones, los estudiantes del segundo grupo tenían que pensar más y, por tanto, se cansarían más.

Tras escribir la redacción, se invitó a todos los participantes a resolver unos problemas matemáticos. Los investigadores detectaron que todos los estudiantes, independientemente del grupo al que pertenecían, respondían muy bien (al parecer, el cansancio no influye en las matemáticas). A continuación, se les pasó una prueba de inteligencia compuesta por series, jeroglíficos y rompecabezas, y, una vez terminada, se les pidió que cada uno la autocorrigiera, por lo que tenían la tentadora oportunidad de hacer alguna pequeña trampa para parecer más inteligentes de lo que en realidad eran. Los del grupo que escribieron sin «x» y sin «z» —los que menos agotamiento del ego tenían— se permitieron algunas trampas y afirmaron haber resuelto de media un problema más de los que habían solucionado en realidad. Los del grupo que no podían usar la «a» y la «n», mucho más agotados, afirmaban haber resuelto de media tres problemas más.

Las diferentes fases del estudio parecieron reflejar que cuanto más esfuerzo exigía una tarea y más agotadora resultaba, más probable era que la gente engañara. Todo el mundo engañaba aunque fuera una pizca (y no eran españoles), pero los que estaban agotados mentían más. Pasarse el día diciendo «no» y manteniendo a raya a nuestros impulsos nos hace ser un poco más tramposos. Un profesor de biología de la Universidad de Connecticut comprobó que cuando llega la época de los exámenes, alrededor del 10 por ciento de los alumnos pide un aplazamiento porque se le ha muerto alguien cercano. ¿Y quién se lleva la palma? Las abuelas. Según el estudio, los abuelos son diez veces más susceptibles de morirse antes de un examen parcial y diecinueve veces más antes de un examen final. Las abuelas de los alumnos que no van bien en clase tienen cincuenta veces más probabilidades de morir que el resto de las abuelas. Si tienes hijos que no son muy buenos estudiantes, procura que tus padres, o sea, los abuelos, no se enteren de los resultados académicos de sus nietos, y recomiéndales que se hagan un buen chequeo médico cuando se acerquen los exámenes, especialmente los finales.

¿Desarmados ante la mentira?

Así pues, ¿estamos desarmados ante la mentira? Mucha gente se quedará decepcionada al saber que, en contra de lo que aseguran multitud de libros de autoayuda, no existe un método milagroso para detectar la mentira.

Según las distintas investigaciones sobre la mentira, las veces que acertamos cuando queremos desenmascarar a aquellos que nos engañan son más o menos las mismas que si lo echáramos a cara o cruz. Tras varios estudios se ha averiguado que acertamos el 53,4 de las veces. Si tenemos en cuenta que el porcentaje de aciertos esperado cuando decidimos por azar (por ejemplo, al echar una moneda al aire) sería del 50 por ciento, nuestra capacidad para diferenciar entre verdades y mentiras al observar la conducta de los demás es extremadamente limitada. Asimismo, resulta curioso lo que muestran diversos estudios, y es que los profesionales familiarizados con el engaño, como policías, jueces o psiquiatras, no acierten más que las otras personas. Por ejemplo, un trabajo publicado en *American Psychologist* en 1991 destaca que los grupos de policías, trabajadores sociales, psicólogos y abogados (este último grupo, muy acostumbrado a convivir con la mentira) que participaron en el estudio fueron incapaces de detectar de manera fiable el engaño. En las investigaciones con resultados más optimistas, en raras ocasiones los aciertos se elevan por encima del 60 por ciento. Por cierto, hablando de abogados, ¿sabes por qué en los sellos postales no aparece la cara de ningún abogado? Porque la gente, en lugar de lamer la parte del pegamento, lamerían la de la imagen. Los estadounidenses adoran a sus abogados.

No obstante, Paul Ekman, doctor en psicología del comportamiento y un verdadero gurú que asesora al FBI y a la CIA, afirma que podemos detectar la mentira observando las microexpresiones, visibles en el rostro de una persona durante menos de un segundo, y los lapsus gestuales, debidos a su activación conductual. Menos del 1 por ciento de la población los detecta, pero cualquiera puede formarse para ello. Otro experto en la detección del engaño, Aldert Vrij, profesor de la Universidad de Portsmouth, confirma que, durante el proceso de mentir, se produce una carga cognitiva por la cual el cerebro humano activa un mayor número de áreas cerebrales que cuando decimos la verdad. A medida que se incrementa la actividad cerebral, aumenta el flujo sanguíneo en el cerebro, y, por tanto, la cantidad de oxígeno en la sangre. En conclusión, mentir requiere un esfuerzo cerebral extra, ya que cuando lo hacemos se activan zonas del córtex frontal que desempeñan un papel en la atención y la concentración, además de vigilar posibles errores y suprimir la verdad. Ser falaz es cansino para el cerebro y agota mucho más que decir la verdad. Por eso, uno de los objetivos del mentiroso es reducir los detalles que da en sus mensajes a la mínima expresión, y así evitar que lo pillen.

Como, por suerte o por desgracia, no podemos ver el cerebro de las personas que nos rodean y tampoco nos impartirán un cursillo acelerado a distancia de detección de embustes (como hacen en la CIA), si queremos saber si nos mienten podemos seguir unos consejos basados en la búsqueda de incoherencias en los supuestos farsantes.

Guía para pillar a un farsante

- Cuando tengas dudas sobre lo que alguien acaba de contarte y sabes que el presunto impostor habla un segundo idioma, haz lo posible para que te narre el acontecimiento en este idioma (inglés, francés, alemán, catalán o el que sea). Un estudio demostró que quienes mentían en una lengua que no era la materna lo hacían sensiblemente peor.
- Pídele que relate los acontecimientos en orden inverso; de esta forma tendrá que esforzarse en elaborar el embuste y lo pillarás desprevenido.
- Inicia la conversación con preguntas sencillas que estés convencido de que responderá de forma sin-

cera, y presta mucha atención a los gestos que hace cuando es sincero. Después formula preguntas delicadas y fíjate bien en si hay cambios en su lenguaje no verbal. Además, las evasivas, las vacilaciones y las pausas largas pueden indicar que te está mintiendo, pero recuerda que esto no es una ciencia exacta.

- Las personas que dicen la verdad no suelen disculparse por no recordar algunos pequeños detalles de los relatos; lo asumen como algo normal y lógico. Los amigos del embuste, sin embargo, tienden a justificar la falta de lógica de alguna parte del hecho refugiándose en un lapsus o problema de memoria. Si esto ocurre, despáchate con un *excusatio non petita, accusatio manifesta*.

- Introduce preguntas inesperadas que puedan romperle el discurso y que lo dejen en fuera de juego, como: «¿Qué atracción de feria te gusta más?», o «Si fueras el ingrediente de una pizza, ¿cuál elegirías?». Igual te tacha de maleducado o de tronado, pero no te apures, habrá merecido la pena si consigues atrapar al mentiroso.

- Presta atención a la frecuencia con que dice las palabras «yo», «a mí» y «mío». Los mentirosos prefieren usar «su» y «suyo».

- Si su relato es más bien corto y escaso de pormenores, atento. Esta es una fórmula para evitar preguntas incómodas sobre los detalles que puede contar. Cuanto más cuenta, más tiene que recordar y más fácil es que lo pillen con el carrito del helado.

- Para que alguien hable con más sinceridad, pídele que te dé la información por escrito. De esta forma la mentira quedará registrada y podrá volverse en su contra, por lo que la persona será más honesta. Las palabras se las lleva el viento, lo escrito permanece, y cuando menos lo esperas, ¡zasca!, se descubre el pastel.
- Si el de enfrente tiene un discurso muy lento, es muy probable que esté construyendo su relato sobre la marcha e intente ganar tiempo hablando despacio.
- Obsérvale la nariz para detectar el efecto Pinocho. Al mentir segregamos unas sustancias químicas que inflaman el tejido interno de la nariz; esta se hincha un poco y sentimos la necesidad de rascárnosla.
- Sé concreto y pregunta por cuestiones específicas.
- Por último, delatan al mentiroso otras señales visibles asociadas a la ansiedad, pues soltar una sarta de mentiras sin manifestar ningún síntoma de ansiedad es casi imposible, a menos que el profesional de la mentira sea un «pequeño psicópata» que carece por completo de sentimiento de culpa. Entre las clásicas señales están tragar saliva, tartamudear, desviar la mirada, parpadear más o menos de lo habitual, apretar los labios, taparse la boca o mover los pies.

PUERTA 6
SUEÑOS
¿Qué nos dice lo que soñamos?

Un tipo que soñaba despierto con el amor y Calderón de la Barca

Imagínate que tienes una cuenta en Tinder y estás en uno de esos momentos vitales en los que te planteas abrirte a nuevas oportunidades. Navegando entre el escepticismo y la esperanza, con mucha cautela y seguramente con cierta desconfianza, te fijas en la fotografía de un tipo que podríamos aventurarnos a catalogar como atractivo. En el texto con el que se describe detectas que no hay faltas de ortografía, igual que adviertes de que en la fotografía no sale medio desnudo y mostrando tatuajes; ya es un avance. En su presentación dice lo siguiente:

Hombre (separado, sin hijos, con sentido del humor, atlético, a quien le gusta cocinar, el cine y las comedias románticas, que comparte vivienda con un canario cantarín y un pez bobo alérgico a las migas de pan) busca una mujer con sentido del humor, a quien le guste mantenerse en forma y hacer vida social, para conversar y establecer una posible relación romántica.

Seguramente te habrá hecho sonreír y te habrá despertado cierta curiosidad por conocerlo y averiguar dónde está el truco. Si se terciara, y con toda la cautela del mundo, podría ser un plan interesante salir con él a comer un buen arroz un sábado cualquiera sin mirar la hora. El problema surge cuando te das cuenta de que se muestra sin trampa ni cartón, que es tan real como la vida misma, y aun así hay unos cuantos peros.

Pasa gran parte del tiempo soñando con una relación que no llega, viendo comedias románticas e ilusionándose con las nuevas citas, que le fallan al poco tiempo. Durante el día trabaja ejercitando los músculos cerebrales con recaudaciones, impuestos y devoluciones, y sus compañeros de la Agencia Tributaria le tienen un sincero aprecio. Las tardes las suele dedicar a hacer deporte con los amigos, y dos días a la semana colabora en una asociación que ayuda a personas desfavorecidas, donde lleva las cuentas y echa una mano en lo que haga falta. Está encantado con esa labor porque le hace sentirse partícipe de la sociedad y recuperar la humanidad que los tributos le quitan. Las noches no son gran cosa. No es aficionado al fútbol ni un fan de las noticias. Le interesa la política pero a distancia; aunque la ve necesaria y útil, está desencantado y ha caído en el escepticismo. Los únicos pecados nocturnos que comete, además de dormir, son ver series de la plataforma HBO y pintar maquetas de la Segunda Guerra Mundial; no tiene más vicios. Bueno, los sábados por la noche le gusta fumarse a escondidas un canuto con una pizca de marihuana; es su manera de saltarse las normas y conservarse joven.

Hace cuatro meses que abrió la cuenta en Tinder, y los resultados son más que satisfactorios en cuanto a la cantidad, pero esto a él no le satisface. Es de los que piensa que, en el amor y en el sexo, más vale calidad que cantidad.

Está defraudado con el mundo femenino. Todas las mujeres que ha conocido en los últimos tres meses parecían más interesadas en intercambiar fluidos que en modular palabras y articular proyectos vitales, y los frívolos encuentros con ellas lo han dejado vacío. Cuando acude a una primera cita —duchado, afeitado, vestido al estilo «arreglado pero informal»— y percibe que la mujer que tiene enfrente cumple los criterios que su inconsciente exige para iniciar una relación, sonríe. Pero la ilusión y la esperanza se evaporan tras los primeros escarceos o flirteos entre las sábanas. Lo que parecía ser un ilusionante proyecto termina con una escueta nota de despedida.

Gracias por la velada. Me gustas, y mucho, pero no puedo comprometerme.

Te mentí, estoy casada, tengo una hija pequeña y quiero a mi marido. No me sigas, no me llames, no me busques, no te pongas en contacto conmigo. Me encantas, pero no puede ser.

Solo ha sido un deseo, una aventura y tal vez un error. No convirtamos un bonito sueño en mi pesadilla. Gracias, y suerte en la vida.

Me gustas, aunque no como pareja, y creo que podríamos ser buenos amigos. Lo que no quiero es hacerte daño.

Estas notas y otras del mismo estilo se las encuentra en el cuarto de baño, sobre el banco de la cocina, en un papel en el suelo pasado por debajo de la puerta o acompañadas de emoticonos con besos de amor en su teléfono móvil. Un señor de lo más normal, generoso en el amor, enarbolando una pancarta de bienvenida a Eros y que únicamente encuentra notas románticas con un «gracias» y un «adiós».

Hoy ha quedado por segunda vez con una mujer que parece de lo más normal. En la primera cita comieron pasta en un restaurante italiano, tomaron café en una terraza poco concurrida, tranquila y soleada, y se despidieron dando un buen paseo por un parque de la ciudad. Han cenado en un japonés, que son los restaurantes favoritos de ella, y le ha regalado un pequeño ramo de flores. Después de cenar han ido a su casa a ver un capítulo de una nueva serie en HBO. En el sofá se han quedado dormidos abrazados, después se han metido en la cama y han hecho el amor hasta el amanecer. Ella se ha sentido la mujer más dichosa del mundo, pero él tiene miedo de descubrir una nota de despedida por la mañana. Al despertarse, ella se ha encontrado una bandeja con el desayuno sobre la cama y un beso de buenos días con una muestra de cariño. Él, que es un buen tipo, ha abierto los ojos antes que ella y sin hacer ruido para no despertarla ha bajado a comprar zumo de naranja recién exprimido, pan bien crujiente y unos cuantos cruasanes para obsequiarla como se merece. Solo quiere proyectos y vida, no más engaños ni notas con excusas.

Hace un par de horas, justo antes de cenar, ha recibido un mensaje vía WhatsApp agradeciéndole la velada y el sushi, las flores y el desayuno, la tertulia y los abrazos. Acompaña al texto un corazón rojo, una carita lanzando un beso y «tengo muchas ganas de volver a besarte, querido». Calderón de la Barca dejó escrito hace unos cuantos siglos que toda la vida es sueño y los sueños, sueños son. ¿Cómo son tus sueños? ¿Y tu vida?

Un breve cuestionario para saber cómo duermes

En este capítulo viajaremos por el ancho mundo del sueño, del dormir, del «dime a qué hora te acuestas y te diré cómo eres». Antes de terminar, recibirás dos espléndidos regalos: una guía para interpretar los sueños que te permitirá dominar la noche y te convertirá en una almohada adornada con la cara de Bob Esponja.

En el cuestionario siguiente, señala en cada pregunta la respuesta que más se adecue a tu estilo de funcionamiento nocturno y diurno y al final suma las puntuaciones que tienes a la izquierda de las respuestas elegidas.

A. ¿A qué hora te levantarías por la mañana si no tuvieras obligaciones?

5. 5.00-6.30
4. 6.30-7.45
3. 7.45-9.45
2. 9.45-11.00
1. 11.00-12.00
0. ¿De verdad tengo que levantarme? Se está tan a gusto en la cama...

B. En la primera media hora de la mañana, ¿cómo te sientes?

1. Más quemado que la pipa de un indio y no me conecto con la vida ni tomando doble ración de café.
2. Más bien cansado.
3. Con energía, pero no te creas, tampoco soy el rey del mambo.
4. Fuerte como un roble. Soy una lámina de acero.
0. Impaciente y a la espera de que me traigan el desayuno a la cama.

C. Por la noche, ¿a qué hora te sientes cansado y necesitas dormir?

5. Entre las 20.00 y las 21.00 me entra una modorra que me caigo.
4. De las 21.00 a las 22.15 empiezo a mirar la cama de reojo y con muchas ganas de dormir.
3. De las 22.15 a las 0.45, cualquier momento es bueno para acostarme. Esa es mi hora.

2. De las 0.45 a las 2.00 empiezo a estar un poco cansado, pero me gusta trasnochar.

1. Viva la noche. De 2.00 a 3.00 es cuando en general me voy a dormir. Yo seguiría, pero al día siguiente hay que currar; en fin.

0. Me siento cansado todo el día y no sé qué narices hago leyendo este libro. Me voy a dormir.

D. ¿A qué hora del día te sientes mejor habitualmente?
5. Entre las 5.00 y las 8.00.
4. Entre las 8.00 y las 10.00.
3. Desde las 10.00 hasta las 17.00 doy lo mejor de mí.
2. Desde las 17.00 hasta las 22.00 pídeme lo que quieras, que te lo hago.
1. Desde las 22.00 hasta las 5.00.
0. Solo me encuentro bien cuando duermo.

E. ¿Qué tipo de persona te consideras, en cuanto a los horarios?
6. Sin duda alguna, soy matinal. A quien madruga Dios le ayuda.
4. Soy una persona más matinal que nocturna, pero si me invitas a ccnar...
2. Soy una persona más nocturna que matinal, pero si tengo que madrugar, madrugo, aunque no demasiado, por favor.
1. Sin lugar a dudas, mi reino es la noche.
0. Soy una criatura humanoide reptiliana procedente de la estrella Alfa Draconis, con coordenadas en la constelación del Dragón.

F. Si fueras una atracción de feria, ¿cuál escogerías?

0. El tren de la bruja.

0. La noria. Soy un sentimental y me gustan los clásicos.

0. El puesto de algodón de azúcar. Sí, ¿qué pasa? Es una atracción, ¿no?

0. El tiovivo. Me encanta dar vueltas y vueltas sobre un caballito.

0. No me gusta la feria, yo soy más de futbol.

Luego veremos los resultados. Gracias.

A mí, dormir me cura, o dicho más finamente, a mí durmiendo se me quitan todas las tonterías, y esto me pasa desde pequeño. Las personas que me conocen bien (¿hay alguien ahí?), cuando me ven de mal humor, con el morro torcido, o que estoy que no me aguanto ni yo mismo (por suerte, no me ocurre a menudo), me suelen hacer la clásica pregunta: «¿Te ha pasado algo?». Si el malestar no es por algo que haya sucedido, respondo medio refunfuñando con un lacónico «No». Entonces enseguida añaden: «Vale. ¿Y cómo has dormido esta noche?». *Touché.* Saben que lo más seguro es que no haya dormido bien. La falta de sueño me afecta sobremanera: me resta capacidad de concentración y capacidad de mantener la atención, hace que me cueste explicar cualquier cosa más que de costumbre, me vuelve quisquilloso y da a mis pensamientos un punto paranoide, reduce al mínimo mi rendimiento deportivo y, sobre todo, me pone de muy mal humor.

Es curioso: en general me cuesta muy poco aplacar mi mal humor cuando este tiene su origen en una causa concreta. Y son muchas las cosas que veo en mi vida cotidiana que podrían sacarme de quicio y muy pocas las que consiguen hacerlo. Suelo desdramatizar, intento mantener una actitud positiva, miro las cosas con perspectiva escribiendo sobre ellas o las relativizo con pensamientos como: «Seguro que esto no es tan importante que pueda fastidiarme el día». O simplemente, si hay algo que me enfada o molesta y puedo modificarlo, paso a la acción preguntándome: «¿Qué puedo hacer para cambiar esto?».

Sin embargo, cuando el humor negativo es debido a la falta de sueño, se me hace bien presente la balsámica recomendación de mi madre cuando yo era un mocoso: «A este niño le hace falta dormir. A la cama a la de ya». La palmada en el culo —una intervención terapéutica con la que mi madre, en casos de emergencia, acompañaba esa solemne frase— tenía unos efectos inmediatos, en forma de piel sonrosada y lloro instantáneo. La técnica no fallaba, y al día siguiente me despertaba como una rosa. La frase «Me hace falta dormir, a la cama a la de ya» tiene un poder casi sobrenatural y sigue siendo eficaz. La pongo en práctica al primer síntoma. Huelga decir que la palmada en el culo no es la herramienta más conveniente, aunque he de confesar que no me ha creado ningún psicotrauma, y a mi madre, tampoco.

La falta de sueño produce unos efectos similares a los que notas cuando te tomas unas cuantas copas. Dormir menos de ocho horas está asociado a la obesidad, y menos de cinco horas triplica el riesgo de desarrollar diabetes tipo 2. Lo mismo ocurre cuando nos pasamos de la raya y se nos pegan las sábanas de forma casi crónica. Según un metaanálisis del año 2009, nueve horas o más de sueño cada noche está relacionado con diabetes, obesidad, jaquecas, cáncer y cardiopatía. Y en los niños, el descanso insuficiente también tiene estos efectos. Dormir pocas horas, además de generarles un humor más bien negativo que se extiende a los padres, puede provocar muchos de los síntomas asociados al trastorno de déficit de atención con hiperactividad (TDAH). Los niños de tres años que duermen menos de diez horas y media todas las noches tienen un 45 por ciento más de probabilidades de presentar obesidad a los siete años.

La falta de sueño aumenta el riesgo de padecer diabetes, hipertensión, enfermedades del corazón y muerte prematura; reduce la productividad, dificulta el pensamiento creativo y distorsiona el sentido de autocontrol y la disciplina; dispara los problemas en las relaciones personales y, además, la fatiga que causa influye en un gran porcentaje de los accidentes de circulación. Madre mía, casi que me voy a la cama a echar un sueñecito.

No descansar lo suficiente incide en la capacidad que tenemos las personas de tomar decisiones lógicas, y hace, por ejemplo, que se dispare la tendencia a escaquearnos del trabajo.

En un estudio, de la Singapore Management University, se analizó la tendencia que tiene la gente a escaquearse en el trabajo cuando no ha dormido lo que toca, y se observó precisamente lo que estás pensando; si durmiendo lo bastante el personal ya se distrae, pues imagínate sin dormir. Los investigadores dieron a los empleados que participaban voluntariamente en el estudio un reloj con acelerómetros (dispositivos que detectan los movimientos que hacemos mientras dormimos) para contar cuántos minutos dormían durante la noche. Tras la noche de control del sueño, una vez en la oficina, les pidieron a los voluntarios que vieran un vídeo en el ordenador en su despacho. Sin que los voluntarios se dieran cuenta, los investigadores contaban el tiempo que dedicaban a ver páginas web de entretenimiento en lugar del vídeo. Es decir, calculaban el tiempo que vagueaban. ¿Qué pasó? Muy sencillo: los que habían dormido mal la noche anterior eran más proclives a navegar por internet en lugar de estar viendo el vídeo; eran más susceptibles de escaquearse en el trabajo.

Antes decía que la falta de horas de sueño está relacionada con la obesidad. La ghrelina es una hormona que se produce en el tracto intestinal, cuyo papel es estimular el apetito. Por su parte, la leptina, otra hormona, muy chivata, que se desarrolla en las células grasas, se encarga de trasladar al cerebro el siguiente mensaje: «Por ahora ya hemos comido lo suficiente. Basta». En la Universidad de Chicago se realizó un interesante estudio con un grupo de voluntarios, únicamente varones. Estos debían dormir solo cuatro horas por noche durante los dos días que duraba el estudio. Mientras los chicos hacían lo que podían para mantenerse despiertos, se observaron los niveles de ghrelina y leptina en su sangre y el apetito que tenían. El objetivo del estudio era comprobar si se habían producido alteraciones hormonales tras la privación del sueño y, por tanto, si esta se relacionaba con la obesidad. ¿Qué se descubrió? Dormir solo cuatro horas hizo que los voluntarios presentaran un 28 por ciento más de ghrelina (la hormona que hacía que aumentara el apetito) y un 18 por ciento menos de leptina (no se sentían saciados después de comer y querían mucho más). Y ya sabes qué ocurre si tienes mucha hambre y no te sacias: flotador en la cintura a la vista. Con este estudio los investigadores observaron también que los voluntarios se habían sentido más atraídos por la comida basura, como la bollería y los dulces, y que el aumento del apetito era de un 24 por ciento respecto a situaciones normales.

¿Duermes lo que toca? Si quieres perder peso, haz deporte, cuida tu alimentación y duerme.

Las fases del sueño

Antes de adentrarnos en el mundo de los sueños y de la interpretación de lo onírico, te daré algunos datos sobre el sueño y sus ciclos, que me vendrán bien para hacerte algunas recomendaciones si quieres dormir mejor.

Vayamos por partes. Un ciclo de sueño normal dura noventa minutos y está compuesto por cuatro fases, cada una de ellas con las siguientes características:

FASE I: No percibes que te estás quedando dormido. Tus músculos se relajan y la mente se afloja, concibiendo algunos pensamientos incoherentes. Dura entre dos y cinco minutos.

FASE II: El ritmo cardiaco disminuye y desciende la temperatura corporal. Los músculos de la garganta se relajan y pueden aparecer los famosos ronquidos o el habla inconsciente. Suele durar veinte minutos.

FASES III y IV: Te desconectas del mundo exterior. Es difícil que te despiertes, los ruidos apenas te afectan. Estas fases son esenciales para el bienestar físico y psicológico, pues en ellas el cuerpo libera hormonas del crecimiento que ayudan a reparar los tejidos dañados, y además se asienta en tu cerebro la información relevante del día. Son también las fases en las que aparecen el sonambulismo y los terrores nocturnos y se habla en sueños. Y en este preciso instante ocurre algo extraordinario. Al cabo de treinta minutos de sueño intenso y reparador, el cerebro y el cuerpo desandan el camino y retroceden a la fase II.

El corazón se acelera, la respiración se hace superficial y los ojos no paran de moverse. Es el momento en que se tienen las pesadillas y los sueños más agitados. regresa a la fase II y se experimenta el sueño REM (siglas de *rapid eye movement*, «movimiento ocular rápido»).

Este proceso dura alrededor de noventa minutos y se repite a lo largo de la noche unas cinco veces. Entre las fases de sueño más ligero y el REM solemos experimentar microvigilias de diez segundos. Es decir, una noche de sueño tendría la siguiente composición: 50 por ciento de sueño ligero + 20 por ciento de sueño profundo + 25 por ciento de sueño REM + 5 por ciento de breves despertares que no recuerdas (te despiertas unos segundos, abres los ojos, miras alrededor y vuelves a dormirte).

Los sueños son más vívidos y frecuentes durante la fase de sueño REM, que es el momento en el que se proporciona energía al cerebro y al cuerpo, esencial para rendir al día siguiente. Los músculos están apagados, pero el cerebro sigue activo, de modo que alimenta el contenido de los sueños. La calidad de los sueños varía dependiendo del momento de la noche; por ejemplo, al principio de la noche, la fase REM puede dar lugar a un sueño entrecortado y con imágenes superpuestas, parecido al tráiler de una película; en cambio, cuando el periodo REM es más largo, el sueño que tenemos se parece más a una película entera, buena o mala. Solemos tener entre cuatro y seis sueños por noche.

Para soñar, sin embargo, es preciso poder dormir, y dormir es fundamental para levantarse de buen talante. ¿Quieres despertarte un poco más descansado? Si es así, sigue leyendo.

Ahora que sabes que la noche se divide en ciclos de sueño y que estos duran noventa minutos, debes saber también que te levantarás más descansado si consigues despertarte al final o al principio de un ciclo. Para calcular cuándo se produce este momento, piensa a qué hora quieres levantarte y cuenta hacia atrás en bloques de noventa minutos. Por ejemplo, si pones el despertador a las 8 de la mañana, ve restando períodos de noventa minutos a partir de esa hora, siguiendo esta secuencia:

8.00 - 6.30 - 5.00 - 3.30 - 2.00 - 0.30 - 23.00

Por lo tanto, deberías dormirte o bien alrededor de las once o bien hacia las doce y media para que al despertarte a las ocho estuvieras justo al final o al inicio de un ciclo. Se trata de que tu despertar no se produzca en medio de un ciclo, pues cuando nos despertamos en mitad de un sueño profundo es cuando nos levantamos agotados y hechos polvo. A continuación te explico unas pautas o sugerencias que pueden ayudarte a caer en brazos de Morfeo a la hora indicada o, simplemente, tener una buena higiene del sueño.

Recomendaciones para dormir un poco mejor

- Apaga la luz y busca la oscuridad. A oscuras, tu retina deja de enviar señales eléctricas y se inicia la liberación de la melatonina, lo cual facilita que te entre una agradable modorra. La melatonina desciende la presión arterial y contribuye a prevenir el infarto y el derrame cerebral. Si eres de los que prefieren dormir con una luz encendida, pruébalo con una bombilla que dé una luz roja pálida; la luz roja no suprime la producción de melatonina. Antes de acostarte, amortigua la iluminación de tu casa.
- Tu habitación sirve para dormir, tener sexo y poco más. No la uses, en la medida de lo posible, para ver la tele, tuitear o poner morritos en Instagram, trabajar con el ordenador o investigar la vida de los demás en Facebook y TikTok.
- Haz un poco de ejercicio físico durante el día, pero

evita el deporte de alta intensidad en las últimas horas de la jornada.

- Antes de dormir, intenta pensar en cosas que te resulten divertidas y agradables. Conviértete en un «cazador de situaciones o anécdotas curiosas» repasando lo que has hecho durante el día. Céntrate en las pequeñas satisfacciones de la vida, como el sabor del desayuno, un comentario gracioso recibido por WhatsApp, una buena noticia que has visto en la prensa (sí, todavía las hay), una comida que te ha resultado deliciosa, la nueva serie que has empezado a ver, una llamada inesperada, un reencuentro, una canción, el paseo al salir del trabajo. ¿Qué tal te sienta recrearte en las cosas agradables que te han ocurrido hoy, o esta semana?

- Por la noche, evita o reduce al máximo el consumo de alcohol.

- Si te entra hambre un rato antes de acostarte, come preferiblemente un tentempié rico en hidratos de carbono, pero no te pases. Un plátano o una pequeña tostada serán una buena opción.

- Durante el día aumenta tu actividad intelectual. Cuantas más cosas hagas, más sensación de cansancio tendrás, por tanto, aumentarás las posibilidades de que el sueño sea mejor.

- Si llevas un tiempo sin poder dormir de forma regular, consulta con tu médico o con tu psicólogo. No procrastines demasiado si tienes problemas de sueño.

Qué ocurre en tu mente mientras duermes

Hay unas cuantas cosas que de pequeño me habría encantado hacer y, pese a que hoy por hoy son del todo imposibles, sigo fantaseando con ellas, y me imagino que tú también sueñas con alguna aventura fabulosa. Como no voy a desvelarte mis sueños más inconfesables ni a contarte mis divertidas fantasías sexuales, me centraré en dos deseos clásicos y universales: viajar en el tiempo y ser invisible.

A mí, el deseo de ser un hombre invisible me vino en la época del instituto, a raíz de aquella serie de televisión en la que el protagonista se tocaba el reloj y desaparecía de la vista de los demás. En la clase todos queríamos un reloj como ese. La profesora de filosofía, cuando nos explicaba Platón, nos contó el siguiente relato: un pastor llamado Giges se encuentra un anillo que tiene el poder de volverlo invisible (y nosotros pensando que lo de Tolkien y *El Señor de los anillos* era tan original...). Ante esta nueva circunstancia, el pastor decide hacer un pequeño cambio en su vida: deja el ganado pastando y se lanza al fascinante mundo del robo y la delincuencia. Consciente de sus posibilidades y viendo aumentar sus bienes, viaja a la corte del rey y en un abrir y cerrar de ojos seduce a la reina. Una vez que la reina ha caído en sus brazos, conspira para matar al rey y así apoderarse del reino. Platón, cuando narraba la historia, se preguntaba si había alguien en este mundo que pudiera resistirse a la tentación de aprovecharse del poder de ser invisible. Por cierto, ¿qué harías tú si tuvieras ese poder?

Respecto a los viajes en el tiempo con una máquina sideral, los responsables de que yo soñara con ellos fueron dos libros, *Un yanqui en la corte del Rey Arturo*, de Mark Twain, y *La máquina del tiempo*, de H. G. Wells, y las tres películas protagonizadas por el inolvidable Marty McFly, a las que pertenecen los diálogos siguientes. Seguro que sabes a qué me refiero.

—¡Eh, McFly! Te dije que nunca vinieras acá.

—Espere un minuto, Doc. ¿Me está diciendo que construyó una máquina del tiempo con un DeLorean?

—Marty, lo siento, pero la única fuente de poder capaz de generar 1,21 gigavatios de potencia eléctrica es un rayo.

Sí, en efecto, hablamos de la saga de *Regreso al futuro*. ¿Quién no ha deseado en alguna ocasión tener aparcado en el garaje de su casa un DeLorean? ¿Qué fecha pondrías tú en la máquina del tiempo? A mí se me ocurren unas cuantas, pero en este momento te invito a que te pongas cómodo, te abroches el cinturón de seguridad, te concentres en el condensador de fluzo y te prepares para viajar cien mil años atrás... Estamos en el Paleolítico medio y, si te fijas bien, ahí, entre los arbustos, hay un *sapiens* y una neandertal intercambiando fluidos y material genético, y más allá, a la derecha, se ve un *Homo sapiens* de primerísima calidad, de esos que acaban de evolucionar hace nada, que caminan erectos y usan el fuego y herramientas de piedra… Hace bastantes miles de años, tus responsabilidades (y me temo que las mías) habrían sido cazar para tener comida, estar alerta para que no te devorara ninguna fiera, dormir, evacuar, reproducirte y pocas cosas más. Este *Homo sapiens* tiene una corteza prefrontal de mayor tamaño que la de sus ancestros y que el resto de las especies existentes. La labor principal de la corteza prefrontal consiste en influir en el cerebro para que hagas lo que más te cuesta; además, te permite controlar aquello en lo que piensas y saber cómo te sientes; en resumen, la corteza prefrontal permite mejorar la capacidad de controlar lo que haces. El cerebro de nuestro amigo no es muy diferente al tuyo o al mío. De hecho, las zonas de su cabeza que se encargan del dormir y el soñar son las mismas que en la tuya.

Hay dos áreas del cerebro que son importantes para poder dormir y conciliar el sueño: la glándula pineal y el núcleo supraquiasmático. Vayamos por partes.

Nuestro cuerpo está siempre en contacto con el ambiente que nos rodea, por lo tanto, se ve irremediablemente influenciado por parámetros ambientales como, entre otros, los ciclos de luz y oscuridad, que nos sincronizan con la rotación de la Tierra, y los cambios estacionales, que lo hacen con el giro de la Tierra alrededor del Sol. Nuestro organismo capta esas señales ambientales y las procesa en el cerebro, en concreto en el núcleo supraquiasmático. Esta región cerebral, del tamaño de la cabeza de un alfiler y compuesta por alrededor de diez mil neuronas, actúa como un reloj interior y no para de darnos la hora continuamente, de día y de noche. El núcleo supraquiasmático hace que, en determinados momentos del día, en especial cuando estamos a oscuras, la glándula pineal segregue melatonina, lo cual nos produce somnolencia. Una vez segregada, la melatonina pasa a todo nuestro sistema sanguíneo y, casi a la vez, a todas las células de nuestro cuerpo.

Nuestro reloj interior, el núcleo supraquiasmático, envía su tictac como parte de un patrón altamente predecible que se repite cada veinticuatro horas y recibe el nombre de «ritmos circadianos»; a su vez, los ritmos circadianos forman parte de lo que conocemos por lo general como reloj biológico. Los ritmos circadianos controlan los niveles de melatonina —la hormona que regula los ciclos de sueño y vigilia—, que aumentan durante la noche. La alteración de estos ritmos puede afectar a nuestra salud, como saben las personas que trabajan en horarios nocturnos. Por ejemplo, algunos estudios epidemiológicos han relacionado los trabajos por turnos que alteran los patrones de sueño con una mayor predisposición al desarrollo de algunos tipos de cáncer.

¿Cuál es tu cronotipo?

Los hay dormilones como una marmota, los que abren un ojo sin necesidad de despertador, los que apagan la alarma para que vuelva a sonar al cabo de cinco minutos una y otra vez. A algunos les encanta la noche y la alargan hasta el infinito, mientras que otros prefieren irse a dormir bien pronto.

Los científicos especialistas en el sueño hablan de «cronotipos» cuando se refieren a la diversidad horaria de los ritmos circadianos. Así como en la pista de baile no nos movemos todos igual, tampoco afrontamos todos las jornadas al mismo ritmo.

Los cronotipos están determinados fundamentalmente por los genes: los padres muy madrugadores es muy probable que tengan hijos madrugadores, salvo en la adolescencia. En esta etapa (que es una especie de trastorno mental transitorio que dura muchos años), los ritmos circadianos suelen moverse en torno a tres horas; esa es la razón por la que los adolescentes no tienen sueño hasta bien entrada la noche y no hay quien les haga salir de su leonera hasta media mañana o incluso hasta el mediodía. Además de por los genes, los cronotipos se ven afectados por los comportamientos y por la forma de pensar.

Existen varios tipos de cronotipos y todas las personas nos hallamos en algún punto de una línea continua que va de un extremo en el que se sitúa el supermadrugador alondra, mientras que en el lado opuesto se ubica el noctámbulo búho extremo, que no se va a la cama ni a la de tres. Asimismo, se puede cambiar de cronotipo a lo largo de la vida. Veamos cuáles son los diferentes cronotipos, pero recuerda que un menor grupo de la población coincide con las puntuaciones de los extremos.

Cronotipo matutino. El pico de producción de melatonina se adelanta a la medianoche. Las personas con este cronotipo necesitan irse pronto a la cama, y para ellas, las primeras horas del día son las más activas. Generalmente duermen entre las diez de la noche y las seis de la mañana. Son el 25 por ciento de la población.

La reina de este cronotipo matutino es la conocida como alondra extrema: quien tiene este cronotipo prefiere dormirse sobre las diez de la noche y despertarse alrededor de las seis de la mañana. Para él, el despertador es un desconocido; se levanta sin alarma y si le hablas de siesta, te mira un poco raro. Su mejor rendimiento se da entre las nueve de la mañana y las seis de la tarde.

Cronotipo vespertino. El pico de producción de melatonina se produce mucho más tarde, a las seis de la mañana. La persona vespertina es aquella que rinde mejor por la noche, pero necesita prolongar el descanso hasta bien entrada la mañana. Su horario de sueño acostumbra a ser de las tres de la madrugada a las once de la mañana. Los vespertinos son otro 25 por ciento de la población.

El búho extremo sería el capitán general de los cronotipos vespertinos y se corresponde con las personas que se acuestan hacia la una de la madrugada (ahora ya sabes quién ve los anuncios de Teletienda) y se despiertan sobre las nueve; los que dejan que suene y suene el despertador y no perdonan la siesta. Rinden mejor entre la una de la tarde y las diez de la noche, y sobre las seis de la tarde es cuando son más productivos.

Cronotipo intermedio. El 50 por ciento restante de la población tiene un cronotipo intermedio, lo cual significa que en ellos la mayor liberación de melatonina se produce a las tres de la madrugada, de modo que suelen dormir entre la medianoche y las ocho de la mañana.

¿Y cómo es la personalidad asociada a estos cronotipos? Describir a las personas por cómo duermen, la hora en que se levantan o se acuestan o incluso por la postura corporal al dormir me parece un ejercicio muy divertido, pero, evidentemente, las conclusiones hay que cogerlas con pinzas. Como es obvio, hay muchas variables que influyen en la formación de una personalidad (recuerda la importancia del contexto), con todo, como a los psicólogos nos encanta investigar, encontrar similitudes y diferencias y observar comportamientos ajenos y propios, diversos estudios han ahondado en describir cómo suelen ser las personas nocturnas y las personas diurnas. Veamos.

Los búhos extremos son esas personas que necesitan cincuenta alarmas para despertarse (algún vecino en la silenciosa madrugada se acordará de sus alarmas). Les cuesta espabilarse, son muy callados a primera hora y tardan un rato en activarse. Tienden a ser impulsivos y extrovertidos, emocionales, divertidos, creativos y estables, y prefieren datos abstractos y simbólicos. Sin embargo, también tienen su lado oscuro: suelen ser personas narcisistas, propensas a la psicopatía y de poca confianza.

Las alondras extremas son responsables, sociables y amables. Las personas matutinas son más realistas y racionales, lógicas, de confianza y más bien introvertidas. Se acuestan pronto y se duermen rápido; su comida favorita del día es el desayuno. Soportan peor el trabajo por turnos, y les cuesta más adaptarse al *jet lag*. A medida que pasa la jornada, se van encontrando más cansados y malhumorados. Algunos estudios concluyen que las cuatro de la tarde es la peor hora para tratar temas delicados con las alondras.

Resultados del cuestionario

¿Recuerdas el cuestionario que cumplimentaste al principio del capítulo? Con su ayuda podrás detectar cuál es tu ritmo circadiano y comprobar si eres una alondra, un búho, una mezcla de los dos o un ser reptiliano de otro planeta. Suma las cifras situadas a la derecha de tus respuestas y, con el resultado obtenido, comprueba cuál es tu cronotipo:

0-4:   ¿Hay alguien en el fútbol o en la feria?
4-11:   Vespertino o nocturno. Con los tardeos te dan las tantas, y lo sabes.
12-17:   Neutro, ni fu ni fa. Tienes un poco de vespertino y otro poco de matutino.
18-25:   Alondra. A quien madruga, Dios le ayuda, y contigo Dios debe de quedar agotado.

Breve método en torno a los sueños

Ya conoces algo más de las fases y los ciclos del sueño. Tienes una estrategia para levantarte de mejor humor y más descansado por las mañanas, y unas recomendaciones para conciliar el sueño con facilidad. La melatonina y el núcleo supraquiasmático ya son parte de tu familia, y, por último, acabas de saber si eres un búho, una alondra o un poco de cada cosa. Estás listo para entrar en el maravilloso mundo de los sueños.

Desde que nacemos, soñamos. Todas las personas sueñan, también aquellas que dicen que no lo hacen; lo que les sucede a estas es que no lo recuerdan. Si eres uno de estos últimos, luego te daré alguna pauta para que puedas acordarte de tus sueños. Las investigaciones demuestran que soñamos en períodos de entre cinco y veinte minutos y, como sé que hay más de un lector de ciencias y amante de la estadística, ahí va un regalo para ellos: sumando todos estos pequeños períodos a lo largo de toda la vida, vemos que pasamos aproximadamente seis años soñando. Bueno, tampoco es tanto tiempo si lo comparamos con los casi veinticinco años que pasamos durmiendo, los dieciséis que pasamos caminando, los diecisiete que permanecemos sentados y los seis que pasamos comiendo. Es interesante que dediquemos a los sueños y a la gastronomía la misma cantidad de tiempo. Por cierto, a leer le destinamos un año de nuestra vida y, sintiéndolo mucho, a las relaciones sexuales, la triste cantidad de 69 días sin las 500 noches; pero son 69 días sin parar ni un minuto.

El 80 por ciento de los sueños que tenemos suelen ser sobre asuntos completamente normales: historias asociadas al trabajo, a la casa, a la familia, con personajes en general conocidos, de los cuales el 20 por ciento son familiares y la mitad, amigos. Cada uno de nosotros somos el actor principal de casi todos nuestros sueños, que vivimos en primera persona. La mayoría de los sueños son una continuación de lo que ocurre en nuestra vida diaria: si pasas mucho rato en el trabajo, soñarás con cosas del trabajo; si estás de vacaciones en la montaña, soñarás con cosas relacionadas con la montaña. Y atención, en aproximadamente el 80 por ciento de tus sueños aparece algún tipo de sentimiento negativo. De hecho, las emociones negativas son más comunes que las positivas. En los sueños acostumbra a haber miedo, estrés o ansiedad, y es que el país de los sueños es un lugar donde se cultiva la negatividad. Y este mal rollo onírico se dispara si estamos pasando por alguna situación que nos genera cierto estrés negativo, como cuando tenemos dificultades en el trabajo o con la pareja, problemas económicos o, simplemente, un hijo en edad adolescente. Cuanto más estrés soportemos, más cantidad de sueños tendremos asociados a la angustia o la culpa, con escenas de muertes, ira, depresión...

Una extensa investigación (que duró casi cincuenta años y midió la friolera de cincuenta mil sueños de estudiantes) reveló que las emociones y las sensaciones que experimentamos mientras soñamos —como la alegría, el temor, la rabia, el asco o la excitación— no son diferentes a las de cuando estamos despiertos. Sin embargo, según esta investigación, la principal diferencia entre la noche y el día es que, en el mundo onírico, la ansiedad es la actriz principal, y otras emociones como el miedo, la tristeza y la desesperanza ganan protagonismo respecto a la alegría o la esperanza. Bien pensado, tampoco hay mucha diferencia entre lo que sentimos un lunes marrón camino del trabajo (en medio del tráfico, con la perspectiva de tener que aguantar al jefe…) y el mundo onírico de los estudiantes del estudio.

¿Con qué sueñas habitualmente? Te contaré uno de mis sueños y la razón por la que estudié psicología. Cuando era pequeño, desde los cuatro años hasta la adolescencia, tenía un sueño que se repetía con insistencia cada vez que caía enfermo y me subía la fiebre. Decenas de números gigantes me perseguían con la intención de aplastarme en un enorme laberinto. Al principio, aparecía un cuatro o un seis de un tamaño más o menos manejable, del que podía escabullirme o esconderme, pero a continuación entraba en escena un número un poco más grande que, tras una frenética búsqueda por todos los rincones del laberinto, me encontraba agazapado en un rincón y me perseguía. Yo corría que me las pelaba, pero él también, y cuando parecía que lo dejaba atrás, me topaba con otro número, y otro, y otro… ¡Menuda pesadilla! Me angustiaba cada vez más porque no podía salir de la trampa mortal que era el laberinto y veía que al final sería aplastado por un montón de números, pero yo me negaba a aceptarlo. Recuerdo como si fuera ayer que me despertaba gritando justo en el momento en que los números empezaban a rodearme y a subirse encima de mí. Mi alarido se oía en medio vecindario. Aterrado, sobresaltado, angustiado, con el corazón acelerado y la cabeza a punto de estallar, no quería volver a dormirme. «Los números me esperan, están ahí, no te duermas…» Un, dos, tres, y vuelta a empezar. ¿Adivinas cuál es la asignatura que más me costó sacarme en la EGB? ¿Y la que arrastré suspendida desde segundo de BUP hasta que estudié mi segundo y último COU? ¿Y la que hizo que me decantara por las letras puras? Exactamente, las matemáticas. ¿Y qué pasó cuando me matriculé en psicología esperando no encontrarme con un mal número en toda la carrera? ¡Oh, sorpresa! Estadística en primero, estadística en segundo y alguna sorpresa más. Todavía utilizo los dedos para sumar (aunque por debajo de la mesa), la calculadora del móvil echa humo cuando tengo que hacer cuentas, y si en una reunión los colegas me hablan de fiabilidad, medias, análisis de varianza o de covarianza o desviaciones típicas, o algún gracioso saca a colación un tema relacionado con el bonito mundo de los números y los cálculos matemáticos, pongo cara de póquer y noto que me empieza a arder la úlcera. Si hay por aquí algún psicoanalista, me imagino que estará relacionando la aversión a los números con mis tempranas pulsiones sexuales, un pene pequeño o una postura sexual con nombre de número, o con cuánto me desagradan las personas que montan numeritos; cualquier cosa puede valer.

¿Sueñas que una hecatombe nuclear destruye el planeta Tierra y solo quedáis vivos Donald Trump y tú? ¿Una invasión extraterrestre se hace con el dominio del mundo y un grupo de valientes del que tú formas parte lucha con ahínco contra los alienígenas? ¿Te quedas desnudo delante de un montón de gente, que te señalan con el dedo, y haces un espantoso ridículo? ¿Unos monstruos te persiguen? ¿Vuelves a casarte? ¿Se te caen los dientes y no hay un dentista que te atienda? ¿Aparece por el retrovisor una jirafa conduciendo un Volvo y un elefante haciendo dedo en un callejón sin salida? Bienvenido al mundo de los sueños. Que sepas que no estás solo. Varios estudios nos muestran que, en los sueños, algunos temas son más comunes que otros. En una investigación, el 81,5 por ciento de los participantes dijo haber soñado que lo perseguían; el 76,5 por ciento había tenido un sueño con una experiencia sexual, y el 73,8 por ciento había soñado que se caía. Y si piensas que estás fatal por los sueños que tienes, te tranquilizarás cuando veas los resultados de un estudio realizado en la Universidad Shue Yan, de Hong Kong, sobre los contenidos sexuales en los sueños de los hombres (soy inocente, señoría, a mí no me preguntaron). Un 5,2 por ciento de los hombres había besado a un monstruo en sus sueños; un 3,4 por ciento había tenido aventuras con un animal; el 1,7 por ciento había mantenido una relación completa con una planta, una roca o un leño (sí, con un leño); el 10,3 por ciento se había acostado con su madre y, por último, el 6,9 por ciento tenía relaciones carnales con su hermana mayor. Tal vez debería preparar la güija para pedirle al espíritu de Sigmund Freud que nos cuente qué está ocurriendo…

¿Por qué soñamos? ¿De qué sirve soñar? ¿Se pueden interpretar los sueños? Hay varios estudios sobre la utilidad de soñar, así como algunas interesantes líneas de trabajo sobre su interpretación. Mientras soñamos, nuestra mente inconsciente repasa todos nuestros problemas, se ocupa de ellos, como haría un experto psicólogo, intenta mitigar su impacto emocional y encontrarles solución. Algunos autores indican que soñar con las cosas que nos generan un gran malestar puede contribuir a aliviar un posible trauma; otros sugieren que los sueños podrían ayudarnos a afrontar algún problema vital. Asimismo, otros relacionan los sueños con la consolidación del aprendizaje, y hay quien propone que cuando soñamos la mente tiene libertad para crear escenarios diferentes a los del día a día, y eso es favorece la resolución de problemas. A mediados del siglo XX, los científicos confirmaron que el cerebro continúa activo mientras dormimos y se dedica a procesar todo aquello que ha aprendido a lo largo del día, es decir, revisa las memorias formadas recientemente, las analiza y descarta lo que no es relevante; lo residual va a la basura.

Respecto a la interpretación de los sueños, tenemos por un lado la vertiente freudiana (Freud pensaba que los sueños podían reflejar las necesidades ocultas, y se centró en dos impulsos: el sexo y la agresividad) y, por el otro, una corriente, más novedosa, basada en las últimas investigaciones sobre el mundo de los sueños, que habla del sueño lúcido o ser consciente de estar soñando, y del poder de los sueños en la mejora de la creatividad y la toma de decisiones. Pero primero veamos las interpretaciones del bueno de Sigmund.

Guía para interpretar los sueños como un experto

¿Sabes qué significado le daban muchos de los seguidores de Freud a la caída de un diente en un sueño? La caída de un diente puede representar el miedo a la castración porque implica separar una parte del todo, aunque, claro, ya que nos adentramos en el subjetivo mundo de las interpretaciones, también puede relacionarse con la baja autoestima o con la falta de reconocimiento del atractivo personal; elige la interpretación que más te guste. ¿O acaso es un aviso para que pida una cita urgente al dentista? Utilizar el simbolismo, en el que vale una cosa y su contraria por igual, es arriesgado. Intentar encontrar un significado universal a los sueños es aventurado, y conviene tomarse con cautela las respuestas e interpretaciones de este tipo que ofrecen muchos manuales y revistas. Y es que la importancia de un sueño radica en lo que puede significar dicho sueño en la vida diaria de una persona, no en el significado que le den Fulano o Mengano.

Ahora bien, si quieres convertirte en un imitador de Freud y lanzarte al ruedo de las interpretaciones oníricas y triunfar ante tus conocidos, te propongo cinco ejemplos y su posible interpretación freudiana. En la próxima reunión con amigos y conocidos (evita hacerlo con la familia porque puedes crearte peor fama de la que tienes), deja caer que estás estudiando un curso de experto onírico en interpretación de sueños. Explica un sueño sencillo con el que cualquiera de los presentes se pueda identificar. Por ejemplo, que uno se queda desnudo delante de todo el mundo. Hablando con calma y firmeza, lanza una explicación como: «Estar desnudo indica que temes que las personas que te rodean descubran algo que no quieres que sepan: un secreto, un conflicto, un problema no resuelto. Indica que crees que no te van a ayudar, sino todo lo contrario». También puedes dejar caer que la persona tuvo una mala experiencia en una playa nudista hace unos cuantos años o es de los que piensan que la desnudez no le favorece. Lo que quieras, la noche es tuya. Diantres, ahora que lo pienso…, ¿a quién le gusta estar desnudo delante de la gente?

Si alguien te dice que ha soñado que se caía por un precipicio, o a un hoyo muy profundo o por el hueco de la escalera de un rascacielos, adorna tu explicación con la posible angustia que le crea al soñador la pérdida de poder, que lo despidan del trabajo, una relación que no va bien o un gran agujero en la cuenta corriente. O dile que tal vez debería tener más relaciones sexuales. Elige la temática que prefieras, pero deja abierta la puerta del sexo, un tema que nunca falla. Si la cosa se anima y uno de los presentes te dice que sueña a veces con que vuela (un clásico), muestra seguridad y afirma que esto indica con claridad un próximo acontecimiento positivo en la vida de esa persona, o que lo que espera con tanta ilusión ocurrirá sin duda, o que sabe que tiene el control sobre algo importante. O, bueno, también podría ser que ha mantenido excelentes relaciones sexuales no hace mucho tiempo y todavía está en ello. «Doctor, sueño que se me ha caído un diente. ¿Qué significa?» Déjate llevar de nuevo por las certezas y suéltale a tu amigo que seguramente no está satisfecho con su atractivo personal; o que teme que lo castren o que debe ir al dentista. Si se te da bien y te haces famoso, acuérdate de este pobre psicólogo.

Otras pautas para averiguar qué significan tus sueños

Te propongo un interesante ejercicio que utilizamos algunos psicólogos para desentrañar el significado de los sueños con el objetivo de ayudar a algunas personas a desatascarse o a gestionar algún conflicto utilizando su propia interpretación. Intenta acordarte de un sueño que hayas tenido hace poco y sigue los pasos que expongo a continuación.

Describe con detalle un sueño reciente y que recuerdes bien. Escríbelo en primera persona e imagínatelo como una película. Una vez descrito, abordaremos el componente emocional de lo que has soñado ¿Cómo te sentías en ese momento?

Piensa en la posible relación entre el sueño y algún suceso que se haya producido en tu vida. ¿Crees que el sueño tiene relación con algo que te esté pasando ahora mismo? ¿O con algo que haya ocurrido hace poco?

Vayamos al momento de la interpretación. ¿Qué mensajes te parece que encierra este sueño? ¿Qué puede decirte este acerca de tu vida personal y laboral? ¿Y sobre tu personalidad y tus relaciones sociales? Imagina que pudieras cambiar el sueño a tu gusto, escribir un nuevo guion. ¿Qué modificarías? ¿Cómo desearías que acabara el sueño? Ahora que tienes el guion del nuevo sueño, ¿cómo podrías cambiar tu vida?

Trabajar los sueños puede ser útil para abordar una gran variedad de problemas psicológicos, como la baja autoestima, las dificultades en las relaciones afectivas y la depresión. Te recomiendo que lo hagas con apoyo de un profesional de la psicología.

Antes he comentado que soñar en las cosas que nos generan malestar puede contribuir a aliviar un posible trauma. Unas investigadoras reunieron a un grupo de mujeres divorciadas a las que previamente se les había diagnosticado una depresión. Es muy habitual que los hombres y las mujeres que hemos pasado por un proceso de separación presentemos síntomas coincidentes con los de un trastorno adaptativo, como la ansiedad y la depresión.

Puesto que las investigadoras querían que las elegidas se sintieran como en casa, las invitaron a dormir unas cuantas noches en su laboratorio del sueño, pero en lugar de con los ositos de peluche o la tableta para cotillear en Facebook que tenían en su habitación, iban a dormir con los electrodos que controlarían las conexiones cerebrales en una electroencefalografía (EEG), y que avisaría a las investigadoras cuando las participantes comenzaran a soñar. La pregunta que se hacía el grupo investigador era si estas mujeres soñarían con los exmaridos (algo más que esperable y probable), y cuánto y cómo.

Las investigadoras despertaban a las voluntarias deprimidas cada vez que soñaban y les pedían que les narraran el sueño que acaban de tener. Cuando terminaban, les daban las buenas noches y las dejaban dormir de nuevo, hasta que apareciera un nuevo sueño. Una vez recogido el material, los sueños, analizaron los contenidos y su componente emocional, y evidentemente contaron las veces que se habían presentado los exmaridos. Como los buenos estudios tienen un final feliz, al cabo de un año volvieron a ponerse en contacto con las mujeres divorciadas y comprobaron si seguían deprimidas. ¿Habría diferencias entre lo que habían soñado las que seguían deprimidas y las que no manifestaban sintomatología depresiva? Las voluntarias que al principio del estudio tuvieron sueños con carga emocional y con más apariciones de los exmaridos eran mucho más propensas a curarse de la depresión.

En conclusión, no te preocupes demasiado si en una época de estrés, durante un proceso de ruptura de pareja o cuando surgen dificultades en el trabajo sueñas cosas que te generan desazón. Seguramente tu cerebro está encontrando respuestas por medio de los sueños. Soñar desempeña un papel de vital importancia para afrontar el estrés y la tensión de la vida cotidiana. Cuando dormimos, no solo se trata de descansar, que también, sino que la clave parece estar en los sueños. Freud no iba desencaminado, pero no en cuanto a la interpretación que hacía de los sueños. Freud pensaba que los sueños reflejan muchos tipos de necesidades que permanecen ocultas, pero hizo especial hincapié en dos impulsos básicos: la agresividad y el sexo. Tenía razón al decir que los sueños contienen mensajes ocultos, aunque se equivocaba al creer que casi todos se refieren a estos dos impulsos. Los sueños reflejan preocupaciones cotidianas de las personas, y no hace falta tener años de formación para descodificarlos, basta con prestarles atención y relacionarlos con sucesos reales de la vida.

¿Soñamos lo mismo los hombres y las mujeres?

Qué mala es la testosterona, hasta cuando dormimos. Las mujeres tienden a tener sueños ligeramente más prolongados y un poco más complejos, con más variedad de situaciones, personajes y detalles. Los hombres somos más básicos, y, para no perder la costumbre, tenemos más sueños en los que vivimos escenas violentas y con agresiones. En cuanto a quién se nos aparece en sueños, los hombres soñamos con otros hombres el doble de veces que con mujeres. Ellas sueñan con personajes de ambos sexos por igual.

¿Y por qué algunas noches, cuando me despierto de madrugada, mi cama se ha convertido en una tienda de campaña? Si ves que tu pareja tiene una erección nocturna, no es, con toda probabilidad, porque esté teniendo un sueño erótico-festivo con la vecina de la puerta 5. Las erecciones pueden producirse soñando con la compra en el supermercado, con quedarse atrapado en el ascensor o con un tranquilo paseo por la playa en invierno; no están relacionadas en exclusiva con las aventuras eróticas. Así que, tranquilo o tranquila, él te quiere y te desea.

¿Soñamos en color o en blanco y negro? Aproximadamente, ocho de cada diez sueños son «en color», pero un pequeño porcentaje de la población asegura soñar sin colores, esto es, en blanco y negro. «Nada hay verdad ni mentira; todo es según el color del cristal con que se mira.» Parece que soñar en más o menos colores depende de las experiencias infantiles que haya tenido cada persona. En un estudio realizado por la Universidad de Dundee, relacionaron los colores de los sueños con la televisión y la infancia. A un grupo de personas de más de cincuenta años les pidieron que cuantificaran los colores de sus sueños y el tiempo que dedicaron a ver la televisión en blanco y negro cuando eran pequeños. Curiosamente, el 25 por ciento de quienes de pequeños solo vieron televisión en blanco y negro soñaba sin colores, frente al 7 por ciento de quienes tuvieron televisor en color.

¿Cómo sueñan los invidentes? Los sueños de las personas ciegas de nacimiento se representan mediante los demás sentidos: el olfato, el oído, el gusto y el tacto. Las personas que han perdido la visión antes de los siete años, tienen sueños sin casi ninguna imagen visual, a diferencia de las personas que se quedan ciegas después de los siete años, cuyos sueños poseen la misma carga visual y el mismo contenido que los de las personas con visión.

PUERTA 7
EL MOMENTO IMPORTA
Saber cuándo

El tipo que sabía cuál era el mejor momento de las apuestas deportivas y cómo perder en el amor

En el otro extremo del barrio, cerca de la pequeña estación de los antiguos tranvías (hoy reconvertida en comisaría de policía nacional), ha cerrado la única ferretería que quedaba abierta. Los tornillos, los clavos, las copias de llaves, las sartenes y las alcayatas ya no daban más de sí, y, jugándoselo todo a una carta, los dueños han optado por hacer un cambio radical en la planta baja, el negocio y su vida, y convertir la ferretería en un local de apuestas. Donde antes estaba el expositor en el que convivían destornilladores, cintas métricas, llaves inglesas y pegamentos varios, hoy zumban codo con codo una máquina tragaperras y una de apuestas deportivas. Igual te salen dos fresas y un melón que te dejas la mitad de la paga semanal apostando en una carrera de galgos en Tailandia o al caballo ganador en un hipódromo irlandés. La idea de los dueños es no perder la esencia del negocio y atornillar a los clientes para que hagan juego.

Los ventanales ya no permiten la entrada de luz natural y los visitantes no saben si es de día o de noche, ni si les ha pasado la hora de llamar a sus novias o de regresar a casa. Y sí, la mayoría de los clientes son del género masculino y las mujeres brillan por su ausencia. En el mostrador desde el que se despachaba con lustre y alegría un bote de aguarrás, una brocha gorda o un martillo, han montado una aburrida barra de bar, con una solitaria cafetera, un tirador de cerveza y unas cuantas botellas de bebidas alcohólicas. No hay bocadillos de calamares, ni bravas, ni una tortilla de patatas congelada, solo bolsas de papas fritas, latas de aceitunas sin hueso y paquetitos de almendras saladas. Así los clientes pueden comerse una aceituna con sabor a anchoa mientras juegan a la ruleta que hay en el centro del local o tomarse un vermú durante el partido de fútbol que se disputa en una de las muchas pantallas repartidas por el salón.

Frente a una de las máquinas que ocupan el espacio en otro tiempo reservado a las sartenes y paellas, junto al de las cazuelas y ollas exprés, hay un señor que no levanta cabeza. Un tipo bajito y vestido con americana, vaqueros y zapatillas de lona blanca, que tiene toda la pinta de ser un afortunado en el amor porque en el juego ni pincha ni corta. Acaba de sacar el último billete de 20 euros que tenía en la cartera y lleva un rato tratando de decidirse entre cambiarlo y hacer la apuesta definitiva, confiando en que suene la flauta, o irse a casa, cenar y descansar. Por estas cosas que tiene el azar, en el momento en que iba a introducir el billete en la máquina (del que, evidentemente, no recuperaría ni un céntimo), recibe un WhatsApp de una antigua novia proponiéndole una cita en su casa. Como el impulso de apostar es incompatible con el deseo de intercambiar fluidos, se guarda el dinero en la cartera, sale de la ferretería transformada en salón de juegos y se marcha a casa dando un pequeño paseo. Mientras espera a que el semáforo cambie de color y le permita seguir su camino, una joven vendedora de cupones de la ONCE se acerca a él y, en un susurro, le asegura que regala suerte de la buena. Nuestro pequeño hombre, que no cree en las casualidades y piensa que todo pasa por algo, vuelve a sacar el billete de 20 euros y le compra dos cupones para el viernes, convencido de que esa mujer, ella sí, puede cambiarle la vida. Al ponerse en verde el semáforo, cruza la calle persuadido de que la suerte le sonríe y de que la vendedora de cupones se la ha enviado un universo que necesita poner orden en el planeta.

Son las ocho menos diez de la tarde y el WhatsApp suena otra vez. El hombre ha recibido un nuevo mensaje de la ex, que le pide que no se demore mucho porque arde en deseos de verlo y le dice que lo está esperando con una copa de vino, que no cenarán e irán directamente al postre. Acelera el paso y, cien metros antes de llegar a su casa, pasa por delante de la administración de loterías y apuestas del Estado, que está a punto de cerrar. Como no podía ser de otra manera, piensa que eso es una nueva señal del destino. Saca la cartera y los 14 euros que le quedan se los juega al Euromillones, al Gordo de la Primitiva y a la Primitiva con Joker, y hasta puede permitirse comprar un décimo de lotería que acabe en veinte.

Este tipo bajito y afortunado en el amor entra en el portal, sube al cuarto piso, abre la puerta 7, la de su casa, y no encuentra a nadie. Llama a su ex en voz alta, y le responde un silencio sepulcral. Se descalza, se sirve un whisky doble en el comedor, abre el ordenador y se conecta para echar una partida de póquer en línea. Jugador gran parte del día y amante bandido por las noches, trabaja desde hace veinte años en el Corte Inglés del centro de la ciudad, y desde hace cinco consta a todos los efectos como jefe de la sección de menaje, hogar y artículos de ferretería. Allí está lejos de las apuestas, la lotería y los cuponazos, ni siquiera participa en la quiniela que hacen los de la sección de discos, un par de plantas más abajo, ni comparte décimos antes de Navidad. Nadie conoce sus embrollos con el juego, salvo un par de ex que trabajaron en la planta joven hace más de ocho años. Todo el mundo describe a este pequeño charlatán como un profesional del menaje, un experto en aspiradoras de última generación y escobas eléctricas que siempre barre para casa; un modelo para los milenials que trabajan en esta gran empresa. Como beber un buen whisky engrasa las meninges, alienta el espíritu, ayuda a olvidar el desamor y abre el apetito, se dirige a la cocina con la idea de picar algo con lo que engañar al estómago y engordar el ego. Al abrir la nevera se da cuenta de que sobre la encimera hay una nota y reconoce la letra de su exnovia. «Pensaba que habías dejado el juego. No me busques, no me llames, no me escribas. Hasta nunca.»

El vecino de la puerta 7 —bajito, resuelto y trabajador— opina que todo tiene un cómo, un cuándo y un porqué, y que las cosas serían muy diferentes si supiera cuándo jugar, cuándo hablar y cuándo retirarse. Desde luego, hoy le han apretado bien las tuercas y, a solas en casa (sin dinero y sin amor, con unas cuantas papeletas de apuestas en el bolsillo de la chaqueta y un décimo de lotería en el del pantalón), se ha quedado clavado. ¿Una ferretería convertida en salón de juego? *Rien ne va plus.*

Nuestro amigo bajito no supo retirarse a tiempo. ¿Habría actuado de otro modo si hubiera sido alto? ¿Importa la estatura? De entrada, te respondo con un sí, y si no que se lo pregunten a los más bajitos o a los que son muy altos. ¿Cuánto mides tú?

De cómo el tamaño importa

Una investigación realizada en la Universidad de Florida sugiere que, en el mundo laboral, cada centímetro de más cuenta. En la investigación se analizaron los datos de cuatro grandes estudios que consistieron en hacer un seguimiento de la vida de las personas, centrándose en la personalidad, la altura, la inteligencia y los ingresos. En cuanto a la relación entre la altura y los ingresos, se descubrió que por cada 2,5 centímetros de estatura por encima de la media, en Estados Unidos una persona gana 789 dólares (unos 600 euros) más al año. Ante estos resultados, los autores planteraon la siguiente hipótesis: el hecho de que los altos cobren más puede deberse a que solemos apreciar capacidades de liderazgo en las personas más altas, tal vez porque nos sentimos más protegidos por las personas más corpulentas, lo cual sería un patrón heredado.

Por norma general, las personas altas hacen evaluaciones más positivas, hablan de experiencias emocionales mejores, tienden a ganar más dinero y son más cultas. Dichas características parecen relacionadas con el hecho de haber recibido en la infancia una nutrición de calidad y una atención especial, lo que permite a estas personas alcanzar su máximo potencial cognitivo y físico cuando llegan a la edad adulta. En un estudio sobre las personas altas, se pedía a los participantes que se imaginaran una escalera con los peldaños numerados del 0 (el más bajo) al 10 (el más alto). El peldaño 0 representaría «la peor vida que puedas tener», mientras que el peldaño 10 sería «la mejor vida posible». Una vez eran conscientes de la escalera de la vida, los participantes tenían que situarse en un peldaño. Los más altos, con una estatura media de 177,8 centímetros, se identificaron con los peldaños más altos, a diferencia de quienes tenían una estatura menor. En general, los individuos más altos consideraron que su vida era satisfactoria y que tenían emociones positivas, como el placer y la felicidad, en una proporción mayor que los individuos más bajos. Cuando se les preguntaba acerca de los sentimientos, los hombres y las mujeres más altos tenían más tendencia a hablar de felicidad y de placer, y mencionaban menos el dolor y la tristeza. Por cierto, ¿cuánto has dicho que medías?

¿Solo la altura influye en el éxito laboral? Los centímetros tienen una incidencia positiva o negativa, pero en el éxito tiene bastante que ver la belleza. Las personas más atractivas tienen más posibilidades de triunfar en una entrevista de trabajo y, por tanto, de ser contratadas. Esto se debe a los sesgos cognitivos por los cuales asociamos la belleza con determinados componentes positivos. Según indican los estudios, si mientras lees este texto recuerdas tu estatura, y eres una persona alta, y te miras en el espejo, y te ves guapa, tienes hecho parte del trabajo, y sin haberte esforzado. No obstante, la estatura importa lo que tú quieras que importe, porque el éxito laboral depende también de otros factores.

Quizá a los bajitos nos va mejor en el amor y el sexo. Desgraciado en el juego, afortunado en amores, dicen, y así era el vecino bajito de la puerta 7. Pues siento tener que explicar que investigadores de la Universidad Chapman de California interrogaron a cerca de sesenta mil hombres y mujeres heterosexuales sobre su talla, su peso y el número de parejas que habían tenido. Los hombres y las mujeres de entre treinta y cuarenta y cuatro años, habían tenido una media de ocho parejas sexuales desde el inicio de sus relaciones. Un 58 por ciento de los hombres y un 56 por ciento de las mujeres afirmaron haber tenido más de cinco parejas. Un 29 por ciento de los hombres y un 23 por ciento de las mujeres habían tenido más de catorce parejas. Los hombres que eran de una estatura entre normal y muy alta habían tenido de una a tres parejas más que los más bajitos. O sea, que tampoco hay suerte; bueno, lo importante es la salud, y a los bajitos no nos falta un gran corazón.

No contentos con cobrar más, ser más felices y tener más parejas, los altos parecen, además, gozar de una mejor salud coronaria. En la primera revisión completa de los estudios que relacionan la estatura de un individuo con sus probabilidades de padecer una enfermedad cardiovascular, se obtuvieron resultados nada favorables para los menos altos (aunque tengan un gran corazón). Los hombres que miden menos de 165,4 centímetros y las mujeres con una estatura por debajo de los 153 centímetros tienen un riesgo 1,5 veces superior de sufrir alguna enfermedad cardiovascular que los hombres de más de 177,5 centímetros y las mujeres de más de 166,4 centímetros. El estudio concluye que la estatura baja puede ser un factor de riesgo para la enfermedad cardiovascular, aunque reconoce no saber cuál es la estatura a partir de la que se incrementa el riesgo, ni tampoco por qué se produce esta asociación. La única hipótesis que lanza es la de que, posiblemente, las arterias de las personas bajas tengan un menor calibre y, por ello, se obstruyan con mayor facilidad.

Bueno, pero por lo menos los más bajos no somos celosos, ¿verdad? Siento decepcionarte de nuevo con el siguiente estudio: unos investigadores quisieron averiguar si había alguna relación entre los celos y la altura. Partieron de la hipótesis de que los hombres altos tienen novias más atractivas y un mayor éxito reproductivo porque son los preferidos por las mujeres, y para comprobarla emprendieron un ensayo que contó con la colaboración de 349 estudiantes valencianos y 200 estudiantes neerlandeses. ¿Qué relación hallaron entre la altura y los celos? Los resultados indicaron que los hombres altos y las mujeres de estatura media se sienten más seguros de sí mismos, mientras que las mujeres y los hombres de baja estatura y las mujeres muy altas son los más celosos. En el caso de las mujeres, resultan más atractivas y saludables las de estatura media, mientras que las muy altas y las muy bajas no suelen ser las elegidas. Las mujeres de una estatura intermedia acostumbran a ser menos celosas en sus relaciones, y las muy altas y los hombre bajitos son los que tienen más dificultades en el amor.

Después de leer estas conclusiones, tal vez pienses que hay cosas más importantes que unos centímetros por arriba o por abajo. Lo mejor de todo es que, por fortuna, lo que cuenta en la vida no se mide ni con dinero ni con centímetros, y no existe cinta métrica capaz de medir el amor, la generosidad, la bondad, el humor positivo y la amistad. Estos se demuestran con acciones, no con centímetros.

La importancia del momento

«Qué agradable es el día en el que dejamos de esforzarnos por ser jóvenes o delgados», afirmó el psicólogo William James al referirse a los aspectos positivos que tiene envejecer. De hecho, parece que, con la edad, la gente acepta sus fortalezas y sus debilidades, supera la frustración y modera la ambición, y la ansiedad tan propia de la madurez se desvanece como un azucarillo en un vaso de agua. Los mayores aprenden a disfrutar de lo que realmente está a su alcance y dan más importancia a una de las claves de la satisfacción vital: las relaciones con los demás.

Las personas afrontamos nuestra realidad de una manera u otra según el momento vital en el que nos encontramos —en una reunión de trabajo no nos comportamos igual a los sesenta años que a los veinte—, y tampoco tomamos las mismas decisiones a primera hora de la mañana que por la noche, pese a que sea el mismo día y tengamos la misma edad.

Del efecto del momento no se libra nadie, ni siquiera los jueces, que adoptan determinaciones diferentes en función de la hora del día en que se celebra el juicio. Se supone que los jueces son sensatos, racionales y justos, y que imparten justicia basándose en hechos objetivos y con arreglo a la ley, pero sus decisiones están tan contaminadas como las tuyas o las mías, y les afectan las mismas cosas que a ti o a mí. Veamos el caso de los jueces encargados de conceder la libertad condicional en Israel. Tras valorar la parte de la pena cumplida y el comportamiento del preso, estos jueces deciden, por defecto, no conceder la libertad condicional, y solo se desvían de dicha decisión cuando tienen pruebas irrefutables, especialmente en los momentos en que se sienten más jóvenes y descansados, es decir, a primera hora de la mañana o después de almorzar. Entonces, según las conclusiones de este estudio sobre sus señorías los jueces, estos muestran una creciente capacidad para anular la decisión habitual (no conceder la libertad condicional) y tomar una decisión más laboriosa (conceder la libertad condicional). A medida que van tomando decisiones difíciles a lo largo del día, y su carga cognitiva va aumentando, van optando por la decisión más simple: no conceder la condicional. En las primeras horas del día fallan a favor del reo el 65 por ciento de las veces, y a última hora de la mañana, el número de fallos favorables desciende hasta casi cero. Como conclusión, todo parece indicar que, cuando se les acumula el trabajo y la mente les echa humo, los jueces se inclinan por la opción más sencilla, como si dijeran: «No quiero elaborar, no quiero reflexionar, estoy muy cansado de tanto pensar».

En tu caso, ¿tomas las mismas decisiones por la mañana que por la noche, tras un duro día? Al parecer, igual que cuando voy al supermercado tras haber comido y con el estómago lleno compro solo lo necesario, cuando sus señorías se sienten bien, deciden con sensatez. Si entras en una sala y te dicen que su señoría está almorzando, alégrate, la indulgencia está en camino y llegará con sabor a café. O no, nunca se sabe. Un consejo de última hora: si vas a pedirle un aumento de sueldo al jefe, hazlo a primera hora de la mañana, y siempre podrás echarles la culpa a los jueces si te dice que no. Otra posibilidad es que lo invites a almorzar y, mientras os tomáis el café, le hables del bonus.

El paso del tiempo no solo influye en las decisiones, también afecta a los estereotipos. Así, hay quien tiene comportamientos racistas por la tarde y no por la mañana. Sí, sí, como lo oyes. En España, sin ir más lejos, calificamos a los catalanes de tacaños, a los andaluces de vagos y juerguista y a los gitanos de aprovechados del sistema, por citar algunos de los muchos estereotipos en los que caemos. En un estudio sobre el efecto que tienen el agotamiento del ego y los estereotipos en Estados Unidos, se pidió a un grupo de participantes que valorara la culpabilidad de un supuesto malhechor que estaba siendo procesado. A todos los voluntarios les narraron unos hechos delictivos de los que el protagonista parecía ser el autor, ahora bien, al 50 por ciento de ellos les dijeron que el nombre del acusado era Robert Garner, y al otro 50 por ciento, que el acusado se llamaba Roberto García. Los mismos hechos pero distinto nombre; los mismos comportamientos pero distinto grupo social. Las decisiones que tomaban por la mañana los miembros de este particular jurado eran iguales para los dos acusados; García era tan inocente o tan culpable como Garner, y viceversa. Sin embargo, al enjuiciar los hechos y emitir los consiguientes veredictos por la tarde, los voluntarios eran más propensos a creer que García era culpable y Garner, inocente. Cuanta más amodorrada está la mente, más se deja llevar por sesgos y estereotipos. Por cierto, una fantástica película que borda el tema de los estereotipos es *Doce hombres sin piedad*, con un espectacular Henry Fonda. Muy recomendable.

¿Cuándo gastar? ¿Hoy, mañana? ¿Espero un tiempo?

No conozco el caso de nadie que, agonizando en una cama de hospital a la espera de que lo vistan con el pijama de madera, rodeado de sus seres queridos, les diga a estos que se arrepiente de no haber dedicado más tiempo a la oficina, que tendría que haber trabajado más. ¿Trabajar más? ¿Es eso lo de verdad importante? Pues parece que no, ¿verdad? Acostumbramos a arrepentirnos de no haber hecho algo, no de haberlo hecho, sobre todo si se nos presenta la oportunidad de realizar un cambio importante en la vida, o de vivir, sencillamente. Es fácil que lamentemos no haber pasado más tiempo con nuestros hijos, con la pareja, viajando, caminando descalzos, disfrutando, amando, besando, riendo, bailando sin saber bailar, que, a la larga, nos arrepintamos de no haber vivido. Pero ¿de no haber trabajado más? El trabajo es trabajo, ni más ni menos, solo una de las cosas de la vida. Posponemos actividades muy agradables, como salir de escapada a un pueblecito mágico o abrir una de esas botellas de buen vino o cava que nos han regalado pero que guardamos para una mejor ocasión. Y ¿cuándo llegará esa ocasión? ¿Cuando te anuncien que te quedan dos telediarios? Esto si no te ha dicho antes un buen amigo que entiende de vinos que la botella está picada. Es habitual que el premio o la excusa para deleitarnos no acabe de llegar, y esto se debe, mayoritariamente, a la tendencia generalizada a aplazar para el futuro las recompensas del presente. Quienes actúan así son llamados «hipermétropes psicológicos», y son los campeones de la previsión, dotados de un excesivo autocontrol, que planifican su vida pensando en el futuro y caen demasiado a menudo en las garras de la tacañería; es decir, creen que retrasar las gratificaciones es una buena idea y les cuesta mucho ver lo placentero que es darse, en el presente, un homenaje de vez en cuando.

En la Universidad de Columbia se valoraron las cosas de las se arrepentían los universitarios de haber y no haber hecho. Asimismo, se valoró cuánto se lamentaba un grupo de antiguos licenciados al recordar las vacaciones de invierno de cuarenta años atrás. Los estudiantes del presente se arrepentían de no haberse esforzado más, es decir, de no haber hecho más actividades con propósito, como estudiar, a diferencia de los exalumnos, que deploraban no haberse divertido bastante más en aquellos años. ¡Cómo cambia nuestra perspectiva con el paso del tiempo! Y no hace falta que pasen cuarenta años. En otra investigación muy similar se entrevistó a sesenta y tres estudiantes. A la mitad de ellos les pidieron que recordaran un día de la semana anterior en que hubieran tenido que elegir entre quedarse en la habitación a trabajar o salir con los amigos y disfrutar. Una vez identificados el día y el momento, debían evaluar cómo se sentían respecto a su elección según una escala que iba desde «No me arrepiento en absoluto» hasta «Me arrepentimiento muchísimo». A la otra mitad del grupo se le pidió que hiciera lo mismo con una situación parecida pero que les hubiera ocurrido cinco años atrás. Los estudiantes que la semana anterior habían preferido quedarse a estudiar se mostraron muy satisfechos con su decisión, a diferencia de los que habían optado por el cachondeo, que lo lamentaban. Con el grupo que evaluaba una decisión de hacía cinco años pasó lo mismo que con los exestudiantes de hacía cuarenta años: los que escogieron el trabajo se arrepentían de ello, al contrario que los lúdico-festivos, que estaban muy contentos siguiendo la máxima «ave que vuela, a la cazuela», y que les quiten lo bailado. Desde luego, estudiar en la universidad tiene mucho más alcance que obtener un título.

Para mí, ir a la universidad significa (todavía hoy, pese a que queda lejos mi época de estudiante) cerrar bares, viajar, ampliar conocimientos, conocer gente distinta a la de tu barrio o tu lugar de veraneo y salir de la burbuja social en la que vives, leer nuevas novelas, descubrir música diferente, experimentar, probar, salir y entrar, estudiar, esforzarse, divertirse, investigar, poner en duda las ideas propias e intentar asimilar las nuevas visiones que te aporta el conocimiento, ampliar miras, adquirir y desarrollar un pensamiento crítico, aprovechar los pequeños momentos que te ofrece la vida *(carpe diem)*, trasnochar, saborear las buenas amistades, arreglar el mundo hasta la madrugada y darte cuenta al despertar de que sigues destrozado, participar en alguna asociación de voluntariado y de ayuda a personas desfavorecidas, ofrecerse, sacarles todo el jugo a las clases que imparten los buenos docentes, preguntar y repreguntar, aunque parezcas tonto, hacer deporte, apasionarse por alguna disciplina, reír, llorar, suspender, aprender, aprobar e intentar terminar con un buen expediente. Por último, pero no por ello menos importante, significa salir siendo mejor persona que al entrar. Es importante que, al cabo de unos años, puedas decir que lo pasaste bomba. Y también haber tenido una pizca de suerte.

Más adelante hablaremos de la suerte, pero antes, para terminar con los hipermétropes psicológicos, déjame hacerte una pregunta: ¿qué crees que te daría más placer: tener un cheque regalo para gastarlo en un salón de masaje, manicura, peluquería y spa antes de que termine el mes, o un cheque regalo para el mismo sitio que caduca a finales de año? Es decir, disfrutar enseguida o tener un año entero para poder dejarte llevar por el mundo de los placeres. La respuesta parece obvia: disponer de más tiempo para poder elegir el momento de disfrutar sería lo preferible. Sin embargo, veamos una cosa: al margen de que tu ciudad o tu pueblo sea un lugar más o menos turístico, me apostaría lo que fuera a que los forasteros conocen algunos lugares de la población mejor que tú; son sitios que no has visitado porque están muy cerca de tu casa y la proximidad les resta glamour. Como mucha otra gente, te dices «Ya iré» y dejas la visita pendiente, o esperas a que vengan invitados de fuera para hacer turismo por tu ciudad. Seguramente te resulta familiar la tendencia a posponer los placeres, como hacen los hipermétropes psicológicos. ¿Y el cheque regalo? En realidad, las personas que escogen el cheque regalo para antes de que termine el mes sienten más satisfacción porque es más probable que lo usen. Tener plazos muy ajustados nos obliga a hacer las cosas, no solo cuando se trata de trabajo, sino también de pasarlo bien. Los estudios indican que un plazo más corto anima a apostar por el placer, que la presión anima a la gente a dejar de dilatar la recompensa y a disfrutar de ella y, por ende, de sí mismos.

Del hipermétrope al estrábico psicológico

Hay personas que siempre andan con un ojo puesto en las vidas ajenas, son ases del cotilleo y los rumores, y padecen estrabismo psicológico. Por desgracia, son multitud. En un estudio sobre estrabismo psicológico, los investigadores dieron a un grupo de voluntarios una cantidad de dinero, que se iba incrementando con el tiempo. En el ensayo se les brindaba la oportunidad de destruir una parte del dinero de los demás, pero solo a costa de sacrificar parte del propio. Destruir un dólar de otro participante le costaría al que lo hiciese entre 2 y 25 centavos. ¿Perder para que el otro pierda? Exactamente, y un 62 por ciento de los participantes pagaron por el privilegio de empobrecer a sus colegas de mesa o evitar que se enriquecieran más que ellos. Así somos los seres humanos. Los estrábicos psicológicos se caracterizan por poner un exagerado interés en ese presente (esto, aquí, ahora), por su pasión por hablar cuando no toca, por mirar con un ojo a la derecha y con el otro a la izquierda; ven lo externo y lo interno, lo agitan y hacen un popurrí. Para describir las diferentes clases de estrábicos o cotillas, abordaremos antes los tres niveles de lenguaje conversacional.

Contar demasiadas cosas sobre nosotros mismos es un clásico en las relaciones humanas. En realidad, nadie está libre de este pequeño pecado conversacional, a excepción de los antisociales. Las encuestas demuestran que el 90 por ciento de la gente cree que hablar con otra persona de un suceso traumático ayuda a mitigar el dolor. Sin embargo, como indican los resultados de algunos estudios, hablar de experiencias negativas con una persona receptiva pero sin formación en salud mental no es una buena idea si con ello esperas mejorar o solucionar el problema. Eso sí, te parecerá haberte quedado la mar de tranquilo tras la charla.

Partamos de la base de que el lenguaje forma parte del ser humano y que contar y expresar los asuntos que nos afligen es más humano todavía. Esto es de cajón, pero también es cierto que las conversaciones tienen que ser de ida y vuelta, bidireccionales, tanto si son entre dos personas como si hay más interlocutores. Se trata de contar y, además, escuchar lo que cuenta el otro. ¿Sueles hablar más de la cuenta sobre cosas que suceden o han sucedido en tu vida? ¿Consideras que esta actitud es tu talón de Aquiles? ¿En ocasiones regresas a casa con la sensación de que has sido un poco bocazas y has dado demasiada información a la otra persona, mientras que de ella no sabes casi nada? Si has contestado afirmativamente a estas preguntas, te emplazo a que profundices en el mundo de la comunicación y en los tres niveles de conversación que lo conforman.

Unos pasos para no convertirse en un bocazas. Los tres niveles del lenguaje conversacional

Primer nivel de conversación

Hablamos en un ascensor, en la barra del bar, en la cola del supermercado o brevemente en la calle.

¿Qué tiempo hace hoy? ¿Es hora de comer o cenar? ¿Vas a trabajar o regresas a casa? Hay infinidad de asuntos de los que hablar: esa noticia en la prensa que tiene cierto calado en tu entorno; lo bueno que está el café o el té; el último gol de tu equipo favorito; un chiste que el amigo gracioso ha enviado por WhatsApp; si hace frío o calor, si lleva tiempo sin llover o si el verano cada año dura más. Podríamos alargar la lista sin problema, porque hay cientos de temas, todos con una cosa en común: mientras hablas de ellos no das información relevante de ti ni de los tuyos, solo describes una realidad exterior. Estas charlas destilan banalidad y son muy superficiales, y la mayoría de ellas son neutras o con un tinte divertido, excepto si el gol se lo han metido a tu equipo.

Es preciso cierto dominio de este primer nivel para entablar conversaciones sanas, pero hay que saber lubricar bien los mensajes para poder pasar con pericia al siguiente nivel. Da igual si los temas te parecen un tanto superficiales; recuerda que el ser humano necesita la superficialidad para llegar a capas más profundas. ¿Te imaginas meterte en el mar y directamente bucear a cuarenta metros bajo el agua sin chapotear primero un poco entre las olas? ¿O subir a la superficie sin hacer las pausas que tocan? Además, ir poco a poco nos hace disfrutar del proceso; no tengamos prisa, ya llegaremos al final. Constantino Cavafis describió con maestría este disfrute del viaje y no el final, en su poema *Ítaca*:

Ten siempre a Ítaca en tu mente.
Llegar allí es tu destino.
Mas no apresures nunca el viaje.
Mejor que dure muchos años
y atracar, viejo ya, en la isla,
enriquecido de cuanto ganaste en el camino
sin aguantar a que Ítaca te enriquezca.
Ítaca te brindó tan hermoso viaje.
Sin ella no habrías emprendido el camino.
Pero no tiene ya nada que darte.
Aunque la halles pobre, Ítaca no te ha engañado.
Así, sabio como te has vuelto, con tanta experiencia,
entenderás ya qué significan las Ítacas.

Ten en cuenta lo siguiente: si estás en este primer nivel y tu interlocutor mantiene la conversación en él, vas bien, no hay peligro; puedes seguir hablando de nimiedades, o tal vez sea el momento de dar el salto al siguiente nivel conversacional.

Segundo nivel de conversación

Hablamos de las series de Netflix o HBO, de libros, deportes, recetas de cocina, las tiendas donde venden chollos para la casa, el último restaurante que hemos descubierto, sitios con encanto para escaparse un fin de semana y cualquier cosa que puedas imaginarte.

Es una conversación en la que caben todos los quesitos del Trivial Pursuit. Hablamos de nuestras cosas sin llegar a abordar nuestra zona más íntima. En este segundo nivel tenemos mil y un temas que tratar: los gustos personales, si tenemos pareja o no, los platos favoritos, el lugar donde veraneamos, el viaje a aquel sitio que nos encantó, los libros que más nos gustan, nuestras series favoritas, el cole de los niños, el trabajo, si nos vamos de Erasmus, cómo van las clases, a qué nos dedicamos en el tiempo libre, los deportes que practicamos, los restaurantes que frecuentamos, si somos conservadores o de izquierdas (o ambas cosas a la vez, y no estamos locos), si somos aficionados a los toros o no, si vamos a misa o somos ateos confesos, nuestra tienda de ropa preferida o si el gin-tonic va con cardamomo o somos de los que toman whisky *on the rocks*. La selección de temas de este nivel es interminable, y estos comparten la misma característica que los del primero: no dan ninguna información sobre tu zona íntima, donde guardas tus miserias, que reservas para el tercer y último nivel. Un rasgo fundamental de estas conversaciones es la bidireccionalidad.

Veamos un ejemplo: imagínate que nos acabamos de conocer y estamos en una soleada terraza tomando un zumo de cebada. Nuestra conversación fluye y tú pasas del primer nivel al segundo, y yo te sigo; mencionas una serie que te gusta y yo respondo con otra serie que me gusta a mí. A partir de ahí llevamos nuestra charla a si el pincho de tortilla que nos acaba de servir el simpático camarero está bueno o no, o si la tortilla de patatas lleva cebolla o no. Seguramente estaremos buceando en las mismas aguas: tú das información y yo también; tú hablas y yo escucho; yo amplío los datos y tú los recibes con los brazos abiertos. Contigo, pan y cebolla. Y este proceso es fantástico, nos exploramos, sin prisa, sin afectaciones, de forma genuina, compartiendo información y opiniones. Sin duda llegará el momento de bucear en las profundidades, pero tal vez hoy todavía no.

Tercer nivel de conversación

Hablamos de lo mejor y lo peor de nosotros mismos, nuestros sueños y miserias, el amor y el odio, la alegría y la depresión, la fidelidad y el engaño, tú y yo, nosotros y ellos.

Aquí están el todo y la nada, nuestra zona de miserias, de sueños y deseos, de tropiezos y rupturas, de amantes imposibles imaginarios o carnales, de nuestro hastío ante la vida, de la soledad, del penúltimo conflicto laboral, de nuestros miedos y nuestros proyectos, de los problemas económicos y los vaivenes emocionales que nos rodean, y de nuestros éxitos pasados y futuros. Afloran tus cicatrices en estado puro, y puede ser que aparezca alguna herida abierta que busque curación. Si te fijas bien, pocas veces entramos en este nivel, y así tiene que ser. Hablamos en ocasiones de estos temas con un buen amigo, el psicólogo, nuestra pareja y pocas personas más, y esto es lo recomendable. Alcanzar a menudo el tercer nivel es muy propio de las personas que están pasando por un proceso de depresión, o de las que dan mucho valor a la introspección y, por ende, a los pensamientos asociados a sus problemas y tienen ganas de publicitarlo. No es saludable frecuentar esta zona, ya que corremos el riesgo de ser pesados y hacer que la gente salga corriendo cada vez que nos ve llegar, con nuestros problemas. Hablar continuamente de estos temas amplifica nuestro malestar, y es una forma de dar una información muy relevante que puede volverse en nuestra contra; cualquiera tendrá la posibilidad de juzgarnos en el presente y en el futuro. Si buceas sin cesar en el abismo y tu vida se rige por la máxima «Es que yo soy muy profundo», es muy fácil que te quedes sin oxígeno o que, para no ahogarte, tengas que obtenerlo de las personas que te rodean. Y esto último no parece lo más conveniente: provoca asfixia.

¿Te ha sucedido alguna vez que la conversación con una persona recién llegada a tu vida ha fluido, ha sido bidireccional y los dos os habéis internado en los mismos territorios pasando de un nivel a otro sin sentirte un bocazas? Esos momentos y esas personas molan, aunque se presentan muy de cuando en cuando. Hay conexión y la comunicación funciona con un engranaje casi perfecto. Tú cuentas, yo escucho; yo cuento, tú escuchas. Hablemos de algunas de nuestras intimidades sin agobios y sin asfixiar al otro, así, de forma natural, cuando tengamos la ocasión, porque es verdad que esto sucede pocas veces; en la consulta del psicólogo y en la barra de un bar a medianoche.

Algunas recomendaciones para afrontar tus conversaciones

Apuesta por la bidireccionalidad. Recuerda que hay que intentar repartir los tiempos de forma equitativa. Cuenta cosas, pero ten presente que es preciso escuchar, y que para eso debes preguntar.

Presta atención a los cambios de nivel a medida que avanza la conversación. Date cuenta, recula, pregunta, reformula y regresa a un nivel inferior si ves que el otro no te sigue en la escalada conversacional.

La vida es mucho más que hablar de uno mismo: escucha, muestra interés por los que te rodean, pregunta e intenta empatizar.

Las conversaciones son un espacio para aprender, escuchar, reír, explorar, nadar, llorar, chapotear, saltar, y también para bucear en buena compañía. Las profundidades son fantásticas, pero siempre que nos sumerjamos en ellas de manera muy puntual.

Si estás pasando por un mal momento, piensa que, tal como indican los estudios, hablar habitualmente de las experiencias negativas que te angustian es una pérdida de tiempo y no ayuda a cambiar. Es preferible que escribas cómo te sientes, dado que la escritura ayuda a estructurar los pensamientos y a darles un sentido; es lo que conocemos los psicólogos como «escritura expresiva».

Si sigues afligido o el malestar se alarga demasiado tiempo, cuenta con tu pareja o con un buen amigo, y si te resulta difícil hablar sobre los problemas que te angustian, consulta con un profesional de la psicología.

Subtipos de estrábicos psicológicos

El controlador (más conocido como el sigiloso experto en mirillas). Se trata de un vecino o vecina que, al oír el menor ruido, pega el ojo a la mirilla, aparta un poco la cortina y se asoma a la ventana o sale al balcón para detectar cualquier cambio en su entorno. Es el Gran Hermano de la escalera, la competencia de Securitas y Prosegur, conectada a la central de alarmas las veinticuatro horas del día, que garantiza la seguridad en la finca. Pasa una gran parte de su vida entre el balcón, desde el que otea las piezas objeto de su interés, y la puerta, desde donde vigila los ruidos extraños. En las grandes ciudades está en desuso debido al anonimato y el auge de las redes sociales.

El que sigue las vidas ajenas sin que nadie conozca su existencia. Tiene cuentas en Facebook, Instagram y Twitter, que usa para escudriñar la vida de los demás, con admiración o desprecio, desde el más absoluto anonimato; en algunos casos tiene una cuenta falsa que usa para dar opiniones de auténtico *hater*. Muy raramente hace clic en «me gusta», después de analizar con detenimiento los pros y los contras; prefiere no dejar huella por lo que pudiera pasar. Aunque es cierto que observar la vida de los otros crea adicción (que se lo pregunten a los millones de seguidores de la prensa rosa o de los programas de cotilleos de televisión), esta clase de cotilla no suele molestar porque no tiene la costumbre de actuar, por mucho que sabes e intuyes que está ahí, agazapado, observando lo que haces. Una de las cosas importantes que promueven las redes sociales es el anonimato del observador de vidas ajenas. En ellas se encuentran dos tipos de personas que se necesitan mutuamente para vivir la vida con intensa alegría: el exhibicionista y el *voyeur*. El que siente placer al mostrar sus cartas y el que disfruta observando la mano de los demás. Son dos estupendos tahúres, y son tal para cual. ¿Conoces a alguien así?

El que va de compras acompañando. Acompaña con una gran sonrisa a su mujer, novia o amiga a comprar ropa a una tienda. Merodea alrededor de los probadores femeninos y su radar funciona a pleno rendimiento. Cuando sale de la tienda no muestra el típico cansancio masculino tras las compras. Para ellas, solo para las que no se dan cuenta, es un bendito. Para ellos, uno más.

El detective preguntón. Su objetivo es preguntar sin descanso a su interlocutor cosas que le interesan, y no da tregua. Conoce los últimos avances en las técnicas de interrogatorio del FBI y la CIA para sonsacar información sin luz ni taquígrafos. Cuando finaliza la conversación, se va con un arsenal de datos sobre la vida de los demás, y el otro se queda con cara de tonto y sin saber nada de él.

El padre o madre de todos los estrábicos: el cotilla superlativo. Su máxima es «calumnia, que algo queda» y, en general, presenta las siguientes características: tiene una vida mediocre; es incapaz de reflexionar sobre sí mismo y, por tanto, de reconocer un error; desea hacer daño a los demás, especialmente a aquellos que puedan despuntar; cuando habla de alguien (casi siempre mal), utiliza un megáfono, pensando «Cuantos más se enteren, mejor»; es mezquino, cutre, le encanta lo rancio y lo casposo, y si se te ocurre pedirle un favor, medio minuto después todo el mundo se habrá enterado de lo que ha hecho por ti. Se complace siempre que ve a alguien pasando por dificultades. De hecho, su objetivo vital es provocar malestar en las personas que tiene alrededor. Lo suyo es la *Schadenfreude*, que significa regocijarse con el mal ajeno, sentir satisfacción psicológica cuando cae un enemigo en el campo de batalla, y es que para algunas personas la vida es como una guerra y, por tanto, manejan a diario armas de destrucción masiva como la difamación, el embuste o hablar mal de los demás a sus espaldas.

¿Sabes que en nuestro cerebro se activa el núcleo accumbens, que es un área asociada al procesamiento de la recompensa, cuando le sucede algo malo a alguien que no nos gusta? Es decir, podemos llegar a disfrutar con el mal de los demás. En esto, el cotilla superlativo es un verdadero especialista. Sin embargo, en la Universidad de Ohio investigaron sobre el lado negativo de difundir cotilleos tóxicos y describieron el efecto de «transferencia espontánea de rasgos», que es el que se produce cuando hablas de alguien, y consiste en que quien te escucha asocia inconscientemente a tu persona las características que enumeras, es decir, te transfiere dichas características. En definitiva, y esta es la parte divertida de tratar con un cotilla superlativo, a este tipo de sujetos y a sus predicados les adjudicamos todo lo malo que dicen de los demás. Donde las dan, las toman.

En cualquier caso, todos somos cotillas de una manera o de otra. ¿Acaso no has entrado nunca en el Facebook de alguien para comprobar qué hace, qué ha puesto, cómo es su foto o si tiene pareja? Pues claro, como todo el mundo. Y más que un deseo, cotillear es una necesidad primitiva esencial para nuestro bienestar mental, social y físico. Por suerte, solo el 5 por ciento de las valoraciones que hacemos de los demás son negativas. En un estudio realizado a finales de los años setenta, se leyó a un grupo de voluntarios las descripciones de las diferentes tareas cotidianas que realizaba una mujer, como prepararse el desayuno, asistir a clase, ir al médico, comer, dar un paseo. Es decir, las rutinas de un día cualquiera para muchas personas. Los voluntarios habían escuchado las descripciones sin prestar demasiada atención, y al poco rato eran incapaces de recordar muchas de las cosas que les habían contado. A otro grupo de voluntarios les contaron además que la mujer se había quedado embarazada de su profesor de ciencias naturales, y cuando tuvieron que recordar el relato, estos rememoraban muchas más cosas del día a día de la mujer, y con más riqueza de detalles. Por tanto, cuando hay elementos escabrosos aguzamos el oído; a todos nos encanta saber y conocer cosas de los demás.

Otras sugerencias para hablar con y de los demás

Permítete hablar sin sentimiento de culpa. Ahora bien, recuerda los tres niveles de conversación, e intenta pasar de uno a otro solo cuando tanto tú como tus interlocutores lo deseáis. No entres en el tercer nivel, o hazlo lo menos posible.

Es bueno conocer detalles de la vida de los demás, pero es mejor procurar que los otros sepan que tenemos una vida rica en la que suceden cosas.

Trata de hacer hincapié en las bondades de la gente que te rodea. Hablar bien de los demás es beneficioso. Otra cosa: elogiar públicamente y criticar solo en privado es una excelente fórmula para mejorar tu entorno personal y laboral. Extiende la gratitud.

Cuando estamos junto a otras personas, rendimos más y mejor, y si hay cucarachas, apaga la luz y obsérvalas.

El efecto de la facilitación social

Cuando realizamos una actividad que dominamos, respondemos mejor y con más energía si hay otras personas observándonos en ese momento. Sabemos que la competencia con los demás potencia el rendimiento, pero también lo potencia el público. Es lo que llamamos «efecto de la facilitación social». Es decir, la mera presencia de otras personas eleva el nivel de actividad del organismo, fomentando las habilidades que hemos entrenado: ante los demás, tendemos a poner más en práctica lo que hemos entrenado. Este efecto se ha observado, además de en los seres humanos, en los perros, las ranas, las comadrejas y (¡atención!) en las cucarachas. En el caso de las cucarachas se demostró en un estudio en el que el investigador las colocaba con mucho cariño en una caja con luces que tenía una salida conectada con una caja oscura. El investigador, al encender la luz, las hacía correr a esconderse en la caja oscura, y se encontró con que las cucarachas que huían de la luz en compañía de otra corrían más rápido hacia el escondite que aquellas que corrían solas. Como el público nos da alas, los investigadores construyeron unas gradas de plexiglás y llenaron el aforo de otras cucarachas que harían de audiencia y de facilitación social. ¿Corrían más rápidas las cucarachas cuando la audiencia las jaleaba? Sí, nuestras amigas eran también más rápidas cuando las demás cucarachas eran simples observadoras. ¿Quién te iba a decir que hubiera investigadores con tiempo e ideas para hacer experimentos con cucarachas? El ser humano es fantástico, ¿verdad?

La suerte, ¿se busca o se encuentra?

Plutarco escribió: «La fortuna no está hecha para los poltrones y, para alcanzarla, antes que mantenerse bien sentado hay que correr tras ella».

Culpamos al pie izquierdo porque ha tocado el suelo antes que el derecho, maldecimos al pobre gato negro que se cruza en nuestro camino, rechazamos la ropa amarilla en un acontecimiento importante y nos ponemos una prenda roja la noche de fin de año. No abrimos el paraguas en un interior y esquivamos las escaleras, y si derramamos la sal encima de la mesa, nos creemos perdidos. Cruzamos los dedos, tocamos madera, pedimos deseos mientras soplamos velas y pestañas, y en las noches de verano buscamos la estrella fugaz de la fortuna. Y si aun así algo sale mal un martes 13, la culpa no es nuestra, sino del martes y del 13.

Creer en la suerte nos exime de toda responsabilidad. La suerte es solitaria, pero en ocasiones comparte mesa y mantel con la incertidumbre, la envidia, el placer y el dolor. Qué fácil nos resulta juzgar nuestra vida y la de los demás haciendo que la suerte responda de todo. De paso, restamos importancia a la perseverancia, la disciplina, la constancia y el trabajo que hay detrás de muchos de nuestros actos y que tanto tienen que ver con nuestros éxitos o con los aciertos de los demás. Otorgarle un protagonismo excesivo a la suerte a veces nos convierte en espectadores de nuestra vida, en seres pasivos que no tenemos capacidad de decisión acerca de los acontecimientos que se producen a nuestro alrededor. Los psicólogos llamamos a este mecanismo «locus de control externo», que se da en la persona que percibe que un evento externo ocurre de manera independiente a su comportamiento. En estos casos la suerte es una especie de elemento mágico que no podemos controlar y nos sirve para eludir la responsabilidad.

Por el contrario, la persona con «locus de control interno» percibe que su comportamiento influye en los acontecimientos que le ocurren. Esta persona vive bastante al margen de la suerte, del destino y de las estrellas fugaces; ella y lo que le sucede van de la mano, en la misma dirección. Actúo, me esfuerzo y si me equivoco, vuelvo a actuar, y si sale bien... La vida es un proceso continuo de ensayo y error y consiste en equivocarse y acertar en alguna ocasión. El efecto Pigmalión o profecía autocumplida es la teoría que mejor resume de qué manera funciona la suerte. Aquellas personas que consideran que van a fracasar suelen mostrar una actitud más tensa y ansiosa frente a los retos de la vida, lo que provoca, a su vez, que su habilidad para reparar en lo inesperado se reduzca. En cambio, las personas que piensan que son afortunadas suelen lanzarse a aceptar retos o a probar suerte. No piensan tanto en la derrota ni anticipan los fracasos, simplemente se lanzan y prueban. ¿Y si empiezas a pensar que, pese a todo, eres un afortunado? ¿Y si te recuerdas más menudo que sabes nadar? ¿Te lanzarías más a la piscina? Pues de eso se trata.

¿Cómo es una persona con suerte? Radiografía de un suertudo

Es un realista positivo y crea expectativas optimistas ante la vida. Sabe que la vida es una suma de pequeñas cosas y hace lo posible para detectarlas y zambullirse en ellas. Cuando recuerda su pasado, es capaz de observar un montón de circunstancias interesantes que ha vivido.

Se fía de sus propias ideas. Sabe que es una persona capaz, con sus dudas y vacilaciones, como cualquiera, pero confía en sus impresiones y en su intuición. Escucha a su inconsciente y actúa en consecuencia. Confía en sí mismo.

Le encanta ser el personaje principal en su propia película. Vive la vida con plenitud y se muestra generoso con las personas que tiene alrededor. Y quien transmite buen rollo recoge oportunidades. No es suerte, es su talante.

Cambia las rutinas e intenta disfrutar de las cosas que hace. No se centra en exclusiva en los resultados; presta atención al camino y el proceso. Disfruta avanzando y haciendo, y sabe que al final los resultados, de una manera u otra, llegarán, pero no se angustia esperándolos.

Tiene un proyecto vital, se fija objetivos que le hagan vivir de forma congruente consigo mismo, se responsabiliza de sus errores y no suele echar balones fuera.

Y tú, ¿eres una persona afortunada?

¿Sabías que...

... **a partir de los sesenta años las papilas gustativas de la lengua van disminuyendo y vamos perdiendo el sentido del gusto? Cuando nos hacemos mayores, no solo perdemos un poco de vista y de oído, también el sentido del gusto se ve alterado. ¿No crees que tienes un buen motivo para lanzarte a probar cosas nuevas ahora y no esperar a** cuando te llegue la jubilación? ¿Todavía guardas ese vino para dentro de unos años? No pospongas, no dejes las recompensas para el futuro. Los sabores de hoy tal vez cambien mañana. Aprovecha el presente, y busca algo que no hayas catado nunca y saboréalo. Experimenta y apuesta por las experiencias.

PUERTA 8
AUTOCONTROL
Un impulsivo en la corte del rey autocontrol

Un tipo tatuado que buscaba el crecimiento personal

En el último semestre, el vecino de la puerta 8 se ha apuntado a cuatro cursos, ha asistido a cinco conferencias, ha probado la formación en línea con tres clases magistrales y dos seminarios web, y no hay manera. Ha leído diez libros de consejos prácticos, se ha suscrito a una revista con reportajes y entrevistas a expertos en el tema y ha contratado un mes de prueba en un canal de crecimiento personal. Y ni así: sigue como al principio. Pero, pese a los intentos fallidos, no ceja en su empeño. Como no admite que se le cierren todas las puertas y piensa que su gran fallo ha sido no tener claros los conceptos de «valores» y «metas», hace un mes decidió regalarse unos tatuajes. Así que se acaba de tatuar tres ilusionantes frases en los dos antebrazos y el interior del muslo derecho, que hasta ahora mantenía pulcros y virginales como el resto de su cuerpo. Tres mensajes que quedan escondidos en invierno y que permite que en verano asomen ligeramente. En el brazo derecho está el sobrio lema «El que la sigue la consigue» y en el izquierdo, el musical y danzarín «No pares, sigue, sigue». El diestro le marca el objetivo y el izquierdo lo alienta a no abandonar. El tercer tatuaje, que luce a todo color en la pierna derecha, lo invita conectarse con el presente, con el aquí y el ahora, y le ayuda a fomentar el autocontrol y a frenar su acrecentada impulsividad. Grabado en rojo y azul, dice: «Ante todo mucha calma».

Desde que se tatuó, su vida parece haber cogido un nuevo rumbo, y ahora el vecino de la puerta 8 tiene las cosas más claras, más empuje, más ilusiones y nuevos horizontes. Este fin de semana se ha dado una penúltima oportunidad apuntándose a un retiro espiritual de cuatro días. Se celebra en una casa con un pequeño y silvestre jardín en las afueras de un pueblecito de la sierra, con varios coches aparcados en la puerta como recordatorio de que el paraíso terrenal no existe. Un cartel con la inscripción NAMASTÉ disipa las dudas que generan las coordenadas de Google Maps. Un estrecho vestíbulo con un espejo de cuerpo entero hace las veces de recepción. A la derecha, una puerta corredera permite descubrir una amplia estancia con pocas divisiones y muchas camas, y un gran espacio central con colchonetas en el suelo que podría tener la función de repartidor de sueños (o eso piensa el vecino). Sobre un discreto mueble, a la derecha de la sala, un pequeño Buda rodeado de barritas de incienso preside el aula junto a un tambor y unas cuantas toallas. El olor a infusión y a comida sana embriaga las narices de los asistentes (catorce personas sin conexión 4G) y del hombre y la mujer (pareja en la vida real) que hacen de cicerones en la expedición espiritual de sus invitados. Todos guardan el móvil el día de la bienvenida, llevarán ropa bien cómoda hasta el día de la despedida y tendrán horas suficientes para observar y encontrar o encontrarse. Flor de loto, psicología transpersonal, el niño interior, constelaciones familiares, la visita de un pariente desde el más allá; el universo, los sueños y las casualidades no existen.

El olor a incienso y el redoble de tambor con el que conseguir el ansiado éxtasis empiezan a poner de los nervios al vecino de la puerta 8. «El que la sigue la consigue», le dice su brazo derecho, y «Ante todo mucha calma», le susurra su muslo. El segundo día transcurre entre abrazos de tríos, de pares y grupales, lágrimas, secretos, complicidades, *namasté*, infusiones, silencios y muchas obviedades. Como de los desnudos emocionales a los carnales hay un paso, y el poder del grupo convence de aquello de que «si los demás lo hacen, yo también», al llegar la noche, las velas, los masajes y los aromáticos aceites, se desnudan los cuerpos y se abren las emociones, fuera la ropa y los vestidos, que no son más que una barrera que impide la conexión con la madre naturaleza.

El vecino de la puerta 8, que desde el primer día no ha quitado ojo a seis de las alumnas a las que ha abrazado efusivamente cada vez que ha podido, está haciendo demasiado caso a sus brazos y muy poco a la entrepierna.

Cuando empieza el ansiado turno de los masajes terapéuticos, se le despierta el gen de la generosidad y se lanza primero a dar para luego recibir. Se unta las manos con una buena dosis de aceite y, crecidito por el contexto y aupado por sus brazos, se lanza a manosear a varias de las mujeres. Como los cuerpos desnudos son solo eso, cuerpos (lo han estado repitiendo los dos guías del retiro espiritual), y lo importante es el ser, el alma, el niño interior y el orden universal, su atención se centra en exclusiva en ofrecer luz y masaje donde la espalda pierde su nombre. Las nalgas de cada una de las elegidas son su objetivo. Pone las manos en el hombro derecho y en el izquierdo y aprieta ligeramente los pulgares en dirección a la nuca. Comprime con las palmas de las manos el centro de la espalda y, ejerciendo una ligera presión terapéutica, baja con cautela hasta la cintura y, desde ese punto, empuja las manos hacia los lados, regresa a los hombros y vuelta a empezar. Parece un profesional. El brazo derecho le recuerda que el que la sigue la consigue, y desliza de nuevo las manos bien untadas de aceite hacia la cintura, con suavidad. El brazo izquierdo le susurra que no pare, que siga, y recorre con las manos los laterales de las nalgas y, al llegar al final, las introduce por debajo buscando el monte de Venus. Ni *namasté* ni Buda lo libran de una reprimenda grupal, un guantazo sideral, una nominación y la posterior expulsión del retiro espiritual.

Esta misma noche ha regresado a la puerta 8 cargado de abrazos, saturado de tofu y seitán, harto del humus de garbanzos y el paté de remolacha que lo dejan insatisfecho. Y lo peor es que sigue sin conseguirlo. Mi vecino no entiende nada.

El autocontrol y hacerle más caso a su pierna derecha y menos guiños comportamentales a sus antebrazos es lo único que puede ayudarlo a comprender cuál es el camino. Ante todo, mucha calma.

¿Se deprimían los neandertales?

El otro día, tumbado en el sofá de mi casa y observando absorto el vuelo de una mosca, tuve una reflexión bien profunda. Me pregunté si los neandertales sufrían depresiones. ¿Se deprimían? ¿Padecían ansiedad cuando tenían que enfrentarse a nuevos retos? ¿Experimentaban emociones como las nuestras? Tras una media hora estudiando con detenimiento cómo volaba la mosca (ya sabes, un ejercicio intelectual muy masculino), mi mente echaba humo y me puse a investigar mi neandertal interior. Como ando escaso de recursos, encendí el ordenador, me fui a Google, escribí «neandertales» y «depresión» y esperé a que apareciera la Wikipedia. Todos tenemos un cerebro primitivo, el sistema límbico, que se encarga de los impulsos, los deseos y las necesidades más primarias. Las emociones como la ira, la tristeza, el miedo y la ansiedad, así como los deseos sexuales, tienen su origen en esta zona. Por fortuna, la evolución nos ha echado una mano y nos ha instalado de serie otro cerebro más moderno, el neocórtex, un cerebro más racional. Este filtro, que nos ayuda a tomar las decisiones acertadas, también nos ayuda a planificar, a valorar y a hacer pausas. Le sirve de brújula o guía al cerebro emocional. En el día a día, surge nuestro neandertal interior y trata de jugarnos malas pasadas, pero el cerebro racional hace lo posible por poner orden. Y esta pelea entre el neandertal y el cerebro racional se libra en mi cabeza, pero también en la tuya. He aquí varias situaciones en que aparece mi amigo neandertal: en el coche, en las exposiciones públicas y en el sexo.

Una tarde, al llegar a la clínica (a las cuatro menos diez), vi desde el otro lado de la calle que el paciente de las cuatro estaba esperándome en el portal. El hombre, que era una persona ansiosa, tenía ese día una sesión en la que conocería unas cuantas herramientas para afrontar mejor la ansiedad: unas pautas para relajarse, restar importancia y desdramatizar, un poco de meditación y *mindfulness* y estrategia psicoeducativa. Al cruzar la calle por el paso de peatones, el semáforo se puso a parpadear avisando: «Date prisa, que me pongo en rojo». En el momento en que aceleré el paso, un coche arrancó y me golpeó con el parachoques en la pierna izquierda. Se activó entonces mi sistema límbico, pegué un puñetazo al coche y le dije al conductor: «Pero ¿qué coño haces?». Y, claro, neandertal contra neandertal. El conductor, un hombre de mediana edad y un tanto enclenque, bajó del coche y me preguntó a gritos por qué había golpeado el capó de su reluciente automóvil. El mundo al revés. No contento con eso, me dio una patada lanzada desde la posición garza de *Karate Kid*, que impactó en mi pierna derecha. Tuve la marca de sus Nike en el muslo durante una temporada. De hecho, si en ese momento me hubieran bajado los pantalones, habría pasado por hombre anuncio: en la pierna izquierda, el sello de Nike, y en la derecha, la «W» de Volkswagen.

Mi neandertal había hecho acto de presencia como si mi vida estuviera en peligro, y se inició la respuesta fisiológica: mi corazón empezó a latir más rápido, los músculos se tensaron, la respiración se entrecortaba para llevar más oxígeno al cerebro y activarme más, mis puños se cerraron con fuerza para darle un buen mandoble al conductor... Sí, me encontraba en ese punto en el que todo te da igual, y una idea clara me rondaba la cabeza: «Ataca, a por él, dale un puñetazo». Y cuando estaba a punto de atizarle, vi la cara de preocupación de mi paciente, como si se dijera: «¡Este es el psicólogo que iba a practicar conmigo *mindfulness* y a enseñarme técnicas de autocontrol!».

Fuc un mensaje lo bastante potente para refrenar a mi neandertal y poner en marcha mi cerebro racional. A continuación, cogí al conductor por los hombros con fuerza y lo invité a meterse en su coche. Luego le cerré la puerta de golpe y le espeté: «Lárgate de aquí o te meto dos hostias». Sí, lo sé, no es la mejor manera de comportarse, pero ¿qué le podría haber dicho? «Mire, disculpe usted, buen señor, seguramente no se habrá dado cuenta, pero ha golpeado con su bello coche, que pesa más de mil kilos, mi pierna izquierda. Me imagino que ha sido porque tiene usted prisa, dado que se ha saltado el semáforo en rojo. Entiendo que usted sea una persona estresada, bla, bla, bla...» Así no actúa nadie, que yo sepa. ¿Tenemos derecho a sentir ira y mostrar agresividad? Claro que sí, faltaría más. La ira es adecuada, adaptativa y beneficiosa, pues nos puede salvar la vida, pero es inadecuada cuando tenemos una reacción desmesurada, o cuando nos salimos de madre. Por ejemplo, cuando dramatizamos y hacemos una montaña de un granito de arena. ¿Cuánta gente conoces que vive de hacer montañas o, es más, cuya vida es una montaña rusa? Podría presentarte a unas cuantas personas así.

¿Y qué pasa en el coche? ¿Por qué se transforma la gente? Yo creo que los coches son los lugares donde más neandertales hay por metro cuadrado. No sé si les dan el baño de pintura con una fórmula secreta que fomenta la imbecilidad. De hecho, conozco a un buen número de personas la mar de respetables y calmadas, vamos, ciudadanos ejemplares, que, en cuanto ponen las manos en el volante, se convierten en seres iracundos, fuera de sí y totalmente alterados. Y, en el asiento del copiloto, con cara de circunstancias, yo me pregunto: «¿Y a este qué le pasa?».

En el coche concurren los siguientes factores: novedad, peligro, marca del territorio y sensación de seguridad. En un coche nunca se subió un neandertal, por tanto, es algo nuevo. Puede ser peligroso, cuando conduces corres el riesgo de matarte o llevarte a gente por delante. Con el coche marcas el territorio, es decir, un coche más grande equivale a un territorio más grande. Por último, es una barrera que evita que te agredan; en el coche puedes maldecir, insultar, gritar o hacer una peineta, que ahí dentro estás protegido. La cuestión es que es normal enfadarse en el coche, porque al conducir estamos atentos y estresados, pero no hay que dejar que conduzca el neandertal que llevamos dentro, porque pondrá en la radio el hit más hortera, y eso puede ser origen de un psicotrauma de órdago. ¡Tremendo! Hay gente que se transforma en buscabroncas nada más ponerse al volante. En cuanto se sientan, se tensan, el corazón se les acelera, les cambia la mirada y van buscando a doscientos metros a la redonda quién comete un fallo.

¿Sabes qué le pasa al cerebro emocional cuando se activa con sangre y oxígeno? El neurocientífico David Lieberman afirma que la corteza prefrontal está menos activa. ¿Y qué ocurre entonces? Que nuestras capacidades para solucionar problemas y afrontar los conflictos de buenas maneras se quedan bien tocadas y mermadas. Lieberman dice que este efecto es similar a perder entre diez y quince puntos del CI (cociente intelectual) de forma temporal. Intenta restarle quince puntos a tu CI y verás la cara que se te queda.

No solo nos encontramos con nuestro neandertal en el coche; a mí se me presenta también cuando me enfrento a una audiencia. Me cuesta mucho hablar en público. De hecho, mi cerebro emocional se activa y lanza las siguientes respuestas fisiológicas: sudor, temblor, sequedad de boca, aceleración del corazón (que parece un tamtam), palidez extrema (como cuando tenemos mucho miedo), pupilas dilatadas, respiración entrecortada, jadeo, tensión muscular. Mi neandertal me dice: «Lo que tienes ahí delante es muy parecido a una manada de leones a punto de comerte. Te miran fijamente, te evalúan, y están esperando a que cometas un error para lanzarte una dentellada. Además, no tienes escapatoria. ¿Dónde está la puerta? ¡Vaya, no puedes salir, amigo!».

Menos mal que mi cerebro racional me lanza otros mensajes para neutralizar a mi neandertal, como: «Tranquilo, bebe agua». Y yo pienso: «¡Ostras! Si este tipo de aquí abajo bebe agua, no serán leones, porque ¿a quién se le ocurriría beber agua ante una manada de leones?». Mi cerebro dice: «Tranquilo, respira hondo». Y yo: «¡Caramba! Si este tipo de aquí abajo respira con calma, es que no hay ningún peligro. Estos leones no existen y, si existen, son vegetarianos». Y mi cerebro añade: «Oye, calma. No es más que ansiedad o miedo al miedo, y tu neandertal te está jugando una mala pasada». Entonces pienso: «¡Vaya, este tipo que tengo aquí abajo hace bromitas, seguro que no hay ningún peligro! Tú no conduces mi vida neandertal, soy yo el que decide. Te acepto, incluso te tengo cariño, pero no me dominas».

Por cierto, ¿sabes que hay una técnica para hablar en público que consiste en imaginarse a la audiencia totalmente desnuda? A mí no me funciona, mi neandertal se pone muy nervioso. El cerebro del neandertal funcionaba de la siguiente manera respecto al sexo: «Tengo deseos sexuales, busco a una hembra y me apareo; si no le gusta o no quiere, le doy un coscorrón y me la zumbo». Hoy en día las pulsiones sexuales y los deseos siguen apareciendo, pero, por fortuna, tenemos un cerebro racional que nos sirve de guía: nos ayuda a respetar a la otra persona cuando nos dice que no, nos anima a mantenernos fieles a nuestra pareja o a plantearle nuestras dudas y necesidades. Este cerebro hace que lleguemos a acuerdos, que toleremos la frustración, que cumplamos las normas basadas en la convivencia, el amor y el respeto hacia el otro sexo y hacia el que es diferente, sea cual sea su orientación sexual. Y lo mejor de todo es que el cerebro racional hace que deploremos la actitud de los cromañones que conviven con nosotros y que abusan del poder físico para someter a muchas mujeres o abusar de ellas. No dejes que el neandertal maneje tu vida sexual, o permíteselo solo en caso de que haya acuerdo con la otra persona y esta lo explicite con un «sí».

Yo tengo un truco para detectar cuándo se activa mi cerebro neandertal y cuándo el racional. Es el siguiente, y te sugiero que lo pruebes. Cuando las emociones se nos manifiestan a la altura del estómago, hablamos de emociones como la tristeza, la preocupación, el enfado o la inquietud. Estas emociones no nos bloquean y son adaptativas. Puedo estar enfadado pero trabajar de forma más o menos eficaz, o estar preocupado y relacionarme con el mundo con total tranquilidad, y lo mismo nos ocurre con las demás emociones. Pero ¿qué pasa cuando notamos las emociones a la altura de la garganta? Seguramente es que se han hecho presentes emociones como la ira, la angustia o la ansiedad; ha aparecido tu neandertal. Tratar de ser conscientes de la emoción que experimentamos y de ponerle nombre es una estrategia eficaz para aplacarla y reducir su intensidad. De hecho, en un estudio de la Universidad de California se comprobó que reconocer una emoción negativa y describirla con tus propias palabras puede reducir la intensidad de dicha emoción.

Volviendo al inicial vuelo de la mosca y a mi pregunta sobre si los neandertales se deprimían, la conclusión es que sí. Una investigación realizada por la Universidad Vanderbilt relaciona a los neandertales con la predisposición que tenemos los *sapiens* a las alergias y las adicciones y a sufrir depresión. Y si Martin Seligman demostró, con su indefensión aprendida, que los perros se deprimen, sin duda nuestros neandertales, que tenían un cerebro mucho más elaborado, también se deprimían. Todos tenemos respuestas emocionales primitivas que surgen cuando menos lo esperamos y nos pueden jugar malas pasadas. Sin ellas nos habríamos extinguido, pero hoy son emociones extrañas en una tierra extraña, a las que hay que detectar y cuidar, aunque no alimentar en exceso. La vida es una gran aventura que hasta cierto punto conducimos nosotros, ahora bien, el neandertal nos acompaña siempre, y podemos ponerlo de copiloto, sentado en el asiento de atrás o en el maletero. La idea es no permitir que sea él quien nos dirija, porque su dirección puede llevarnos a un largo y estrecho túnel o a la oscuridad más absoluta. ¿Quién conduce tu vida? Tú decides. Yo lo tengo bastante claro.

¿Cómo andas de autocontrol?

La corteza prefrontal se ocupa de las cosas que acaparan nuestra atención, de aquello en lo que pensamos e incluso de cómo nos sentimos. Mejora nuestra capacidad de controlar lo que hacemos e influye en el cerebro para que ejecutemos aquello que más nos cuesta; nos da razones y nos recuerda los motivos para ponernos en marcha y elegir las opciones que nos resultan más saludables.

Hay una parte de nosotros que actúa movida por los impulsos y busca un premio inmediato, y otra, que controla los impulsos y pospone la recompensa para proteger nuestras metas. Una parte de nosotros quiere una cosa, y la otra, lo contrario: mi yo actual quiere comerse ese pedazo de helado que tengo en la nevera o tomarse una segunda cerveza, y mi yo futuro me dice que no lo haga, que ya es suficiente. ¿Quién gana?

Las personas que están distraídas son más proclives a bajar la guardia y caer en las trampas de los deseos y las tentaciones. Solemos ceder a las tentaciones con más facilidad cuando la parte del cerebro encargada del pensamiento deliberativo está ocupada en otra cosa o cuando estamos estresados o con ansiedad. Si tenemos un montón de cosas en la cabeza, esta nos deja menos espacio cognitivo para resistir las tentaciones, con lo cual sucumbimos con más facilidad a las mismas. Cuando nuestra capacidad de razonamiento deliberativo está ocupada, el sistema impulsivo adquiere más control sobre nuestra conducta, y entonces puede más el deseo que el deber. Los compradores distraídos suelen caer más en las promociones de las tiendas y es más fácil que vuelvan a casa con un artículo que no figuraba en su lista de la compra. ¿Entiendes ahora la razón de que en las tiendas pongan música de fondo o imágenes que te resulten atractivas? No es para que te resulte más agradable hacer la compra, sino para que compres más.

Hoy, martes, ha sido ha sido un día duro, estás agotado y te queda toda la semana por delante. Has llegado muy tarde a casa tras una jornada estresante, abres la nevera y ves que está medio vacía; no te queda cerveza fría y no tienes ningunas ganas de cocinar. De hecho, estás tan cansado que te tumbarías en el sofá y te quedarías dormitando, pero recuerdas que a mediodía no has comido demasiado bien y no has merendado, así que debes alimentarte. Como tienes la suerte de vivir en una zona repleta de locales de ocio nocturno y de restaurantes con comida para llevar, vences la fatiga que llevas encima, bajas a la calle y justo enfrente de casa te encuentras con las tres siguientes opciones:

A. Un restaurante de comida sana especializado en ensaladas frescas, pasta integral, zumos y otros productos que harían las delicias de veganos y vegetarianos.
B. Un local que te ofrece comida china, kebabs de cordero y de pollo, hamburguesas con kétchup, mostaza y patatas fritas, y alitas de pollo.
C. Una pizzería con una gran variedad de pizzas de masa fina y porciones generosas.

Haz un ejercicio de imaginación y recuerda una situación parecida a la del ejemplo, en la que el estrés y el agotamiento iban cogidos de la mano. ¿Qué comida comprarías? Me arriesgaré a decir que has elegido la segunda o la tercera opción. En los días estresantes, es más fácil que caigamos en las tentaciones y escojamos las ofertas que menos favorecen nuestra salud. Los kebabs y las pizzas acompañan a los días de estrés; o lo que es lo mismo, la carga cognitiva y el agotamiento del ego nos vuelven más vulnerables y nos hacen decidirnos por las opciones menos saludables. Hay una continua lucha entre nuestra parte impulsiva (la parte emocional) y nuestra parte racional, que es la deliberativa, la que utilizamos para razonar y que se encarga de darle vueltas a las cosas y elegir entre diferentes opciones. Es muy frecuente que se desate tensión entre la razón y el deseo, y que el árbitro sea nuestro autocontrol.

Ahora imagina que te planteas la misma deliberación la noche de un día que ha sido descansado, en que has trabajado un poco por la mañana y has podido dedicar la tarde a ir a nadar al mar, caminar por la montaña o dar un paseo con tu pareja o un buen amigo. ¿Qué escogerías? Lo más probable es que la comida más saludable sea tu primera opción. Generalmente, cuanta menos carga cognitiva diaria y menor agotamiento del ego hay, más decisiones acordes con nuestra razón, nuestro cuerpo y nuestra salud se toman.

Unos ejercicios para mejorar tu autocontrol

Concentrarse en la respiración es una técnica de meditación sencilla. Numerosos estudios muestran que meditar con regularidad, aunque no se logre hacerlo a la perfección, sirve de apoyo para perder peso y seguir una dieta. Ayuda a dejar de fumar y a no ceder ante propuestas como «¡Venga, si solo es un cigarrillo! ¿Qué más da?», o a mantenerse firme y no ceder a la tentación de tomar una copa de vino. Algunas de estas investigaciones hacen hincapié en la regularidad, es decir, meditar día sí y día también, y en la duración de las sesiones, que debería ser de unos cuarenta minutos.

¿Meditar es dejar la mente en blanco? ¿Y cómo se hace

eso si nos pasamos el día pensando? Olvídate de los cuarenta minutos diarios y del *namasté;* un estudio realizado por un grupo de investigadores españoles afirma que con diez minutos al día es suficiente. Además, los diez minutos puedes repartirlos en dos tandas de cinco minutos, una por la mañana y otra por la tarde noche. ¡Ah!, y no te obsesiones con realizar una meditación perfecta. Los resultados de la investigación te regalan el siguiente lema: «Da igual si meditas bien o mal; solo con intentarlo ya mejoras tu capacidad de autocontrol». Para que luego pongan en duda el talento de este país, que es el inventor de la siesta y el autor de este estudio sobre meditación.

A continuación te explicaré cómo servirte de esta útil herramienta, pero antes te daré una premisa básica para empezar el ejercicio: no se trata de que te liberes de todos tus pensamientos, ni tampoco de dejar la mente en blanco (ni siquiera en blanco roto) o convertirla en una caja vacía; el objetivo de esta práctica es que sigas las instrucciones y cuando veas que tu mente se marcha a ocuparse de otros menesteres, seas consciente de que te estás yendo, regreses y reconectes tu mente con tu respiración, dándole el siguiente mensaje: «¡Vuelve!», o bien «¡Ostras, me he ido; vuelvo a la respiración!». Solo eso. Veamos ahora cómo mejorar tu autocontrol en cinco minutos con ayuda de tus pulmones y una pajita imaginaria.

Ponte cómodo en una silla, con la espalda erguida, las piernas sin cruzar y los pies en contacto con el suelo. Puedes cerrar los ojos o mantener la mirada fija en algún punto neutro de la pared; haz lo que te resulte más cómodo. Apoya las manos en las rodillas y, a partir de este instante y durante los próximos cinco minutos, prueba a permanecer inmóvil. No hagas caso de nada de lo que pase a tu alrededor. Si notas un hormigueo en la nariz o te entran ganas de rascarte el cuello o de cruzar las piernas, date cuenta de ese deseo o de ese mensaje, sé consciente de ello, pero ignóralo. Recuerda que debes mantenerte inmóvil.

Llega el momento de fijarte en cómo respiras. La idea es que respires más despacio de lo habitual. Di mentalmente la palabra «inspira» al tiempo que entra aire en tus pulmones, y después expulsa el aire a través de una pajita imaginaria que tienes entre los labios, mientras te dices «espira»; al acabar vuelve a centrarte en la respiración. Intenta respirar despacio, haciendo de cuatro a seis respiraciones en un minuto, cada una de ellas de una duración de entre doce y quince segundos. No te agobies si las primeras veces haces más respiraciones, y sírvete del cronómetro del teléfono móvil para asimilar el ritmo de los segundos. Acuérdate de repetirte mentalmente «inspira, espira, inspira, espira», y de no mover el cuerpo durante los cinco minutos.

Ahora que vas consiguiendo ralentizar tus respiraciones, intenta darte cuenta de las sensaciones que te produce el hecho de respirar. Tras el leve cosquilleo en la nariz al inspirar, habrás advertido cómo se te hincha el pecho, o la barriga si haces la respiración diafragmática, de cómo sale el aire lentamente por la boca a través del tubito imaginario; al centrarte en estas sensaciones y dejar de decirte «inspira, espira», es fácil que tu mente se distraiga. Cuando te ocurra esto, sé consciente de ello, y vuelve a decirte «inspira» y a centrarte de nuevo en la respiración. «Me voy, pero vuelvo; me he ido, pero me he dado cuenta y he regresado.» Así trabajas el autocontrol, reduces el estrés y las distracciones internas y las tentaciones de fuera y, lo que es más importante si cabe, tomas conciencia de cuando tu mente se distrae y se aleja de lo que tú quieres. ¿Recuerdas que no se puede estar en misa y repicando? De eso se trata, precisamente.

Una cosa: las conclusiones del estudio español sobre la meditación son falsas, pero, aun así, dedícate cinco minutos por la mañana y por la noche a ser consciente de tu respiración, porque seguro que mejorará tu capacidad para ignorar las distracciones y con el tiempo reducirás el estrés. No obstante, si centrarte durante diez minutos al día en tu respiración y en ser consciente de cómo te distraes para centrar la mente te parece una tarea titánica, te propongo el siguiente ejercicio para mejorar el autocontrol. No puedes negarte a probarlo: solo requiere cinco minutos de tu tiempo, y te doy mi palabra de que este no es falso del todo.

Ponte unas zapatillas cómodas y ropa ligera, sal de casa y ve a dar un paseo por un parque cercano. Si no tienes ninguno cerca, cambia de voto en las próximas elecciones municipales, pero hazlo igual: pasea, camina y recréate con tu entorno mientras estás en marcha. No hace falta que acabes agotado. Cinco minutos de ejercicio al día ayudan a levantar el ánimo y a estabilizarlo, reducen el estrés, mejoran el autocontrol y, a largo plazo, si aumentas el tiempo en que practicas deporte, reforzarás tu sistema inmunológico y tendrás un buen escudo de protección ante la depresión. ¿Empezamos por cinco minutos? Vamos, intenta comprometerte con estos dos ejercicios.

Entre el quiero y el necesito y la fuerza de voluntad

Voy a hacer un inciso para recordar algo que hemos visto a lo largo de este capítulo. En tu día a día se libra una pelea interna entre tu parte más impulsiva, que está imbuida en nuestro sistema límbico o cerebro emocional, y tu parte más racional y deliberativa. Se crea una tensión entre la razón y el deseo, entre lo que tienes que hacer y tus apetencias. ¿Te suena?

La parte evolutivamente más antigua del cerebro humano es el tallo encefálico, que une la espina dorsal con el cerebro. Tiene más de tres millones de años y es el área responsable de comportamientos automatizados tan poderosos como el instinto de huida o de agresión ante las situaciones de peligro. Es la estructura del cerebro más empeñada en sobrevivir. La parte intermedia del cerebro es el área límbica, que tiene unos doscientos millones de años y que, en combinación con el tallo encefálico, conforma el llamado «cerebro emocional» (el de nuestro neandertal). Por su parte, la corteza cerebral es la estructura más moderna y está muy desarrollada en los humanos; es la que se encarga de tomar decisiones conscientes y gestionar o regular las emociones. (Te tranquilizará saber que la corteza cerebral no termina de madurar hasta que la persona cumple veintitantos años, así que, en los niños y en los jóvenes, el cerebro más emocional tiende a dominar sus comportamientos y decisiones.) En ocasiones, el cerebro primitivo —el sistema límbico, encargado de los impulsos, los deseos y las necesidades más primarias— nos juega malas pasadas. Emociones como la ira, la tristeza, el miedo, la ansiedad y los deseos sexuales tienen su origen en esta zona, pero, por fortuna, la evolución nos ha echado una mano y nos ha dotado (a casi todos) de otro cerebro más moderno, más racional. Este cerebro racional es el filtro que nos ayuda a tomar las decisiones acertadas, a planificar y a valorar las diferentes opciones, y nos permite hacer pausas y ejercitar el autocontrol antes de meter la pata. El cerebro racional —la corteza prefrontal— es una excelente guía y una buena brújula para el cerebro emocional, aunque no siempre consigue sus propósitos.

Cuando a alguien le entra un enfado mayúsculo o cae preso de la ira, se suele decir que lo ha secuestrado la amígdala, que es una especie de guardián del cerebro, capaz de abducir al resto de la mente más racional en un microsegundo. Al cerebro le llega la información del exterior a través del tálamo, que dirige esta información a la corteza cerebral. Si el cerebro cree que hay un peligro, envía toda la información directamente a la amígdala y desprecia el cerebro racional. Es muy probable que esta sea la razón por la que en alguna ocasión en la que te hayas sentido amenazado o muy disgustado has reaccionado de forma irracional y destructiva, gritando o dando un puñetazo al volante, a la mesa o a la almohada, es decir, has perdido el control. Y esto sucede porque la parte de tu cerebro más primitiva, diseñada para sobrevivir y no para tomar decisiones complejas, ha tomado las riendas de tu vida.

De hecho, algunas personas tienen muy arraigado en su estilo cognitivo y comportamental perder el control cuando las cosas pintan mal. Es más: creen que es normal, incluso saludable, gritar o dar golpes para amainar el enfado y relajarse. Y nada más lejos de la realidad. En el año 2002, la revista *Personality and Social Psychology Bulletin* publicó un estudio que desmiente esta teoría tan ampliamente extendida, y tan dañina. Los investigadores pidieron a seiscientos estudiantes universitarios que escribieran una redacción —atención, que puntuaba para la nota de la asignatura— en la que tenían que expresar su opinión personal sobre al aborto. Huelga decir que el aborto sigue creando controversia entre la gente, que se posiciona con firmeza a favor o en contra. Cuando terminaron el ejercicio, se dijo a los participantes que sus trabajos serían corregidos por otros estudiantes, aunque en realidad lo hicieron los investigadores y, en un alarde de mala leche, suspendieron a todos los alumnos. Como un simple suspenso solo iba a generar disconformidad y enfado, y el objetivo final del estudio era crear rabia o ira en los estudiantes, los investigadores adornaron las redacciones con notas como: «¡Menuda vergüenza tener un compañero como tú, con esas ideas! ¡Esta es una de las peores redacciones que he leído en mi vida de estudiante!», o «¡Qué desastre, te mereces un cero!». Evidentemente, se creó un ambiente de guerra entre los partidarios del aborto y los contrarios a él, entre los que habían escrito y los que habían corregido.

Problemas que podemos solucionar sin guantes de boxeo
Como a los psicólogos nos gusta crear buen rollo allá donde vayamos y siempre damos soluciones imaginativas (esto no es del todo verdad y lo anterior, tampoco), tras

entregarles las notas a los estudiantes, presentaron la siguiente opción a un nutrido grupo de ellos: les dieron la foto del compañero que los había suspendido y que, además, les había dejado ese bonito mensaje escrito en rojo. A continuación los invitaron a entrar en una sala, ponerse unos guantes de boxeo, pegar la foto del compañero a un saco de treinta kilos y desahogarse. Al resto de los estudiantes les sugirieron una salida bien diferente: les dieron la fotografía del compañero que los había suspendido, los hicieron pasar a una sala y les pidieron que estuvieran allí sentados y en silencio durante dos minutos.

Tras el paso por las respectivas salas, se animó a todos los participantes a echar una partida de un juego de mesa en pareja. Los ganadores de cada partida podrían hacer sonar una bocina en la cara de los perdedores, y el bocinazo podría ser todo lo estridente y duradero que quisieran los que ganaban. Curiosamente, los que habían tenido la opción de desahogar su ira con los guantes de boxeo se mostraron más agresivos e hicieron sonar la bocina durante más tiempo y con más estridencia en la cara del compañero perdedor. Según las conclusiones del estudio, hubo diferencias significativas entre el estado de ánimo y el comportamiento de los estudiantes de uno y otro grupo.

Ejercitar la voluntad

Manifestar la ira con golpes y gritos no ayuda a disminuirla. Al contrario: el cerebro emocional toma el mando, y en esta situación es cuando corremos el riesgo de decir o hacer cosas de las cuales podemos arrepentirnos. Si te cuesta mantener el control, muestras comportamientos violentos verbales o físicos o reaccionas de una manera inadecuada, te invito a que pidas ayuda a un profesional de la psicología. Mientras, fíjate en este estudio que hicieron unos psicólogos de la Universidad Northwestern y que sirvió para comprobar que, si entrenamos la fuerza de voluntad durante dos semanas, disminuye la violencia interpersonal. Dividieron en tres grupos a cuarenta voluntarios, personas de entre dieciocho y cuarenta y cinco años y que en ese momento tenían pareja. A los del primer grupo les dijeron que, durante dos semanas seguidas, tenían que usar la mano no dominante para realizar tareas cotidianas como comer, abrir y cerrar puertas, coger un vaso de agua, peinarse o cepillarse los dientes. A los del segundo grupo se les pidió que evitaran soltar palabrotas y dijeran «sí» (en castellano) en lugar de «yeah» (en inglés). Por último, a los del tercer grupo (el grupo control) se los invitó a seguir su vida como si nada. Al cabo de las dos semanas, los dos primeros grupos, los que habían estado trabajando el autocontrol —ser consciente de algo, saber que es preciso cambiarlo y hacer lo posible para modificarlo, es decir, acostumbrar a la mente a parar antes de actuar— tendían a mostrar menos comportamientos violentos en las situaciones en las que eran vulnerables, como cuando sus parejas les faltaban al respeto o se ponían celosos. Lo que habían trabajado estos dos primeros grupos no era el hábito de ser menos violentos o menos celosos, sino la conciencia de lo que estaban a punto de hacer.

Golosinas, niños y autocontrol

Un investigador sentó a niños en edad preescolar en una habitación sin ningún adulto presente y les ofrecieron elegir entre comerse unas golosinas o una galleta de chocolate inmediatamente y esperar hasta que volviera el investigador a la sala. A los que esperasen, se los premiaría por su paciencia y control con dos golosinas o galletas. Los niños se quedaban a solas con la golosina durante quince minutos, tiempo en el que se ponía a prueba el autocontrol y se observaban los comportamientos que aparecían en la lucha interna entre «Este dulce lleva mi nombre y me lo como ya» (gratificación inmediata) y «¡Espera un poco, que tendrás doble premio!». Mientras que la mayoría de los niños que participaron en el estudio (cuatrocientos de seiscientos niños) se declararon fervientes defensores del «más vale pájaro en mano que ciento volando» y se lanzaron a comerse la golosina sin esperar ni un minuto, los demás utilizaron estrategias de lo más variadas para resistirse a la tentación: se cubrían los ojos con las manos para no ver el dulce, cantaban canciones para distraerse, se alejaban, apartaban las sillas para evitar ver los peligrosos dulces... Solo doscientos niños consiguieron controlarse hasta que entró el adulto en la habitación.

El investigador, el psicólogo Walter Mischel, de la Universidad de Stanford, hizo un seguimiento de estos niños durante los siguientes cincuenta años, y comprobó que, en general, los miembros del grupo que aplazó la gratificación (quienes apuntaban maneras como futuros adultos con autocontrol) tuvieron menos adicción al tabaco, una menor tasa de separaciones y divorcios, padecieron menos obesidad y se sobrepusieron mejor a la frustración. Puedes hacer la prueba de los dulces con tus hijos en casa, tus alumnos en clase o tus sobrinos cuando los lleves al parque. Y, sobre todo, no te agobies si engullen las golosinas en un periquete y no esperan los quince minutos para conseguir el premio doble; este estudio tiene sus peculiaridades. Por ejemplo, puede que el niño esté acostumbrado a comer galletas o golosinas o que suela conseguirlas fácilmente, por lo que para él no tendrá sentido esperar para que le den doble ración; o quizá viva o haya vivido situaciones de imprevisibilidad en su día a día, de modo que opte por comerse lo que tiene delante, o tal vez piense que su hermano mayor le quitará la golosina doble o que el investigador le está mintiendo. En estos casos poco tienen que ver la fuerza de voluntad o el autocontrol.

Hablemos de autocontrol en el deporte y de algunos cromañones

Hace un tiempo se celebraron unas jornadas sobre educación, valores y deporte, en concreto, sobre la educación en el fútbol. Los conferenciantes invitados a participar en ellas eran un futbolista de primera división, el entrenador de una escuela de fútbol, un maestro de educación física de primaria y un servidor (que fue acompañado de su neandertal). Como todos iban a hablar sobre el trabajo en equipo, la perseverancia, el compañerismo, el respeto hacia los demás, las anécdotas divertidas que suceden dentro del campo, los beneficios que tiene la práctica del deporte para el cuerpo y la mente…, mi neandertal y yo hablamos del autocontrol.

El autocontrol —entendido como la capacidad de poner freno a nuestros impulsos y nuestras reacciones— es un factor más determinante para el éxito que la inteligencia. He visto como se desmoronaba la vida de personas con unas facultades intelectuales envidiables, pero que no lograban poner coto a su cerebro emocional y a sus impulsos; también he visto que otras personas, no especialmente brillantes, son expertas en seguir rutinas y hacer pausas cuando toca, ser constantes y no tirar la toalla, y así consiguen un buen nivel de satisfacción vital.

No obstante, en el mundo del deporte hay unas figuras que entrañan un verdadero peligro: los progenitores. Me refiero a esos padres y madres con grandes carencias en su educación, un nivel de empatía subterráneo y un autocontrol más que escaso. Está claro que cuando los padres asistimos a una competición deportiva, el quinteto formado por la identificación, la vinculación emocional, el sufrimiento, los deseos de competir y ganar y la educación hace acto de presencia casi sin llamar a la puerta. Añadamos unos cuantos kilos de expectativas elevadas, una chispa pequeñísima de autocontrol, una buena dosis de mediocridad, un chorro abundante de ansia por ganar a costa de lo que sea y algunas cosas más, y tendremos el cóctel perfecto para que los padres desbarren en las canchas deportivas mientras sus hijos juegan.

Hagamos ahora un recorrido por la tipología de padres, y abuelos, que en los campos de fútbol son el crack, el número uno, el rey o el papá de los neandertales. Todos los padres podemos ser el crack de los neandertales, o como queramos llamarlo, y lo seremos en mayor o menor medida dependiendo de cómo nos relacionemos con el quinteto inicial y, muy especialmente, con nuestra capacidad de autocontrol.

El papá o la mamá entrenadora. Los padres entrenadores escuchan programa deportivos y saben de sistemas, de rotaciones, de estrategias. Conocen el club o la escuela donde juega su hijo como la palma de su mano: quién es el director deportivo, la clasificación de los equipos de los más mayores y los equipos en los que ha estado el actual entrenador. Son muy activos en el grupo de WhatsApp del equipo (en el del colegio hacen lo mismo), pero todavía más conspirando en los entrenamientos. Los días de partido se pasan la primera media parte criticando al entrenador, y la otra, reubicando a los niños en el campo para que den lo mejor de sí mismos.

Mamá megáfono. Es capaz de emitir mensajes a cientos de metros de distancia sin necesidad de micrófono, y logra que los receptores los entiendan en su totalidad. Puede traspasar todos los límites en pocos minutos, e igual anima el partido (cosa que está muy bien) que le pide el teléfono al árbitro para quedar con él después. Si su cerebro neandertal puro lo tiene muy desarrollado o se junta con otro padre neandertal, son un peligro para los presentes y una vergüenza para sus hijos.

Papá chispas o de cómo el día es una prolongación de la noche. Consumidor habitual de alcohol. Conoce los bares de todos los campos de fútbol y sabe en cuál se sirve la mejor cerveza, el mejor bocadillo y el mejor carajillo. Cuando le da al alpiste, el alcohol, que reduce la capacidad de autocontrol, a este tipo le hace lanzar un verdadero arsenal de chistes y anécdotas desde la banda. Pasa de ser un tipo con cierta gracia a dar vergüenza ajena conforme se acumulan miligramos de alcohol en su sangre.

Los papás del mejor. Son padres un tanto frustrados con su vida, que anhelan vivir sin tener que trabajar, y confían en que el don sobrenatural de su hijo para manejar el balón los sacará de pobres. Están convencidos de que su hijo o hija juega mejor que nadie; si resulta que no es así, se debe a que está pasando un bache a causa del crecimiento, o a que no lo ponen en su sitio natural en el campo. Con el tiempo se verá lo bueno que es. Presionan a sus hijos en exceso y van al resultado puro y duro. Si su equipo gana, ha sido gracias a él; si su equipo pierde, la culpa es de los compañeros. Ver un partido sentado a su lado es insufrible.

Padres del árbitro. Me imagino a las madres o padres de jóvenes que han optado por ser árbitros mirando un partido pitado por sus hijos, y veo lo siguiente: sufrimiento a raudales y en silencio. Recuerda que la gente puede decidir ser árbitro porque quiere mandar, porque es deportista y quiere seguir cerca del mundo del deporte, porque quiere ganarse un dinero extra, porque le gusta arbi-

trar o simplemente porque le da la gana. Piensa en ese tipo
de gente y adopta a un árbitro.

Papá o mamá cromañón. Gran parte del día lo pasa
secuestrado por su sistema límbico —el lugar de la mente
donde se asientan los instintos más primarios: reproducirse, buscar comida y bebida, detectar los peligros y luchar—, así como por su amígdala, su radar emocional, que
está muy cachas. Su corteza prefrontal, donde se asienta el
autocontrol, anda averiado y falto de conexiones. Los días
de partido vive tanto la previa como el encuentro en sí con
el ceño fruncido y enfadado con el mundo. Recuerda que
cuando tenemos un ataque de ira perdemos el equivalente
a entre 10 y 15 puntos del cociente intelectual. ¿Entiendes
ahora algunas actitudes de estos sujetos?

Conectarnos con nuestro yo del futuro para mejorar el autocontrol y la fuerza de voluntad

En el año 2001, la revista *Personality and Social
Psychology Bulletin* publicó un estudio en el que se había
pedido a un grupo de voluntarios que escribieran durante
cuatro días consecutivos acerca de su futuro ideal. La con-
dición era que fueran realistas en cuanto a sus metas, pero
se les animó a que fantasearan sobre su yo ideal, tanto en
el plano personal como en el profesional. Por otro lado, a
otro grupo se le pidió que escribiera sobre un suceso traumático, y a un tercero, sobre temas más neutros, como sus
planes para las siguientes jornadas. Los participantes que

habían escrito sobre su yo ideal se mostraban más satisfechos con su vida que los integrantes de los otros dos grupos. En otro estudio similar, se pidió a los participantes que escribieran sobre cosas agradables del pasado, y los resultados fueron idénticos a los del primer estudio.

Pon manos a la obra y procura escribir una vez por semana acerca de cómo sería tu futuro ideal (prueba a hacerlo dos semanas seguidas). Fantasea, disfruta y piensa que te has convertido en la persona que quieres ser; créetelo, sueña, experimenta el cambio y disfrútalo. Hay que intentar ser sensatos, ponerse objetivos alcanzables: cambiar de trabajo, trasladarse a otra ciudad, ser una persona más simpática, más responsable, más divertida. ¡Vamos! Es un juego alentador, que te ayudará a pasar un buen rato a cambio de mejorar tu bienestar presente y futuro. Cuanto mejor te encuentres, más te controlarás.

Curiosamente, tenemos la costumbre de tratar a nuestro yo del futuro como si fuera una persona por completo ajena a nosotros. Le posponemos el trabajo, lo tratamos mal y le pedimos que nos cuide como si fuera un ente independiente, y esto tiene consecuencias en el autocontrol y aumenta el poder procrastinador. Según varios estudios de imágenes cerebrales, utilizamos diferentes áreas del cerebro cuando pensamos en nuestro yo presente o en nuestro yo futuro. Fantasear con que estamos disfrutando en el futuro no hace que se activen las áreas cerebrales asociadas con pensar en uno mismo, sino que activa las mismas áreas que cuando pensamos en una tercera persona. La costumbre del cerebro de tratar al yo futuro como a un extraño tiene consecuencias para el autocontrol. Los resultados de otro estudio pusieron de manifiesto que las personas que más conectadas están con su yo del futuro ahorran más dinero y acumulan menos deudas en su tarjeta de crédito.

Diferentes investigaciones revelan que cuando nos imaginamos a nuestro yo futuro, adquirimos más fuerza de voluntad en el presente. De hecho, cuanto más conectados estamos con nuestro yo futuro (haciendo deporte, con mejor salud, dejando un mal hábito como el tabaco o el alcohol), este nos anima a ser mejores en el presente y a ponernos en marcha haciendo hoy aquellas cosas que pueden mejorar nuestra vida y nuestra salud. En un estudio muy interesante, Ersner-Hershfield, psicólogo de la Universidad de Nueva York, quiso comprobar si las personas que tienen una buena continuidad con su yo futuro (están muy conectadas con él y, por tanto, cuando piensan en su yo futuro ven al del presente) tomarían decisiones económicas más favorables para el futuro que las personas que no están tan conectadas con su yo futuro (para ellas este es un extraño). Con unos programas informáticos que predecían la evolución de un cuerpo al envejecer, Ersner-Hershfield creó avatares de las participantes (todas universitarias) con el aspecto que tendría cada una de ellas cuando se jubilara. Cada estudiante interactuó con su avatar envejecido en una sala independiente, de modo que el avatar actuaba igual que ella, como si la participante estuviera enfrente de un espejo que de repente la hubiera hecho envejecer. Tras interactuar un buen rato con sus avatares, las participantes salieron del laboratorio y los investigadores les ofrecieron 1.000 dólares virtuales que podían gastar en diferentes cosas: un capricho divertido,

artículos para el día a día, un ingreso en una cuenta corriente o el plan de jubilación. Las estudiantes que habían
pasado un buen rato conversando y mirando a su avatar,
reservaron el doble de dinero para su jubilación que el
otro grupo de estudiantes. ¿Ves la importancia de conectar
con tu yo del futuro y tratarte mejor? Haz la prueba e
imagina a tu yo del futuro de forma amable y recuerda
que, cuando dejas para mañana una tarea, le estás cargando el mochuelo a un ser que no es distinto a ti. Eres tú.

PUERTA 9
EASY PEOPLE
Tipos de pensamiento y formas de ver

Un superhéroe convertido en mortal que se cansó de ser educado

El vecino de la puerta 9 vive en las alturas, pero le gusta patearse la calle. Es de los que piensa que el sol sale para todos y tiene la firme convicción de que la evolución nos ha dotado de una lengua para dar los buenos días o las buenas tardes, de un par de orejas para escuchar y detectar la ocasión de dar las gracias, y de unos ojos con los que observar el momento adecuado de pedir algo por favor. Como la naturaleza sabe a ciencia cierta que los adornos por sí solos no tienen ningún sentido, nos concedió un cerebro con el que poner orden y concierto. A este vecino le da igual si los congéneres con quienes comparte el bloque de viviendas o el lugar de trabajo tienen estudios universitarios, si son doctores o si solo se han sacado la ESO. Y no le importa que uno sea alto o bajo, rubio o moreno, rico o pobre, gavilán o paloma, o si ha nacido en el barrio de Lavapiés, en la Barceloneta o en un vecindario de las afueras de Colombo. Qué más da, para él eso carece de valor. Lo que define su estilo de vida y le sirve de distracción es una especie de ludopatía consistente en jugar a lanzar mensajes corteses a diestro y siniestro. Es un radical de la educación y todo el mundo lo tiene por un superhéroe, el Supereducado. No lleva capa ni traje ajustado con careta que oculte un bello rostro, sino que viste una camiseta rosa entallada que destaca las lorzas de su cintura. Lleva una E mayúscula grabada en el centro del pecho, que adquiere cierto relieve por el mediano tamaño de sus glándulas mamarias, y le da el toque distintivo a su extraordinario *prêt-à-porter* de superhéroe de barrio con una pequeña mochila colgando a la espalda.

Como todo superhéroe que se precie, el vecino Supereducado posee un arma con la que derrotar a los poderes del mal, y se mueve por el barrio cargado de ejemplares del diccionario del español de María Moliner. Regala diccionarios a los niños que se anticipan y le saludan con un simple «Hola» o dicen «Buenas tardes, señor Supereducado» cuando se topan con él. Premia con varios ejemplares a los presentes en una conversación en la que se suelta alegremente un *haiga*, un *me se,* un *almóndiga* o un *asín*. Y es que, aunque sabe que los dos últimos vocablos son correctos para la RAE, a él le provocan tanto llanto que ha declarado la guerra a esta otrora gloriosa institución.

Cuando sale a la calle y se cruza con un vecino antes de las doce de la mañana, suelta un «Buenos días» a bocajarro, y espera respuesta. Si la recibe, sonríe y sigue su camino contento, pero si nada rompe el silencio, se encara con el transeúnte y le vuelve a repetir el saludo: «Señor, buenos días». Si en esta segunda ocasión el vecino responde con cortesía, Supereducado continúa su camino más feliz que una perdiz ofreciendo sus perlas de educación. El problema surge cuando no recibe respuesta. Como no hay dos sin tres y lo cortés no quita lo valiente, Supereducado abre la mochila, extrae un María Moliner y, a escasos centímetros del rostro del vecino, repite muy lentamente: «Bu-e-nos dí-as, se-ñor». Como cree que las cosas se aprenden como las tablas de multiplicar, a fuerza de repeticiones, y es un verdadero optimista, espera paciente un sonoro saludo matutino en respuesta a su cortés mensaje. Si el señor le devuelve el «Buenos días», perfecto, alegría desbordada; si persiste en el silencio, le arrea con el diccionario agarrado con ambas manos de abajo arriba en toda la cabeza, y acto seguido pone pies en polvorosa.

Se conoce el barrio como la palma de la mano y le resulta fácil escabullirse corriendo; además, nuestro héroe es jaleado y aclamado por los clientes de las terrazas de los bares y la gente asomada en los balcones, que, conocedores de sus andanzas, esperan con paciencia a que aparezca un maleducado para reírle las gracias. Aunque le ha caído algún que otro guantazo cuando ha dado con un intolerante, a nuestro superhéroe, en general, la gente lo quiere y lo pone como ejemplo para sus hijos. De hecho, casi todos los niños del barrio de mayores quieren ser como Supereducado.

El problema lo tiene con una nueva vecina que acaba

de instalarse en su bloque, en la puerta 4. Se trata de una joven mujer, cuya profesión es explicar a los demás lo que deben hacer para alcanzar la felicidad, y que tiene malas pulgas y muy malos modales. Ya le ha dado con dos diccionarios en la cabeza, un tercero se lo lanzó a distancia para evitar un mandoble y le atinó en el ojo izquierdo, y con el cuarto le atizó de refilón. Lo peor es que ni con los diccionarios ha conseguido que la estirada vecina de la puerta 4 le suelte un «Buenas noches»; un «Hola, Supereducado ¿cómo estás?» o un simple «Adiós». Y es que no hay manera. Nuestro héroe cree que esta tipa, igual que reparte felicidad por las redes sociales, destila mala leche, amargura y falta de educación por los poros en las distancias cortas. Visto lo visto, ha hecho un cartel con un mensaje cargado de ironía sobre la maleducada de la vecina y una foto de su cara. Ha empapelado el ascensor, las puertas de los vecinos y el portal con los carteles, y los ha pegado también en todas las paradas de autobús, farolas y fachadas del barrio. No se ha dejado ni una. Y es que cuando Supereducado hace algo, lo hace bien.

Querida vecina de la puerta 4:
Si te saludo con cortesía diciéndote «Buenos días» o «Buenas tardes», no contestes, hazte la sueca, mantén la cabeza erguida y mira hacia otro lado. Y por supuesto, cuando me dejes unos pasos atrás, saca un pareado de la chistera: mira de reojo con cara de enojo. Eres una poeta. Si vuelvo a saludarte, haz que dude y piense que no me has oído, y hazte la encontradiza para que pueda repetir el saludo. Tú, a la tuya; da la callada por respuesta, que yo

seguiré comprando y ofreciendo cariñosamente mis diccionarios. Sé que te alimentas a base de manzanas, membrillo, arroz, poca agua y yogur. Te recomiendo que, un par de veces al día, complementes tu dieta con una buena dosis de Fortasec, el fármaco que a buen seguro se convertirá en tu amigo inseparable y nunca te fallará. Pero, ante todo, evita la fibra y no endulces nada. Lo amargo como tú mola más, de la A a la Z.

Sigue poniendo cara de pocos amigos desde que te levantas hasta que te acuestas. Es todo un arte, y tú lo dominas con maestría. Para qué sonreír o soltar una palabra amable si puedes soltar un exabrupto o un silencio.

SUPEREDUCADO Y SUS MARÍA MOLINER,
QUE TE ECHAN DE MENOS

Esta mañana, nuestro héroe ha salido a dar un paseo más pronto que de costumbre y se ha dedicado a recoger los carteles con la cara de la vecina pegados por el bloque y todo el barrio. Llevaba la mochila medio vacía, caminaba malhumorado y, extrañamente, no daba los buenos días a nadie ni contestaba cuando los sorprendidos vecinos lo saludaban diciéndole: «¿Qué tal, Supereducado?». La comunidad anda un tanto preocupada por la salud mental de nuestro héroe, y no es para menos. Ayer por la tarde, Supereducado recibió una carta con el membrete de un reconocido bufete de abogados del centro de la ciudad, emplazándole a que retirara los carteles y recordándole que le pondrían una querella criminal por los daños causados a la imagen de su cliente, la vecina de la puerta 4. Le va a caer la del pulpo a nuestro héroe.

Por la noche, Supereducado ha salido a la calle y ya no ha dado las buenas noches a los transeúntes con los que se ha cruzado, ni ha dicho adiós a sus vecinos, ni llevaba la camiseta rosa con la E grabada en relieve en el pecho, ni la mochila llena de diccionarios.

Últimamente se ha agenciado un perro falto de amor al que saca a pasear y del que no recoge sus necesidades, se ha hecho experto en onomatopeyas con eructos callejeros, deja la puerta del ascensor abierta cada vez que sube o baja, ya no utiliza los contenedores del reciclaje, tira toda la basura en la misma bolsa y pone Tele 5 a toda pastilla hasta bien entrada la madrugada. Hoy, nuestro superhéroe se ha convertido en un mortal con los pies de barro: un vecino más. Con lo poco que cuesta decir «Buenos días»…

¿Cómo son tus pensamientos? ¿Los puedes controlar? Pregúntale a MacGyver

No sé si te ha pasado alguna vez que, en el metro o en el autobús, hayas tenido sentada frente a ti una persona con una brillante calvicie y te hayan entrado unas ganas locas de pegarle con la palma de la mano bien abierta en toda la calva. A mí sí, una palmada que haga ruido pero no daño. ¿E imaginarte dándole una patada a un tío al que ves con el culo en pompa? Para que cayera en la zanja o al agua a la que se asoma, pero sin sangre, sin pasarse. He tenido estas y otras ideas en cientos de ocasiones, si bien jamás las he llevado a la práctica (alguna vez me he quedado con las ganas). Este tipo de situaciones son solo un ejemplo de los muchos pensamientos divertidos que revolotean por nuestra cabeza sin convertirse en realidad, claro está; son solo pensamientos.

Pero ¿qué ocurre cuando pensamos cosas como «Me saldrá mal, soy un fracasado», «Les caeré fatal...», «No me saldrá bien el negocio» o «Me quedaré en blanco»? Pues ocurre lo contrario: en la mayoría de los casos creemos que es cierto lo que pensamos y nos cargamos de un plumazo a nuestro yo experiencial. Este tipo de pensamientos forman una retahíla de ideas que anula centenares y miles de experiencias. Nuestro yo pensante borra del mapa al yo experiencial. Según esta regla, las personas seríamos, ni más ni menos, lo que pensamos, no lo que hacemos. Y esto no es sino una broma pesada, un insulto al intelecto, pues las personas somos lo que hacemos, no lo que pensamos que vamos a hacer. ¿De qué nos valen los pensamientos si luego no los llevamos a la práctica? Somos una especie de suma de experiencias y de recuerdos, es decir, somos las cosas que hacemos y cómo las recordamos después. Y es malo dejar de hacer cosas y de apostar por las experiencias, pero es mucho peor dejar de recordarlas y perder la memoria. Entonces es cuando nos convertimos en una sombra de nosotros mismos. De acuerdo, pensar está sobrevalorado, y no todo lo que pensamos ni lo que sentimos tiene valor, porque muchas de estas cosas son morralla psicológica y emocional a la que no hay que prestar atención. Veamos un ejemplo sobre los pensamientos y las experiencias con la ayuda del manitas de MacGyver.

Imaginemos que una persona se queda encerrada en una habitación de un hotel. Se ha declarado un incendio un par de plantas más arriba y tiene que salir de la habitación en menos de cinco minutos si no quiere chamuscarse. Como la llave no le funciona, piensa en cómo derribar la puerta, incluso en salir por la ventana. En un alarde de imaginación y creatividad, saca al MacGyver que lleva dentro y, con la punta de un bolígrafo y un imperdible, fabrica una ganzúa con la que pone punto final a la inquietante situación. ¿Te imaginas a esta persona sentada en la habitación proyectando formas de salir y no llevándolas a la práctica?

Planear la mejor manera de escapar, una solución, cómo salvar la vida. Gracias al razonamiento, el ser humano ha conseguido avances hasta hace bien poco considerados imposibles. De hacer fuego con dos piedras a no necesitarlo prácticamente en la cocina; de refrescarse con el abanico a la invención de aparatos de aire acondicionado con los que disfrutar de una vida mucho más cómoda; de padecer o morir a causa de enfermedades a tratar estos mismos males y alargar y mejorar la calidad de vida de millones de individuos. Y no digamos las increíbles posibilidades de comunicarnos cuando queramos con cualquier persona en cualquier punto del mundo. Pensamientos que invitan a la acción y al cambio.

Hay que confiar en nuestro pensamiento para derribar paredes, pero no para controlar estados y emociones como la tristeza, las obsesiones, la ansiedad o la depresión, que son las reacciones lógicas de quien se encuentra ante esas paredes. Tomemos el caso de una persona que está sentada en el sofá de una habitación, con la mirada perdida en un punto de la pared, triste, nerviosa, respirando de forma entrecortada y sin quitarse de la cabeza un problema relacionado con el trabajo, o con una ruptura amorosa, o con los muchos frentes que tiene abiertos. En ese momento llega una legión de pensamientos: «¿Qué me pasa?... No debería estar así... Tengo que animarme... Esto es injusto... Debería olvidarme de ella... Siempre me pasa lo mismo...». Pensar, pensar y pensar en el modo de poner fin al sufrimiento y no encontrar la solución; tener la sensación de estar en un callejón sin salida.

Esta situación, que además de humana es inevitable, nos lleva a conjeturar que por más tiempo que dediquemos a pensar en el problema no hallaremos el remedio. Y es que lo que vale para fuera no vale para dentro, o lo que es lo mismo: nuestro mundo interior y el mundo exterior se rigen por distintas reglas, que funcionan con diferentes parámetros e ingredientes. En el mundo exterior, cuando no queremos algo podemos evitarlo, obviarlo, salir huyendo o cambiarlo. Pero en el mundo interior, cuando intentamos sortear pensamientos o sentimientos, escapar de nuestras emociones y, en ocasiones, cambiarlas, no lo logramos. Todo lo contrario. Por más vueltas que le des a la cabeza no aumentarás las posibilidades de cambiar tu estado de ánimo, pero sí puedes utilizar tu pensamiento para modificar las condiciones exteriores que generan tu tristeza.

¿Podemos controlar los pensamientos y conseguir la felicidad completa? No, lo siento. ¿Existe un método para alcanzar la felicidad eterna? No, ni con ayuda divina la conquistaremos. Desde niños nos enseñan que los sentimientos y los pensamientos pueden y deben controlarse, y parte de nuestra educación ha estado sazonada con mensajes como: «Deja de llorar», «Haz el favor de tranquilizarte», «Duérmete inmediatamente», «No seas malo», «Tienes que estar contento», «Debes controlarte», «Concéntrate», «Tienes que ser un valiente», «Compórtate bien». ¿Te suenan? ¿Y cómo se llevan estas órdenes a la práctica? ¿No crees que falta explicar las instrucciones? Por no decir que algunas son imposibles de cumplir. ¿Acaso pedirle a alguien que deje de llorar no es como pedirle a alguien que lo está pasando bien que deje de reír? Las personas no somos robots con botones que al apretarlos nos hagan dormir, alegrarnos, divertirnos. Cuando yo era niño, los mayores me parecían Superman. ¿Cómo no iba a creer que tenían superpoderes si eran capaces de hacer y cumplir todas las cosas que me decían que hiciera? Me preguntaba cómo lo conseguían. ¿Pensando mucho?

Una de las técnicas de control mental que han utilizado y utilizan la pedagogía y la psicología infantil es el rincón de pensar. Sí, ese divertido sitio en el que se invita al mocoso a sentarse después de haber hecho alguna travesura, para meditar sobre su acción y hacer autocrítica. Se supone que es una herramienta correctora porque el niño piensa en lo que ha hecho, y recomiendan que lo ideal es que se quede allí un minuto por cada año que tenga: siete años, siete minutos, y así hasta cincuenta años…, vale, lo pillo, una noche más al sofá. La cantidad de cosas que se me ocurren que puede hacer un niño de seis años durante seis minutos en un espacio reservado para pensar es enorme, pero la autocrítica no la veo por ningún lado. Y para más inri, el rincón de pensar tiene que ser un lugar sin distracciones; los manuales sugieren que un espacio lúgubre es perfecto para que las delicadas meninges infantiles mejoren su rendimiento y, por ende, los pequeños enmienden su comportamiento.

Confieso que yo no pasé por el rincón de pensar porque en mi casa se desconocía tal herramienta educativa, a dios gracias. La técnica que se utilizaba en casa para corregir mis pequeños errores era la zapatilla voladora con efecto bumerán y las carreras alrededor de la mesa para esquivarla. La excelente puntería de mi madre —quien, con la práctica y su yo experiencial, aprendió a tirar con efecto y a darme en toda la cabeza— tuvo una gran influencia en mi decisión de estudiar psicología. Confieso también que en la universidad estuve más tiempo en el bar que en clase. Horas y horas jugando a las cartas, divagando sobre música y literatura (mis mejores amigos eran estudiantes de filología), conociendo gente nueva y ampliando horizontes y perspectivas. En esa época vivía enfrentado a un dilema: qué hacer para aprobar estudiando lo justo (es decir, echarle jeta a la vida) *versus* cómo resolver las inseguridades propias de un joven como yo (que eran muchas). Ganó la primera opción, y algunas de aquellas inseguridades todavía me acompañan, aunque ya no les hago mucho caso.

Cuando te haces mayor, te das cuenta de que quienes te daban órdenes de niño no eran ni Superman ni Superwoman; estaban y están repletos de las mismas inseguridades que tú y yo, pues los superhéroes solo existen en algunos libros, canales de YouTube o conferencias. Nos dicen que pensar, pensar y pensar en uno mismo lleva a encontrar la felicidad y a solucionar los problemas, y que podemos y debemos estar siempre bien. En consecuencia, si no consigues controlar tus pensamientos y ser plenamente feliz, eres un inútil. Este mensaje ha calado en la sociedad y se ha extendido con ideas como la negación del sufrimiento, la existencia de la felicidad eterna y la posibilidad de controlar nuestros pensamientos y emociones. Sin embargo, dichas ideas son una farsa. La capacidad de pensar nos ayuda a arreglar las situaciones que nos suponen un problema o un reto, pero, por sí sola, esa capacidad no puede hacer que nos encontremos bien, no logra nuestra satisfacción vital. Nuestro pensamiento no tiene el poder de conseguir que seamos siempre felices; eso es una quimera. A mí de momento se me ocurre lo siguiente: recibe los pensamientos que fabrica tu yo pensante, que no invitan a la acción y te hacen pasar horas elucubrando y practicando onanismo mental, con una actitud más crítica, más distante, más escéptica; valóralos solo como una posibilidad. Asimismo, te recomiendo adoptar esta actitud para enfrentar muchos de los mensajes facilones que recibimos de nuestro entorno. Distancia crítica ante esas bellas palabras envueltas con un excelente papel de regalo, pero que no dejan de ser falsarios y lesivos mensajes. Perspectiva crítica.

La fusión y la defusión cognitivas, dos maneras de ver el mundo

La fusión cognitiva

Toma nota porque, junto al contexto en el que vivimos, la fusión cognitiva es el primer puente que te lleva a sufrir de manera imaginaria y también real. Una cognición es un mero producto de la mente, que toma forma de pensamiento, imagen o recuerdo; cuando se mezcla y confunde con lo que sentimos, hablamos de fusión cognitiva. Entonces es cuando nos creemos el bonito lema de «Yo soy lo que pienso y lo que siento». Por ejemplo, al oír, leer o simplemente imaginar una palabra como «cuchillo», percibimos un cuchillo afilado frente a nosotros como si fuera real. Nuestra reacción a pensamientos del tipo «Me va a salir mal» o «No lo conseguiré» es considerarlos ciertos, como si fuéramos unos brujos capaces de detectar y acertar el futuro.

¿Te gustan las películas de miedo? Imagínate que viene un extraterrestre a visitarnos al planeta Tierra y nos ve a ti y a mí en la puerta de un cine, discutiendo porque a mí me gustaría ver una película de terror y a ti no. Como somos una pareja respetuosa con el otro, yo me meto en la sala donde se proyecta la película de terror con una buena ración de palomitas y tú te vas a la sala contigua a ver un estreno de hazañas bélicas. El extraterrestre, cargado de paciencia, nos diría que los seres humanos somos un poco raros (o por lo menos nosotros dos lo somos). «Pero, humanos, ¿cómo os puede dar miedo algo que es mentira? ¿Por qué lo pasáis mal o decidís no entrar en la sala si solo es una película? Escuchadme, humanos, que la sangre es tomate, que lo que vemos son actores maquillados, que es todo falso, que cada escena se ha grabado con una cámara y un montón de trucos. No entiendo nada.» Seguramente nos miraríamos extrañados y le diríamos al unísono que lo sabemos, que somos conscientes de que es mentira, pero que en el cine nos olvidamos de la realidad y nos creemos todo lo que sale en la gran pantalla. Ese es el encanto del cine: logra que nos metamos en la peli como un personaje más y vivamos como real lo que es fruto de la imaginación; que nos fusionemos con lo que observamos y sentimos; que seamos lo que percibimos en ese momento, y eso es mágico.

Esta es la base de la fusión cognitiva: más que creernos lo que pensamos y sentimos (que también), se trata de fusionarnos con nuestros recuerdos, con las imágenes que nos pasan por la cabeza o con nuestros pensamientos. Pese a que muchas de las cogniciones pueden ser enormemente negativas y generar graves daños, además de ser muy rápidas e intensas cuando aparecen, por lo general nos las tomamos en serio y les concedemos toda nuestra atención. Nos creemos nuestros pensamientos a pies juntillas y los obedecemos sin rechistar; asumimos que tienen valor y les hacemos caso.

Haz memoria de alguna situación en la que hayas sido vulnerable, y verás que hubo momentos en los que te fusionaste con lo que pensabas o sentías, que podían ser ideas como, por ejemplo, «Soy un desastre», «Me va a salir mal», «Me dará un ataque, seguro», «Me va a dejar» o «Me van a despedir del trabajo». Cuando te has fusionado con pensamientos de este tipo te has sentido fatal, y es normal: fusionarse con lo que uno piensa tiene efectos perniciosos para la salud mental. ¿Recuerdas aquello de que no somos lo que pensamos, que pensar está sobrevalorado y que no todo lo que pensamos y sentimos tiene valor? No lo olvides.

La defusión cognitiva

Consiste en tomar distancia de las cogniciones, observar lo que se piensa no con la idea de deshacerse del pensamiento, sea el que sea, sino de quitarle importancia. Ver el pensamiento como lo que es, sin luchar contra él, sin caer en el diálogo o la discusión con él. No se trata de cambiar los contenidos de los pensamientos ni de centrarse en ellos, sino de poner atención en el proceso mental. Los contenidos cambian, fluctúan; ahora piensas una cosa y dentro de un rato, lo contrario, y, evidentemente, no eres lo primero ni lo segundo, sino mucho más que eso. Así como con la fusión das credibilidad a las imágenes, recuerdos y cogniciones que pululan por tu mente, con la defusión optas, de forma automática, por la incredulidad. Les das valor si son útiles, es decir, cuando te ayudan a cambiar algo de tu entorno o te activan para ponerte en marcha y conectarte con la vida.

Imagínate que eres el dueño y capitán de un bonito barco velero que navega por los mares del mundo acompañado de unos cuantos pasajeros. Tú eres el único tripulante, capitán y grumete al mismo tiempo, y los pasajeros son emociones, recuerdos, imágenes, sentimientos, pensamientos y todas esas cosas con las que uno navega por la vida y en ocasiones bucea en sus profundidades. Algunos de los pasajeros son muy desagradables; otros, muy pesados, llevan toda la vida contigo y en general te resultan molestos. Mientras pilotas la embarcación, varios pasajeros comienzan a chismorrear y criticar, incluso te indican a qué puerto tienes que dirigirte, cómo has de navegar, cuándo debes echar o levar el ancla, o te van diciendo qué debes hacer en cada momento. Como te incomodan tanto, a menudo llegas a un acuerdo con ellos, por el cual tú haces lo que te piden y ellos se marchan a sus camarotes y te dejan tranquilo un buen rato. Hasta que llega un día en el que te cansas de sus amenazas; te detienes porque quieres deshacerte de ellos, bajas de la cabina de mando, intentas tirarlos por la borda, pero no puedes porque son muchos y se resisten con fuerza, y acabas discutiendo y enfrentándote con ellos. En ese momento, tu barco ha perdido el rumbo y navega a la deriva, sin que tú hayas conseguido tu propósito. Consciente del esfuerzo y de la falta de resultados, cargado con el lastre de la resignación, levas anclas, te haces cargo del timón y, brújula en mano, diriges el barco hacia los puertos ajenos y mares tumultuosos que ellos escogen para conseguir un poco de paz en tu velero.

Quieres que te dejen tranquilo y no sentirte mal, de modo que haces lo que te dicen y conduces la nave por donde ellos deciden, así evitas verlos y discutir; calladitos en sus camarotes están más guapos. Pasas de capitán a marinero, de dueño del barco a simple polizón; cumples lo que te ordenan y cada vez más deprisa, anticipándote a sus peticiones para apartarlos de tu vida. Al cabo de un tiempo y casi sin darte cuenta, los pasajeros dejan de salir de sus camarotes y ni siquiera aparecen por cubierta para gritarte a estribor o a babor, sino que tú viras directamente, pero tomas un rumbo que no te lleva a ninguna parte. Tus decisiones te parecen lógicas, estás a punto de convencerte, autoengañándote, de que los pasajeros ya no están en el barco y de que pilotas el barco hacia el único puerto posible. El poder de esos pasajeros se basa en amenazas que nublan tu vida, como «Haznos caso o te haremos sentir muy mal». Sin embargo, en realidad no pueden hacer nada más que eso, lanzar mensajes. El problema es que te han tomado la medida. Es cierto que cuando salen de sus camarotes y se pasean por cubierta, los pasajeros (pensamientos, recuerdos, imágenes, sensaciones, emociones y sentimientos muy negativos) parecen capaces de hacer mucho daño y por eso aceptas el trato y te dejas llevar por lo que te dicen, pero solo lo parecen.

Al tratar de mantener controlados a los pasajeros, ¡has perdido el control de tu barco! Ellos no tienen fuerza para pilotarlo o llevar el timón, no pueden echar el ancla ni detener tu velero; además, carecen de la brújula vital necesaria para elegir tu destino. El capitán del velero eres tú; tú pilotas, tú decides dónde y cómo ir, qué ruta cogerás y cuándo te refugiarás en un puerto seguro.

Del yo pensante al yo experiencial, ¿quién quieres ser tú?

Hablemos ahora de algunos de esos pensamientos que fabrica tu yo pensante y que suenan en tu mente como los clásicos populares cada vez que afrontas situaciones que te incomodan. Trata de detectar los pensamientos que te asaltan cuando te atascas en una situación, cualquiera que sea, como la cola de un supermercado, cuando acudes a una primera cita, antes de una entrevista de trabajo o un examen, cuando entras en un bar lleno de gente y para llegar a tu mesa, que está al fondo, tienes que atravesar una multitud o cuando te preparas para dar una charla delante de cuarenta personas. Síntomas como la sudoración, el temblor de manos o piernas, la rigidez muscular, la sequedad de boca y la respiración entrecortada pueden ir acompañados de emociones como el miedo, la ansiedad y cierta preocupación o angustia. ¿Qué piensas en estos momentos? Tal vez se te ocurren ideas como estas: «Otra vez igual, me estoy poniendo nervioso», «Me van a pillar, se van a dar cuenta», «Estoy quedando como un tonto», «Voy a hacerlo fatal», «Siempre me pasa lo mismo», «¿Y si me quedo en blanco?», «No podré, me estoy quedando paralizado», «Me va a dejar», «Estoy haciendo el ridículo» o «No soy capaz y soy un inútil». Algunos de estos pensamientos te resultarán familiares, o tal vez tu yo pensante fabrique otros del mismo estilo, que te aparecen en situaciones de forma anticipatoria, imaginaria o real. Quédate con uno de ellos. ¿Lo tienes? A mí, cada vez que voy a dar una charla o conferencia o a hacer una exposición en público, me asalta con fuerza el pensamiento: «Te van a pillar, deberías habértelo preparado mejor», o el grandioso: «Lo vas a hacer fatal». Y como no podía ser de otra manera, estas lindezas van acompañadas de buena parte de los síntomas que he mencionado más arriba.

Ahora, sin miedo y en silencio, repite doce veces para tus adentros este mensaje: «Lo vas a hacer fatal». Es fácil que hacer este ejercicio no te dé buen rollo, lo normal es que te genere sensaciones desagradables. Lo siento, pero se trata de que lo vivas de forma auténtica. Bien, ya has escuchado de nuevo a tu yo pensante, y no es la primera vez. ¿Cómo te sientes?

Ahora haz volar tu imaginación y piensa en unos dibujos animados que te gusten, en un personaje de una serie o película más o menos actual que te haga esbozar una sonrisa (Bob Esponja, Patricio, alguno de los Simpson...). ¿Tienes presente su voz? Puedes recurrir a Spotify o YouTube para recordarla. Vuelve al pensamiento que antes te has repetido doce veces y repítelo de nuevo, esta vez con la voz del personaje que has escogido. Parece un poco tonto y cuesta hacerlo, desde luego, pero insiste. ¿Lo consigues? Yo, que soy un fan de Patricio, el leal compañero de Bob Esponja, hago mía su voz y me repito «Lo vas a hacer fatal», hasta doce veces. Con una sonrisa, lo que antes me causaba desazón y ansiedad ahora se está convirtiendo en una bobada, una idea sin fuerza. Y es el mismo pensamiento de antes, solo que ahora lo vemos a distancia, nos lo tomamos menos en serio; hemos hecho el ejercicio que los psicólogos llamamos «defusión».

Te invito a que utilices esta dinámica siempre que te acechen los pensamientos automáticos e inútiles, o cuando intenten hacerte la vida imposible. Recuerda que los pensamientos no cambian fácilmente, en la mayoría de las ocasiones se mantienen invariables toda la vida, pero sí podemos cambiar nuestra manera de relacionarnos con ellos y no dar tanta importancia a sus estupideces. En mi caso, llevo veinticinco años divulgando psicología (procurando que la gente aprenda algo y riéndome mucho con ella), y cada vez que me enfrento a un auditorio, sea de diez personas, sea de trescientas, me asaltan pensamientos muy similares a los que tuve cuando di mi primera charla (y los mismos síntomas), pero desde hace un tiempo cuento con la inestimable ayuda de Patricio, Homer Simpson o Doraemon para sufrir lo menos posible. Mi yo pensante va a su aire y me sigue dando, erre que erre, sus mensajes, pese a que mi yo experiencial tiene claro que las exposiciones suelen salir razonablemente bien. Defusión.

Recuerda que el mundo mental tiene unas reglas diferentes a las del mundo exterior. Mientras que en el exterior cuando no quieres algo puedes evitarlo (dándole puerta), en el interior, si conscientemente quieres desembarazarte de algo, lo tienes más presente. Intentar desprenderte de pensamientos que no deseas (de la ansiedad o de un mal rollo) tiene como consecuencia exacerbar la situación. Es como cuando nos esforzamos mucho por ser espontáneos o caerle bien a alguien, que por lo general ocurre lo contrario y terminamos metiendo la pata. Frente a cualquier pensamiento desagradable que te ronde, intenta adoptar una actitud escéptica y tómate dicho pensamiento únicamente como una posibilidad. Ten presente que la capacidad de pensar ayuda a arreglar las situaciones que te suponen un problema o un reto, pero que por sí sola no puede hacer que te encuentres bien. Tu pensamiento no tiene los medios para lograr que estés siempre feliz.

Estrategias para defusionarte y mandar tu mente a paseo

¿Eres de los que cantan solo en la ducha para que nadie los oiga? ¿O eres de los que en el karaoke no sueltan el micrófono? Sea cual sea la respuesta, te emplazo a que participes en el nuevo concurso televisivo *Operación Defusión*. ¿Te acuerdas de la dinámica del pensamiento inútil y la voz de Patricio, el amigo de Bob Esponja? Pues vamos a ofrecer a tu yo pensante un juego similar, pero ahora tendrás que afinar la garganta. Elige uno de los pensamientos anteriores u otro del mismo corte, que suela atascarte cada vez que se presenta. Yo cambiaré y me centraré en: «Te van a pillar, Nacho». A continuación, piensa en una situación en la que sea fácil que aparezca dicho pensamiento, retenlo en tu mente y recréalo tanto como puedas durante unos segundos. No te hace sentir bien, ¿verdad? Claro, es lógico que te moleste.

Ahora escoge el estribillo de una canción molona, fácil de versionar y que hayas bailado en fiestas veraniegas, bodas como las de antes o alguna de aquellas Nocheviejas impagables que guardas en el baúl de los recuerdos. Regresa al pensamiento inútil que te genera tanto malestar y cántalo con la melodía de la canción que has elegido. Cántatelo en voz baja y fíjate en qué sucede. ¿Cómo te sientes? Intuyo que una sonrisa asoma a tus labios. Por favor, no alces la voz, sigue cantando en voz baja. Felicidades. Acabas de hacer un clásico ejercicio de defusión, con el que has descubierto que puedes no tomarte tan en serio esos pensamientos, dejar de creértelos a pies juntillas y no ponerte a discutir con ellos ni pretender cambiarlos. No has intentado quitártelos de encima, no te has preguntado si son verdaderos o falsos, racionales o irracionales, ni has intentado sustituirlos por un pensamiento positivo o un pensamiento alternativo. Sabes que son solo pensamientos y que, poniéndoles música o una voz diferente, pierden su fuerza y tienen menos efecto en tu día a día. ¡Ya tú sabes!

Sigamos con la defusión y vayamos al ejercicio «Estoy pensando que...» (quienes estén «pensando de que» que consulten directamente a la RAE). Para hacerlo, se toma uno de los pensamientos de los ejercicios anteriores y se pone delante: «Estoy pensando que...» o una frase similar, como en los ejemplos siguientes: «Estoy pensando que lo voy a hacer fatal», «Mi mente me dice que me van a pillar», «Estoy pensando que soy un desastre» o «Tengo el pensamiento de que no voy a ser capaz».

Cierra los ojos y repite diez veces «Estoy pensando que...» y uno de tus pensamientos negativos. Observa cómo te sientes. ¿Qué ha sucedido? Es probable que hayas descubierto que insertar la frase «Mi mente me dice que...» o «Estoy pensando que...» te ayuda a distanciarte de este pensamiento y no darle tanto crédito. El pensamiento sigue acudiendo, pero puedes observarlo como de lejos, sin considerarlo palabra divina.

Aplica cualquiera de las técnicas que acabamos de ver con cualquiera de los pensamientos desagradables que te acechen. Si tu mente dice: «¡Me va a dar un ataque de ansiedad si no me relajo!», simplemente contéstate: «Estoy teniendo el pensamiento de que me va a dar un ataque de ansiedad si no me relajo». Si tu mente dice: «¡Nunca voy a conseguir estar tranquila!», limítate a contestar: «Estoy teniendo el pensamiento de que nunca conseguiré estar tranquila». Utilizar esta frase te hace consciente del proceso de pensamiento, lo cual reduce la probabilidad de que te tomes tus pensamientos al pie de la letra. En la fusión cognitiva, cuando nos creemos lo que pensamos, los pensamientos son la verdad absoluta y adquieren demasiada importancia, pero los contenidos cambian, fluctúan, y nosotros no somos estos pensamientos, somos mucho más. La defusión cognitiva nos recuerda que los pensamientos son solo palabras y sonidos.

Una brújula para no perder el norte

A lo largo del libro he hecho hincapié en que las personas somos lo que hacemos y no tanto lo que pensamos, en que pensar está sobrevalorado y en que no todo lo que sentimos e ideamos tiene valor. Pensar, sentir y hacer. A estas alturas ya sabes quiénes son el yo pensante y el yo experiencial, ambos ubicados en tu mundo interior. El pensante se dedica casi a tiempo completo a torpedear tu vida con pensamientos que van del futuro al pasado, la mayoría de ellos, cogniciones sin ton ni son. Es una radio que se pasa las veinticuatro horas del día emitiendo noticias negativas, cuando no terribles, sazonadas con sensaciones, recuerdos, emociones e imágenes nocivas que te atascan. Ese yo pensante que bucea por tu mundo interior te repite los mismos mensajes y pensamientos desde hace mucho tiempo, y no se inmuta ante las evidencias. Es decir, por más que sus vaticinios no se cumplan, seguirá dando la lata con sus rígidas ideas.

Al yo experiencial lo conoces de sobra: es la suma de todo lo que eres (tus valores, tus ideas, tus experiencias). Es tu yo más molón. Unos lo llaman «alma», otros, «esencia», «ego» o «ser», y alguno lo denomina «luz». Dale el nombre que te dé la gana. Déjame que te adelante que las personas fáciles —las que llevan una vida digna, son razonablemente felices y hacen sentirse bien a la gente que tienen a su alrededor— viven de acuerdo a lo que son, en consonancia con sus valores, y son congruentes y auténticas, o por lo menos lo intentan. Su perseverancia, su confianza en sí mismas o el simple amor a la vida les ayuda a desviarse lo menos posible de su camino, y si en alguna ocasión se apartan de la ruta, toman conciencia de ello y hacen lo posible para volver a la buena senda. Tienen un mapa en el que aparece de forma bastante clara su vida, y también el mucho territorio que les queda por explorar. Y lo mejor de todo es que poseen una brújula que los guía para no perder el norte.

Viajemos por tu satisfacción vital: tú pones el mapa y yo, la brújula. ¿Vamos?

Imagínate un dibujo en cuya parte inferior hay dos cuadrantes o áreas que engloban tu mundo interior, el correspondiente a tu yo pensante y a tu yo experiencial. Un mundo relacionado con todo aquello que te pasa dentro de la mente, tus valores y tus experiencias, tus fantasmas y tus pensamientos, tus recuerdos y tus sueños; todo eso y unas cuantas cosas más. En la parte superior hay dos cuadrantes que tienen que ver con las cosas que haces en la vida y las cosas que dejas de hacer; ahí está la acción.

En el cuadrante inferior de la derecha estás tú: lo que eres en esencia, tus valores, tu parte más íntima y profunda (que está conectada con tus sentimientos) y tus valores. Tus experiencias, tus recuerdos, tus vivencias, es decir, tu yo experiencial o tu yo más molón, lo que prefieras. Ese yo que suma y te conecta con lo mejor de la vida y que, a su vez, hace que seas capaz de afrontar muchas situaciones vitales con confianza y entereza. Y que si aparece el miedo, te anima a que hagas lo que debas acompañado por él, a que sobre todo no dejes de actuar. Sabes a qué me refiero. Recuerda que ese yo es el que nos conecta con las cosas buenas que nos ofrece la vida, que se sumerge en las cosas positivas (las detecta y las disfruta, y te anima a disfrutarlas) y surfea los malos rollos que genera tu mente (avanza pasando por encima de ellos); es amable, condescendiente y compasivo y nos conecta con el momento presente. En el capítulo sobre la autoestima tratamos la satisfacción vital con el ejercicio sobre las áreas vitales, pero ahora voy a proponerte una práctica que a menudo utilizo en la consulta y que puede servirte para que encuentres respuestas que aclaren un poco más tus dudas sobre quién eres en realidad.

Me gustaría que pensaras unos instantes en la muerte, en la última estación de la vida en la que todos los trenes se paran en ella más pronto que tarde. En nuestro caso, el tuyo y el mío, vamos a procurar que el tren llegue ahí, como corresponde, pero dentro de muchos muchos años. Además, te adelanto que el viaje habrá sido estupendo, nos lo habremos pasado bomba y rondaremos los noventa con una cabeza envidiable y el cuerpo en forma.

El caso es que no hace falta llegar a viejo para valorar de este modo las cosas; hoy puede ser un buen día para ponerse en marcha. Sigamos con tu muerte, no te escapes. Vamos a tu funeral y el templo o la sala está repleto de gente (familia, amigos de la residencia, vecinos, sobrinos, un ex que todavía se acuerda de ti, gente del barrio, hijos de amigos y un despistado que pasaba por allí). Es el momento de dejar volar tu imaginación, y me gustaría que eligieras a tres personas que sean importantes para ti, porque serán las que pronuncien los discursos de despedida. Tu pareja, un amigo, un hijo o un sobrino, un compañero de trabajo, un familiar, quien tú elijas. Se trata de que escribas tú los tres discursos hablando de ti para ellos. ¿Cómo te gustaría que te recordara tu pareja? ¿Qué querrías que dijera de ti un buen amigo? ¿Y un hijo o un hermano? ¿Qué impronta deseas dejar en este mundo? No te hagas el remolón, que todo el mundo deja huella en las personas que lo rodean, y más profunda de lo que piensas.

A continuación verás lo que escribió Antonio, un paciente que pasaba por un proceso de dificultad, con poco apego a la vida, deprimido y devorado por las dudas respecto a sí mismo. Este ejercicio le sirvió para estructurar mejor su vida, conocerse, tomar conciencia de su valor y de la cantidad de cosas que era, quererse un poco más, encariñarse con la vida y brindarle menos amor a la mente.

El primer discurso lo pronunciaría el hermano de Antonio.

Mi hermano Antonio era la persona que me acompañó al nacer y con la que he compartido toda mi vida. Los hermanos tienen una conexión especial y el vínculo que nos unía, y que nos sigue conectando, es algo que nadie más puede comprender. Estos últimos años fueron muy duros para él, porque sufrió una depresión que tuvo consecuencias muy negativas. Le hacía sufrir mucho su nueva situación y se sentía frustrado con los estudios porque no le iban todo lo bien que esperaba. También le costaba mantener el contacto con la gente en las redes sociales; se abandonó, se alejó y perdió a muchos de sus amigos. Su relación con nuestros padres se vio afectada, e incluso nuestra relación como hermanos se trastocó durante una temporada, aunque luego mejoró. A pesar de que no tuvo tiempo de recuperarse de todo eso, yo sé cómo era él de verdad, y quiero contároslo.

Antonio era, ante todo, una buena persona. Se desvivía por ayudar a quienes le rodeaban y era feliz haciendo feliz a los demás. Le encantaba reír, siempre estaba de buen humor; cantaba en el coche (por mucho que yo le dijera que se callara) y cuando sus amigos tenían un problema, él corría a animarlos. Disfrutaba hablando con la gente más dispar, charlaba con quien fuera (con el frutero, con la mujer del quiosco, con la cajera del supermercado...), y quienes lo conocían estaban entusiasmados con él. Le gustaba sentirse útil; si alguno de los primos lo llamaba porque necesitaba que lo llevaran en coche a alguna parte, ahí estaba él; cuando yo tenía que acompañar a mi novia a su casa y no me apetecía conducir, él se ofrecía a llevarnos. Sé que durante gran parte de su vida le pareció que vivía a mi sombra. Yo siempre he sido más estudioso y más responsable, y he sacado mejores notas. A Antonio no le gustaba leer, cosa que a mí me encantaba. Tampoco le gustaban el ajedrez y las actividades de este tipo, que le hacían sentirse inferior a los demás. Al ser más serio que él, acostumbraban a decirnos que yo parecía el mayor. Eso le daba mucha rabia. Y aunque la gente no lo supiese, tenía mucho talento para otras cosas. Cosas que quizá en esta sociedad (en el colegio, en el instituto) no se valoran tanto, pero que demuestran que tenía un alma creativa e inquieta, además de una gran inteligencia. Tocaba el piano mucho mejor que yo. Tenía una gran habilidad para sacar canciones de oído. Yo era incapaz de algo así. También dibujaba muy bien. Destacaba en clase de dibujo, en el instituto. Y disfrutaba haciendo deporte. Tenía mucha facilidad para adaptarse a cualquier disciplina física. Y, bueno, fuera de la rama artística, lo que le apasionaba era el inglés. El principal motivo por el que le gustaba era su entusiasmo, como ya he dicho, por hablar con la gente, comunicarse, charlar de lo que fuera. Y el inglés le permitía comunicarse con un mayor número de personas, y personas de casi todo el mundo. No le dio tiempo a sacarse la carrera, pero estoy convencido de que habría sido capaz de hacerlo. Aun con todo lo que le pasaba, yo confiaba plenamente en él, y sé que lo hubiese conseguido. Porque, pensara lo que pensara la gente, mi hermano tenía un gran futuro. No puedo entenderlo de otra manera. ¿Qué futuro le espera a alguien tan bueno si no uno feliz?

Los últimos dos años vivimos separados. Para mí, y sé que para él también, fue muy duro estar lejos el uno del otro. Un día fuimos parte de una misma célula, así que puedo afirmar, sin miedo a equivocarme, que con él se va mi otra mitad. Se va la persona más importante de este mundo para mí. El dolor irá cicatrizando, pero nunca sanará del todo, porque nadie podrá sustituir a mi hermano. Nadie podrá ocupar su lugar. Yo no creo en el cielo, pero si existe un lugar parecido, sé que mi hermano está en él. Ahora es un ángel, y vela por todos nosotros. Así que, Antonio, si puedes oírme, sabes que te quiero, y que nunca dejaré de quererte. Te echaré muchísimo de menos. Algún día volveremos a estar juntos, como cuando empezó todo. Hasta pronto, hermano.

Para Carlos, su amigo, Antonio escribió lo siguiente:

Antonio y yo fuimos juntos al colegio. Él era del A y yo del B. Yo iba con su hermano a clase. No tuvimos mucha relación en aquellos tiempos, por no decir ninguna. Sin embargo, hace unos cuatro años, un día me lo encontré en el gimnasio. Y entonces nos hicimos los mejores amigos. La gente nos decía en todas partes que parecíamos un matrimonio. Supongo que porque nos respondíamos en broma de malas formas y porque había una complicidad especial entre nosotros. Parecía que llevásemos juntos toda la vida. Cuando, como yo lo digo, «lo recogí», era un chaval muy inseguro. Tenía la autoestima muy baja. Siempre pedía perdón por todo, de forma compulsiva, por miedo a que alguien se enfadara con él. Cuando quedábamos con más gente y yo no le prestaba tanta atención como en alguna ocasión anterior, se hundía calentándose la cabeza, pensando que quizá no era importante para mí, o que no me lo pasaba bien con él. Nada más lejos de la realidad. Se volvió alguien imprescindible para mí. Uno de esos amigos de verdad con los que puedes contar para lo que sea, y que se cuentan con los dedos de una mano.

Durante estos años que tuve la suerte de compartir con él le vi dar un gran cambio. Ganó mucha confianza en sí mismo. Sé que se forzó un poco, sobre todo por tenerme a mí al lado (que soy tremendamente extrovertido), y que a veces se rompía otra vez por dentro y salían a la superficie las viejas inseguridades. Y no me cabe ninguna duda de que, si no hubiese fallecido, habría seguido mejorando. Yo le decía que tenía mucho potencial, que era él el que se limitaba a sí mismo, y mucho. Nunca me hizo caso. No se creía ningún comentario bueno que pudieras hacerle sobre él. Te lo agradecía, pero no lo interiorizaba. Si lo hubiese hecho, no habría tenido techo contra el que parar. Le encantaba que le propusiera planes improvisados. Decía que así no le daba tiempo de generarse expectativas, y disfrutaba mucho más cada momento. Y siempre estaba ahí cuando lo necesitabas. Yo no soy mucho de hablar cuando tengo un problema, pero si me hubiese hecho falta, lo habría llamado a él sin dudarlo.

Me hubiera gustado pasar más tiempo con él. Haberle demostrado quizá más cariño. Haber vivido con él muchas más de las innumerables aventuras que nos quedaban por vivir. Haber podido ayudarlo con sus problemas. Porque se merecía ser feliz. Y sé que tuvo una buena vida en los últimos tiempos. Tuve la suerte de compartir muchos momentos con él, y pudimos disfrutar juntos de esos placeres que te da la vida. De los amigos, de las risas en un bar tomando una cerveza, etcétera. Pero ojalá hubiese tenido una felicidad más plena en sus últimos días, porque es lo que le habría correspondido. Eres mi mejor amigo, y te echaré muchísimo de menos. Nunca te olvidaré.

Después de leer este ejercicio ¿comprendes quién es Antonio? A él le sirvió para tomar perspectiva y ver con más claridad y de forma estructurada qué persona era en realidad. Esas dos cartas fueron un viaje con destino a su valor, una conexión con su yo experiencial. Te animo a que escribas tus discursos de funeral. Aunque sea un ejercicio que te produzca desazón, tristeza y cierto malestar a corto plazo, estoy seguro de que puede proporcionarte algunas certezas y aportarte muchas alegrías en el futuro. Con la ayuda de este ejercicio, hemos visto una fórmula para hacer buena la máxima del gran Bertrand Russell: «Da la impresión de que solo en el lecho de muerte descubre uno aquello por lo que debía haber vivido».

Vamos ahora al cuadrante situado en la parte inferior izquierda. Ese espacio se corresponde con un conjunto de pensamientos, imágenes, sensaciones, emociones y síntomas que nos producen malestar y que se mueve del pasado al futuro soltando negatividad. Es una especie de bombardeo de noticias malas sobre la vida al que en muchas ocasiones, tal vez demasiadas, prestamos demasiada atención. Este espacio se corresponde con nuestro falsario amigo, el yo pensante. Creo que, a estas alturas, lo tienes más que localizado.

La parte superior derecha del mundo exterior se corresponde con las cosas que haces en la vida, y tiene mucho que ver con los proyectos, las rutinas, el cuidado de la salud, el deporte, las aficiones y la relación con los amigos o con la pareja. Tiene que ver con tu manera de desenvolverte en la vida, con las veces que expresas tu opinión o tus gustos ante los demás, aunque desentonen y sean diferentes. Tiene que ver con lo congruente que eres con tus valores, tus deseos y tus sueños. Cuantas más cosas haces dirigidas a vivir de forma coherente con lo que eres y que te acerquen a tus valores, mayor será tu satisfacción vital. Por ejemplo, ir al dentista es recomendable y bueno para la salud (aunque no tanto para el bolsillo), y a pesar de ello lo asociamos a cierto dolor, molestia y ruido, por lo cual lo posponemos *ad eternam*; lo curioso es que la decisión de ir al dentista nos acerca a lo que somos porque es una apuesta por el cuidado de la salud. Otros ejemplos de actividades que en ocasiones pueden resultarnos tediosas o costosas, y que tratamos de evitar poniéndonos decenas de excusas, son levantarnos de la cama o el sillón y salir a hacer deporte, ponernos a hacer el trabajo que tenemos pendiente o rechazar ese cigarrillo que te ofrecen tras cuatro meses y un día sin fumar. De eso se trata, ni más ni menos: de esforzarnos y ser congruentes con nuestros valores para conseguir un mayor grado de satisfacción vital. ¿Recuerdas que hemos hablado de cambiar lo que haces, no lo que piensas? Esta es la cuestión.

En la parte de superior izquierda encuadramos aquellas cosas que hacemos o que dejamos de hacer con el objetivo de que nuestro yo pensante permanezca callado y pare de molestarnos, de que nos deje en paz; es decir, evitamos hacer aquello que nos molesta o nos hace sufrir, o, dicho de otro modo, hacemos lo que sea para que nuestros pensamientos más oscuros nos dejen tranquilos, esquivamos las situaciones que nos generan ansiedad para que los síntomas propios de la angustia desaparezcan. Por ejemplo, a mí me incomoda impartir conferencias o exponerme en medios; antes de empezar me siento ansioso y me tiemblan las piernas, y si se trata de un acto de cierta relevancia, la noche anterior me cuesta dormir. Soy nervioso y un poco *atacao*, pero disfruto mucho cuando doy una conferencia, me expongo; soy consciente de ello mientras la imparto y al finalizar sé que lo hago razonablemente bien y que los asistentes suelen disfrutar de las formas y del fondo. Además, me río mucho, me lo paso bomba. El refrán «sarna con gusto no pica» parece que lleve mi nombre y apellidos.

Supongamos que mañana me llaman para dar una conferencia sobre psicología ante muchas personas; acepto la propuesta y me pongo a preparar la exposición, pero a medida que pasan los minutos o las horas, me van asaltando pensamientos del estilo: «No vas a gustar», «No te va a dar tiempo», «¿Y ahora qué vas a contar? ¿Lo de siempre? Te repites», «Te has quedado seco, te faltan ideas», «Crees que mañana te bastará con soltar tus cuatro bromitas, y no, seguro que el público es muy exigente». Así es mi yo pensante. Paralelamente, solo de imaginarme entrando en la sala y con el público delante, mi corazón empieza a latir más deprisa, se me reseca la boca, se me embala la respiración, me acelero y me ataco. Es parte de mí. Como no quiero sentirme mal y no me gustan estos pensamientos ni estos síntomas, intento quitármelos de encima lo más rápido posible y llamo a la persona que me invitó a dar la conferencia para decirle que estoy enfermo, que tengo una urgencia o darle cualquier excusa. Tengo derecho a cambiar de opinión, y donde dije digo, digo Diego, claro que sí. Además, puedo decidir no sufrir, faltaría más.

Sin embargo, el hecho de decir que no, ¿me acerca a lo que soy, o me aleja de mi yo más interesante? ¿Me aporta algo? ¿Evitar sentirnos mal nos ayuda a ser mejores personas? No. ¿Intentar quitarnos de encima los pensamientos evitando determinadas acciones o situaciones hace que los pensamientos cambien o desaparezcan de por vida? No. La evitación es la antesala de la psicopatología, y es pan para hoy y hambre para mañana. Evitar no suma, no nos hace ser mejores y tampoco nos ayuda a engrasar nuestra maquinaria vital; evitar es el paso previo a la ansiedad y la depresión, ni más ni menos.

Haz, aunque sea con miedo; haz, aunque tus pensamientos pongan en duda tus capacidades; haz, aunque creas que te puedes quedar paralizado; haz, pese a que te parezca que hay un abismo donde solo hay un pequeño hoyo; cambia las cosas que haces y no tanto las que piensas. Cuando te plantees hacer algo y te asalten dudas, o se te manifiesten síntomas que intentan bloquearte, mira esta brújula para no perder el norte y hazte la siguiente pregunta: esto que me estoy planteando hacer ¿me acerca o me aleja de lo que soy? ¿Me aporta o me resta cosas? ¿Me conecta con mis valores o me aleja de ellos? Seguramente, después de responder te pondrás en marcha y te enchufarás más a la vida. Recuerda que lo importante para tu salud mental es ser auténtico y congruente con tus valores, y que todo lo que te aleje de ellos hará que estés más que disconforme con tu estilo de vida. Menos mente y más vida. Tú eliges.

LO QUE RESTA	LO QUE SUMA
Las cosas que hacemos para que se calle el YO pensante	Las cosas que hacemos grandes y pequeñas
Evitar = Antesala de la psicopatología	Y la vida son «Aquellas pequeñas cosas»
Lo que sucede en nuestro interior y que nos da mal rollo Pensamientos, emociones, recuerdos, síntomas, sensaciones, imágenes...	¿Quién soy yo? ¿Cuáles son las cosas importantes en tu vida? Tus valores

Unas últimas recomendaciones para sentirte mejor: radiografía de una *easy person*

Cuando te sientas a su mesa, la conversación es bidireccional y los tiempos están bien repartidos. En su compañía se habla, se escucha, se ríe y no se critica al que no está. Si esto ocurre (te recuerdo que todos lo hacemos en alguna ocasión), evita que la mala leche impregne ese tipo de conversaciones.

Tiene grabada la generosidad en el ADN psicológico. Cuando te hace un favor (algo habitual), no te lo recuerda continuamente. Es más: tiende a borrar de su mente lo que hace por los demás. «¿Favores? ¿Qué favores? ¿Yo? ¡Calla, si no fue nada, tú hubieras hecho lo mismo!»

Te hace sentir cómodo a su lado, te ayuda a que seas tú mismo, saca lo mejor de ti y te permite bajar la guardia. Junto a él, no hay nada que temer. Y si te equivocas o dices algo inapropiado, tiende a olvidarlo. Acostumbra a pasar página después de un mal rollo y saca sin demora la basura de su mente.

Si tienes un problema y se lo cuentas, no echa leña al fuego ni cubre de inmundicia tu conflicto. Intenta hablar con palabras que serenen, desdramatizar, escuchar y no juzgar; simplemente, te da apoyo. Tiene oídos de Gulliver cuando le presentas problemas que te quitan el sueño; un gigante escuchador que, además, mantiene la confidencialidad y la boca cerrada.

Es flexible y acepta los cambios. Sabe que es imposible controlar por completo la vida, y que la vida no es ni puede ser una mera rutina. Aprovecha los cambios y las novedades para crecer y, en ocasiones, se deja llevar por la improvisación.

Realiza muchas actividades variadas, es dinámico y vive con pasión. Piensa que la vida es como una gran empresa, y es consciente de que si diversifica los riesgos, las probabilidades de fracasar disminuyen. Cuando alguna de las actividades deja de funcionar o falla, no se acaba el mundo; tiene en la recámara otras muchas a las que agarrarse.

Tiene intereses sociales. Su colaboración con entidades sociales se convierte en un escudo que lo protege de la depresión, y además le ayuda a retrasar el deterioro cognitivo. Por último, sabe que las personas ricas en relaciones sociales tienen un sistema inmunológico más fuerte, por lo que enferman menos y viven más. Un amigo es una sonrisa, y un buen amigo, unas carcajadas.

Tolera los errores y acepta el término medio. Otra de sus máximas favoritas es «Ni calvo, ni con siete pelucas». En la vida todo tiene matices y hay muy pocas verdades absolutas. Al observar el mundo, no lo ve en blanco y negro, sino cubierto de grises y de otros muchos colores, aunque tampoco lo ve todo de color de rosa. Es un relativista intelectual.

Muestra su vulnerabilidad porque sabe que así es más fuerte. En tu caso, si es obvio que algo te provoca inseguridad, es mejor admitirlo que intentar ocultarlo a toda costa. ¿Por qué? Porque así no tendrás que esforzarte en ocultarlo, y eso te quitará mucha presión de encima. Además, como la mayoría de las personas saben lo que es pasarlo mal por culpa de la inseguridad, empatizarán contigo. No eres perfecto, y los demás, tampoco.

Un *easy people* acepta su pensamientos negativos sobre sí mismo y se esfuerza por pensar en positivo. Asume que a veces se minusvalora, pero no centra su atención en ello. No hace caso de estas ideas, las deja correr y se manda a sí mismo a paseo de vez en cuando.

Tiene claro lo que puede cambiar y lo que no. Si se da cuenta de que tiene alguna característica que no le hace sentirse bien y está en sus manos cambiarla, se pone en marcha y no lo demora. Si se trata de algo que no puede cambiar (como ser bajito), se quiere tal como es.

Participando en las citadas organizaciones, intenta aportar su granito de arena para construir un mundo más justo.

Hace ejercicio porque sabe que de esta forma mitiga el estrés y es una buena fórmula para sentirse bien, más sano y más alegre. El deporte mejora milagrosamente el estado de ánimo.

Es un disfrutón y lo pasa bien. Dedica tiempo a las personas que le importan y a hacer lo que le gusta. Hace lo posible para que su vida no se guíe por lo que pudo ser, lo que podrá ser o lo que hace todo el mundo, sino por lo que él quiere. Apuesta por las cosas que son buenas para él, que van en consonancia con sus valores, y no se olvida de que estamos de paso.

Sin duda, esta radiografía lleva el nombre de alguien, todos conocemos por fortuna a personas así. Tal vez hoy sea un buen día para ponerte manos a la obra, armarte de paciencia, ilusión y esperanza e intentar que en la próxima radiografía aparezcan, como mínimo, tus iniciales. ¿Te animas?

PUERTA 10
PARANORMAL
Los nuevos vecinos

Una pareja de amantes del horóscopo hasta que se encontraron con un jefe Tauro

Un jovial acuario, asiduo lector de horóscopos y amante de lo astral, cree que los vientos planetarios están de su parte y que hoy, o por lo menos hasta que se ponga el sol, va a tener un día excelente. Supersticioso, un tanto contradictorio y con una mirada que parece buscar un barco chiquitito en el horizonte, comparte la vida con María, con la que hoy cumple diez años de matrimonio.

Cuando finalizó la carrera de empresariales declinó ofertas en proyectos comerciales y contables y orientó su vida laboral hacia el mundo interior, trascendental y de conexión con el más allá. Ha estudiado con los mejores expertos del ramo y ha compaginado la práctica profesional con médiums y tarotistas en España con estancias en

Brasil, en Cuba y en Estados Unidos. Santería, brujería, *poltergeist* y comunicación con el más allá forman el elenco de especialidades en las que es una autoridad como la copa de un pino. Cuando un cliente entra en su consulta le pide que permanezca durante tres minutos de pie, sin cruzar los brazos y en silencio. Le hace mirar detenidamente una de las decenas de imágenes que decoran la estancia: dioses que los antiguos egipcios adoraban y que los hindúes todavía veneran. Según el color de sus ojos, le muestra el dios del Sol o la diosa de la lluvia.

El despacho donde augura futuros y vislumbra pasados tiene en el centro una mesita redonda con tres sillas, y a la derecha un sofá de dos plazas con un enorme sillón individual tapizado con piel enfrente. En una recia mesa de despacho, sin ordenador, hay unas libretas de gusanillo, un bolígrafo Bic, unas decenas de tarjetas de visita y una baraja de tarot. La luz tenue procedente del exterior resalta la luminosidad de unas cuantas velas repartidas estratégicamente por la estancia, impregnada de un ligero aroma a mandrágora, rosa de Damasco, incienso y palosanto. Amor, trabajo, salud, dinero y engaños, no siempre en el mismo orden, con una media diaria de ocho almas perdidas, de lunes a viernes, a 60 euros la sesión (en negro), sin contar los trabajos extra y los ungüentos para recuperar los amores fracasados, dan para infundir falsas esperanzas, curar heridas propias y pegarse unas buenas cenas.

Tras finalizar su jornada laboral y esperando que se cumpla lo dictado por su horóscopo, aguarda, junto a un café con leche y un ramo de rosas con unos cuantos tréboles de cuatro hojas, en una cafetería cerca del trabajo de ella. Un tipo detallista, romántico y sentimental como él no podía dejar pasar la ocasión de celebrar este día. Mientras se toma el café con leche y revisa la cuenta de Instagram en el móvil, juguetea con el regalo que guarda en el bolsillo de la americana. Un anillo de oro blanco con un pequeño zafiro incrustado que compró la semana pasada en Wallapop con el que rubricar su amor y celebrar la vida. La revista en la que lee el horóscopo cada mañana le ha confirmado lo que ya sabe desde que se hizo la última carta astral. «Acuario: Hoy la suerte te sonreirá y una persona muy importante te dará una sorpresa. El amor lo tienes de cara y se avecinan cambios.» Él, como no podía ser de otra manera, lo tiene más que claro. Espera a María al tiempo que moja una magdalena en el café con leche.

María es joven y lista; es de mediana estatura y tiene una melena rizada. Le encanta disimular su facilidad para ruborizarse con colorete en las mejillas. Aporta a su proyecto vital una buena cuenta corriente, una personalidad histriónica, una vida que es puro teatro, una güija, algo del Zodiaco y una buena baraja de tarot. Consigue despertarle casi cada día los deseos más primarios y los secundarios. Le lee las líneas de la mano y le dice la buenaventura, le habla de los excelentes augurios que le traen las cartas y le susurra los halagüeños mensajes que recibe de los espíritus del más allá. Y por si esto fuera poco, sus signos zodiacales son complementarios. Exitosa directora de recursos humanos de una cadena de supermercados, pasa los días contratando a jóvenes y peleando con la productividad. En las entrevistas de trabajo hace especial hincapié en los estudios y la experiencia laboral, pero cuando lee los currículums se fija sobre todo en la fecha de nacimiento. Tiene a gala no contratar personal nacido bajo los signos de Tauro, Leo y Géminis, salvo si se presentan con carta de recomendación de los de arriba; entonces hace la vista gorda. Es de las que piensa que todo ha de guardar un equilibrio y que, igual que algunos signos zodiacales multiplican la productividad, otros perturban las organizaciones y son capaces hasta de hundir una empresa. Si el Sol y los planetas le ayudan a mantener la armonía, la Luna le permite escuchar las revelaciones de los espíritus.

Las noches de esta pareja son muy diferentes a las de otras parejas más «convencionales». Ellos comen carne y pescado, no abusan de los lácteos, hacen ejercicio día sí, día no, salen a cenar todos los viernes, y los domingos les encanta dormir hasta bien tarde. Ahora bien, no tienen televisor y no ven ninguna serie de Netflix o HBO en el ordenador, y todas las noches, a excepción de los viernes, hacen sesiones de espiritismo con la güija. Lo curioso, además, es que la puerta 10 en la que reside esta pareja se llena de vida cuando ellos se ausentan. Psicofonías, ruidos, luces que se encienden y se apagan y unos cuantos espíritus bulliciosos campan a sus anchas por el rellano del segundo piso y asoman sus rostros por los ventanales.

María acaba de salir del trabajo y está entrando en la cafetería en la que la espera su impaciente marido. Un beso, un ramo de rosas con unos cuantos tréboles de cuatro hojas y una mirada repleta de tristeza. Una caja con un anillo de oro blanco con un pequeño zafiro sobre la mesa, un «Te quiero» y un «Felicidades, mi amor». Ella, emocionada, rompe a llorar y le enseña una carta de despido.

La exitosa cadena de supermercados ha contratado a un nuevo director general que nació un 4 de mayo; un tauro con ascendente en Géminis que acaba de ponerla de patitas en la calle.

Se avecinan cambios. Cuánta razón tiene el horóscopo diario.

Test para conocer tu capacidad de sugestión y no morir en el intento

Veamos qué posibilidades tienes de ser persuadido o de que te tomen el pelo. ¿Eres fácil de sugestionar?

Echa un vistazo a este cuestionario, en el que hay unas cuantas afirmaciones que intentan describir algunas de las características de tu personalidad. En función de lo identificado que te sientas con ellas, asigna a cada una un número del 1 («¡De qué vas! Esto no tiene nada que ver conmigo») al 5 («¡Dios, este psicólogo es un adivino y me ha leído la mente! ¡Soy yo!»). Anota tu puntuación. Luego comentaremos los resultados.

1. El sonido de una voz puede ser tan fascinante y envolvente para mí que soy capaz de continuar escuchándola y olvidarme de lo que me rodea.	1	2	3	4	5
2. Cuando me concentro en algo, puedo quedarme absorto. Por ejemplo, a menudo me concentro tanto en la lectura que pierdo completamente la noción del tiempo.	1	2	3	4	5

3. Mientras veo una película, un programa de televisión interesante o una obra de teatro, me siento como si fuera uno de los protagonistas.	1	2	3	4	5
4. Puedo llegar a meterme tan de lleno en la música que cuando la escucho no presto atención a nada más.	1	2	3	4	5
5. Recuerdo acontecimientos de mi vida con tanta claridad e intensidad que es como si los volviera a vivir.	1	2	3	4	5
6. Fantaseo acerca de lo que me sucede o lo que me gustaría que me sucediera.	1	2	3	4	5
7. Me suelen afectar con tanta intensidad las películas de terror que hay momentos en que pienso en taparme los ojos, o incluso decido no verlas.	1	2	3	4	5
8. Creo que la música reguetón es una excelente receta para engrasar la sesera y mantener en forma la salud mental. El reguetón te da alas.	1	2	3	4	5

¿Alguna vez has visto o has presentido cosas que no tienen explicación? ¿Te has sugestionado y dejado convencer cuando te han contado anécdotas relacionadas con el más allá? ¿Y con los fenómenos paranormales? ¿Te crees todo o casi todo lo que te cuentan? Que el alma pesa 21 gramos, o que los espíritus existen y hay médiums que pueden comunicarse con ellos, por ejemplo.

Vamos a dar un paseo por el mundo fantasmagórico del más allá. Jugaremos un partido de fútbol contra un equipo capitaneado por Belcebú y con una gran defensa a manos de un quiromante y un espíritu sobrado de alcohol. Veremos algunos estudios clásicos de psicología que nos sirven para confirmar que la especie humana está involucionando y que nos lo creemos todo o casi todo. Por último, te daré unas pautas para que te conviertas en un cazafantasmas del más allá, y del más acá.

El doctor Fox: lo importante para estafar es creérselo

Todos, sin excepción, somos víctimas de los llamados «argumentos de autoridad», es decir, defendemos un hecho como verdadero porque quien lo afirma o lo describe tiene una cierta autoridad en esa materia o en otra diferente, o eso pensamos. Es lo que en psicología conocemos como «sesgo de autoridad». Siguiendo esta tendencia, adjudicamos más o menos importancia a lo que diga tal o cual persona según su nivel académico o lo largo que sea su brillante currículum. Es el «efecto doctor Fox»; y de este efecto y del anterior, nadie se libra.

Veamos la propuesta que hizo en los años setenta Donald Naftulin, de la Universidad de California. Este hombre preparó un novedoso e interesante discurso sobre la relación entre las matemáticas y el comportamiento humano. Huelga decir que el asunto no tenía ningún sentido, y para darle un toque más absurdo (la clave del experimento), pidió a un actor que expusiera las brillantes ideas que contenía la conferencia en un concurrido congreso sobre temas educativos al que asistirían profesionales del área de la mente, de lo social y de la educación, como psicólogos, psiquiatras y trabajadores sociales. Se suponía que el público era gente despierta, inteligente y nada fácil de engañar. También se suponía que el alcohol lo repartirían al finalizar el congreso.

Para cumplir el encargo, el actor (que trabajaba a fondo el método Stanislavski) se preparó a conciencia y recibió instrucciones precisas por parte del bueno de Naftulin, y así poder afrontar el difícil momento de los ruegos y preguntas. El día llegó y nuestro actor fue presentado ante la audiencia como el brillante doctor Fox, haciendo un repaso de su impecable currículum (una disparatada lista de méritos exagerados y falsedades). A continuación, el tal doctor Fox dio la charla y contestó las dudas de los asistentes al congreso con brillantes evasivas, hábiles incongruencias y admirables dobles sentidos. Es decir, más o menos como muchos de nuestros políticos en cualquier rueda de prensa, pero sin pantalla de plasma. Eso sí, haciendo gala de una gran verborrea y encanto personal.

Al finalizar el acto, entre vítores y aplausos, se repartió a la audiencia un cuestionario que servía para valorar la conferencia, con preguntas como: «¿Piensa que el doctor ha expuesto de una manera organizada?». El 85 por ciento de los asistentes contestó afirmativamente esta cuestión; el 70 por ciento elogió el buen uso que hizo de los ejemplos, y, para rematar el sinsentido, el 95 por ciento encontró la conferencia muy inspiradora.

No es una broma, y puedes sacar tus propias conclusiones. Del efecto Fox no se libra nadie, tenlo claro, no vayas a pensar que los trabajadores sociales, los psiquiatras y los psicólogos somos más tontos que la media. ¿Te das cuenta de lo importante que son los adornos para que nos cuelen una estafa? Si te fijas, muchas de las personas a las que pedimos ayuda profesional o que tomamos como referentes (sea por su conocimiento, sea por el dinero que se gastan en publicidad) tienen unos currículums inflados y con un montón de palabras en inglés para deslumbrar y engañar al público. No suelo fiarme de aquellos que viven en un país de habla no inglesa y en el trabajo hablan castellano, catalán, gallego, euskera o panocho durante toda la jornada (a excepción de cuando cantan un *hit* del mundo anglosajón en el karaoke después de la cena de Navidad de la empresa) y utilizan términos en inglés en su currículum para despuntar. Como tampoco me fío de los conspiranoicos, los negacionistas ni de los que dicen «plandemia» para referirse a la covid-19, que son, si cabe, más dañinos todavía para la salud de la sociedad. Me recuerdan al doctor Fox y al efecto Forer.

El efecto Forer: cómo ser un adivino en menos que canta un gallo

Este es el fenómeno en virtud del cual la gente tiende a aceptar descripciones de su personalidad, sin darse cuenta de que podrían aplicarse a la mayoría de las personas. Se lo llama «efecto Forer» por el psicólogo que lo describió, el doctor Bertram Forer, pero también «efecto Barnum» por el trabajo del psicólogo Paul Meehl, quien, en los años cincuenta del siglo pasado, se inspiró en el empresario de espectáculos Phineas Barnum, que, a su vez, dijo que un buen espectáculo de circo debía tener números para todos los gustos. Elige el nombre que más te guste.

A finales de la década de los cuarenta, el profesor Bertram Forer pidió a sus estudiantes de «Introducción a la Psicología» que completasen un test de personalidad. Al cabo de unas semanas, y tras supuestamente valorar los cuestionarios de forma individual, entregó a cada alumno su resultado, diciendo que se trataba de una evaluación personalizada. En realidad, la evaluación era la misma para todos, y el informe que les dio a los alumnos estaba confeccionado con fragmentos extraídos de un libro de astrología.

Los alumnos, que desconocían la treta, valoraron el resultado del test según cuánto se aproximaba a la visión que tenían de sí mismos puntuándolo del 0 al 5. El resultado promedio fue de 4,26 puntos. Es decir, el test los había descrito de maravilla. He aquí lo que decía la evaluación:

> Tienes necesidad de agradar a los demás y de que te admiren, y a pesar de ello tiendes a ser autocrítico. Aunque muestras algunas flaquezas, generalmente eres capaz de compensarlas. Posees un gran potencial, que aún no has explotado a tu favor. Por fuera te muestras disciplinado y con autodominio, pero tiendes a ser aprensivo e inseguro en tu intimidad. Por momentos, sientes serias dudas acerca de si tomaste la decisión correcta o hiciste lo que debías. Prefieres dosis de cambio y variedad, y te

sientes insatisfecho cuando estás restringido y limitado. Estás orgulloso de tener un pensamiento independiente y no aceptas las afirmaciones de los demás sin una prueba satisfactoria. Tienes claro que no es inteligente ser demasiado sincero al revelar cómo eres a los demás. En ocasiones eres extrovertido, afable y sociable, mientras que en otras eres introvertido, cauteloso y reservado. A veces tus aspiraciones tienden a ser poco realistas.

Te has visto reflejado, ¿verdad? Yo también. Lo peligroso de esta estratagema es que recaiga en una persona con dudas existenciales o que esté pasando por algún momento de vulnerabilidad psicológica. Porque, al escuchar algo que encaja perfectamente con su personalidad, le abre las puertas a un extraño que no sabe nada de su vida, dispuesto a hacerle caso. Esto puede ser bueno o malo. Si recibe consejos útiles e inofensivos (generalidades que esta persona se toma como si fueran especiales para ella), podrían actuar como el conocido efecto placebo, es decir, como cuando alguien te dice lo que quieres escuchar y tú te quedas la mar de contento. Si, por el contrario, tiene enfrente a alguien con pocos escrúpulos que le llena el coco de estupideces que suenan de maravilla, puede correr un grave peligro. No olvidemos que cualquier persona, en un momento de debilidad y vulnerabilidad (todos podemos vivirlo), tiende a dejarse impresionar por afirmaciones vagas si están expuestas a la perfección. Tampoco olvidemos que, en el fondo, todos somos más parecidos de lo que creemos, y tenemos más o menos los mismos quebraderos de cabeza: el trabajo, la salud, el amor, la familia, el futuro y las ambiciones. Y esto lo sabe (lo ha estudiado a conciencia para engañar o se lo ha enseñado la experiencia) cualquiera que se dedique al submundo de lo paranormal: quiromantes, tarotistas, personas con «gracia», astrólogos, vendedores de viajes astrales, espiritistas y cazadores de fantasmas. Los reyes de la trampa y los pensamientos mágicos. Visitemos ese mundo.

Claves para leer la mente de la gente y descubrir sucesos del pasado

El primer paso es aprender a utilizar la lectura en frío, que es el conjunto de técnicas que emplean los quiromantes, tarotistas, adivinos y demás científicos de lo paranormal para intentar convencer a las personas de que saben cosas sobre su vida, cuando en realidad saben poco o nada. Las más importantes son las que siguen.

Técnica del trilero
El «adivino» suelta mucha información con la esperanza de que algún dato sea certero y así pueda marcarse un tanto. Por ejemplo, si el solicitante es alguien de su ciudad, supongamos Valencia, es posible que se arriesgue diciendo: «Veo que eres una persona apasionada; veo también un pueblo…, no sé si de veraneo o relacionado con tus abuelos; te gusta el color azul, creo que ese color es importante para ti, y hay una zona azul en tu casa, tu cuarto tal vez; veo que vives en un piso, y percibo el número 2». En cuanto al número, juega con la sugestión,

pues el número 2 es bastante neutro. Entonces da un vuelco a su discurso añadiendo: «Alguien cercano, o algo, te está haciendo daño». ¡Bingo! Todo el mundo diría: «Es verdad». Conforme habla, se va fijando en los micromensajes que lanza tu cuerpo, y esta es la clave: la comunicación no verbal. Si aprietas las manos, si sudas, si sonríes, si te relajas en el asiento, si te rascas, si te inclinas hacia delante, si ladeas la cabeza... En caso de que confirmes alguna de sus hipótesis, ahondará en el tema y seguirá por ahí. Ha acertado, ha encontrado un filón y no lo dejará.

Técnica de los halagos

Una buena lista de virtudes nunca falla cuando queremos que alguien se sienta en una buena racha. ¿Verdad que nos cae mejor quien nos halaga y nos dice cosas bonitas al oído? Todos queremos que nos recuerden lo bueno, aunque sea pura formalidad: «Vaya, advierto claramente que tienes un gran sentido práctico y al mismo tiempo eres detallista y minucioso» o «Dispones de mucha facilidad para adaptarte a distintas situaciones y personas». Premio.

Técnica del birlibirloque

Consiste en dar una característica de la personalidad, después mencionar lo opuesto y para finalizar unirlo todo en una frase, emparejando los contrarios. Describir los dos extremos de una personalidad aumenta en gran manera las probabilidades de acertar, porque casi todo el mundo ha experimentado los dos polos de una emoción particular en algún momento de su vida: «Diría que eres tranquilo, e incluso tímido, pero cuando te abres, podrías ser el centro de atención». ¿Y quién no?

Afirmaciones de Barnum

Algunos enunciados valen para todo el mundo, pero la persona sensible se los apropia, dado que suele personalizar las declaraciones que quiere escuchar: «Veo que en ocasiones eres inseguro, especialmente con personas que no conoces bien». ¡Claro, como todo hijo de vecino! Este tipo de afirmaciones están en el texto que Forer expuso a sus alumnos. Sin embargo, para dar el salto definitivo y convertirte en un lector mental de éxito, toma nota de los siguientes detalles.

Otras técnicas para ser un vidente de éxito

Si estás en un espacio cerrado, intenta que haya poca luz; le darás una atmósfera más íntima que aumentará tu credibilidad. ¿Sabías que a las personas nos basta que bajen las luces de una estancia para tener mayor disposición al miedo? Pues toma nota y procura que la gente baje la guardia y se vuelva más susceptible. Tienes libertad absoluta para encender velas, quemar una barrita de incienso y adornar la pared con alguna imagen del santoral; eso da seriedad al asunto. Quítate el batín de ir por casa, no te da imagen de profesional. Hay que estar atentos al marketing, y no solo al digital.

Si prestas tus servicios por la calle, en restaurantes, en

salas de fiestas o a domicilio, vístete con ropa colorida y adopta una mirada profunda, como si intentaras distinguir algo en la lejanía.

Nada de cobrar la voluntad, esto desprestigia. Haz un estudio de mercado y ponte el precio que mereces por ayudar a la gente a tomar mejores decisiones en la vida. Esgrime el lema de muchos autónomos: «No me pagan por lo que hago, cobro por lo que sé, y sé mucho».

Recuerda que las personas que irán a tu consulta estarán preocupadas y ardiendo en deseos de saber su futuro, especialmente por lo que respecta a las siguientes áreas: salud, amor, sexo, trabajo, dinero (un clásico) y ambiciones personales.

Asimismo, para dar en el clavo y atinar un poco más en el complejo mundo de las energías, ten presente que a cada edad se manifiestan unas inquietudes, deseos y miedos. Presta atención a la edad del cliente, y, para que tengas más probabilidades de acierto, te adelanto unos datos.

Si el cliente es adolescente o joven, sus preocupaciones versarán sobre las (ausentes) relaciones sexuales, los estudios y los amigos. Puedes marcarte un gol comentándole algo acerca del conflicto con sus padres: «Tu madre es un poco pesada, y tu padre, prácticamente un desconocido que no sabe nada de ti», o bien «Veo cierta ansiedad ante tu primera relación sexual», o algo como «Haz caso a tu voz interior y no te precipites». Si se ha precipitado y ha intercambiado ya fluidos, hazle saber que te referías a esa persona a la que está rondando pero con ciertas dudas. Siempre necesitas un plan B para salir del paso.

Hasta los treinta y tantos años, seguramente estará centrado en la carrera profesional. Es un poco más estable y puede arriesgarse a enfrascarse en proyectos nuevos. Estate atento y observa si lleva alianza; en caso afirmativo, déjale caer lo difícil que es la convivencia y formar una familia: «Algo en tu interior te dice que te gustaría tener hijos, pero a la vez te asusta un poco», o «Veo que en ocasiones recuerdas tu primera relación sexual o una anterior pareja con cierta nostalgia. ¿Es cierto?».

Cuando vayan a verte los que peinan las primeras canas, es decir, los que tienen más o menos cuarenta y cinco años, no olvides que este grupo está machacado por el estrés, la salud de los padres y lo que conlleva sacar adelante a los hijos. Los hijos adolescentes tienen mucha miga y te permitirán lucir tu mejor repertorio: «Veo cambios de humor en casa», «Oigo gritos y portazos, noto la tensión». Si quieres jugártela una vez más, comenta con seriedad que aparece una señora muy mayor, vestida de negro, que protege a algún miembro del clan familiar. «¿Le dice algo un nombre que empieza por J? Lo menciono porque me viene con insistencia. Alguien que esté pasando, o haya pasado, por una etapa de salud delicada.» El cliente se volverá loco buscando a alguien que se llame Jaime, José, María José, José María… Llegará al infinito si le hablas de alguien con un nombre que empiece por la A de Antonio o de Ana.

Con clientes de más de cuarenta y cinco años puedes plantear abiertamente que detectas dificultades en su relación de pareja; que ves amor pero estancamiento; que hay otra persona. Si lo niegan, siempre podrás decir que esta otra persona la tiene su pareja, y bronca al canto. Cuando quieras arriesgar, comenta que ves a alguien moreno o rubio cuya inicial es la M o la N («Lo siento, tengo interferencias»), alguien que es, o va a ser, muy importante, y que, en los dos últimos años o en los dos próximos, le ha dado o le va a dar muchas alegrías. Y el receptor de las alegrías puede ser el cliente, pero también su pareja. Las agencias de detectives te lo agradecerán, mientras él se rompe los cuernos buscando a alguien con esa inicial. ¿Nicomedes?

Siguiendo estas pautas y poniéndole cierta gracia, ya puedes lanzarte a practicar. Da igual si te sale la carta del colgado, la sacerdotisa, la emperatriz o el ermitaño (o el cuatro de copas, el seis de oros, el once de espadas o el cinco de bastos), porque con estas técnicas digas lo que digas, lo que te venga en gana, lo más seguro es que quien te escuche se lo crea todo o casi. Tienes poderes paranormales, no lo olvides, y los demás somos muy tontos.

Un partido de fútbol entre la ciencia y el más allá

Ahora nos toca correr hacia la luz, Carol Anne. Ponte ropa deportiva y cálzate las botas de fútbol: vamos a jugar un partido, y si me permites que haga un poco de *spoiler*, te diré que uno de los dos equipos ganará por goleada. Por cierto, ¿tú crees que los vasos se mueven solos?

La güija es un tablero que tiene escritas las letras del alfabeto. Se utiliza para comunicarse con los espíritus, establecer una conexión del más acá con el más allá. Este tablero tiene un puntero movible o un vaso vacío en el centro, y la fiesta consiste en que los jugadores, sentados alrededor de una mesa, pongan el dedo índice sobre el puntero o el vaso y esperen a que se abra la puerta del más allá y aparezca un espíritu. Cada uno de los participantes en el juego hace una pregunta, y el vaso o el puntero se mueve hacia una letra, luego hacia otra, y así hasta formar la respuesta. ¿Consciente, inconsciente o cosa de espíritus?

La tabla de la güija fue patentada el 28 de mayo de 1890 en Baltimore, a raíz del interés que habían despertado en Estados Unidos dos farsantes de cuidado, las hermanitas Fox (un apellido que nos viene pintiparado). Estas dos hermanas —que acabaron muriendo en la indigencia, solas, alcoholizadas y sin ayuda espiritual— confesaron al final de su vida que habían montado durante muchos años un buen tinglado con trucos de ruidos, luces y demás parafernalia para limpiar bolsillos ajenos y hacer ver que los espíritus existían. En conclusión, todo lo asociado al espiritismo era una gran mentira y ellas, unas estafadoras profesionales, urdidoras de un monumental engaño que, esto es lo peor, se mantiene vivo desde hace más de cien años (el ser humano y sus pensamientos mágicos son la pera, o, mejor dicho, somos). Aunque revelaron su secreto, el personal no les hizo ni caso; los que se habían tragado tal embuste no estaban dispuestos a aceptar que lo del tablero, las letras y el movimiento del vaso eran falsos y se fiaban más de las palabras que venían del más allá que de dos tipas a las que les gustaba demasiado el alpiste.

Aprovechando el tirón del espiritismo y las sociedades esotéricas del siglo XIX, en 1891 se fundó la Kennard Novelty Company, que comercializó las tablas y logró llevarlas a todos los hogares del mundo. (Hoy se hubieran publicitado con lemas de neuromarketing como «Ponga un espíritu en su casa» o «Si quiere un espíritu en casa, llámenos».) Pero ¿qué falta nos hace hoy un tablero para que nos manden mensajes del más allá teniendo tan a mano Instagram o WhatsApp? Sin embargo, aunque la ciencia desmontó esta engañifa hace ya unos cuantos lustros, tanto la idea de que los muertos se comunican con nosotros desde otra dimensión como el embrujo de la güija se mantienen vivos. De hecho, en la actualidad la industria cinematográfica *made in Hollywood* sigue estrenando películas de fantasmas con la güija como reclamo.

Que empiece el espectáculo. Hoy tenemos partido de fútbol entre el más acá y el más allá. La temperatura es agradable y la poca niebla que hay no impide que se dispute el encuentro. El terreno de juego está impoluto, con su amplia mesa de cuatro patas y varias sillas alrededor, una güija bien pulida para que nada interfiera en los desplazamientos, un vaso y una iluminación sugerente. Las gradas están vacías. Juega en casa el equipo Real Ciencia FC, con las estrellas Larry Bayou, Joseph Jastrow y Dan Wegner. El equipo visitante, que juega como en casa, es el Atlético Güija Más Allá, capitaneado por Belcebú, un espíritu anónimo, y lo que parece que es un angelito.

A los pocos minutos de sacar del centro del campo, el capitán del equipo local marca el primer gol. Real Ciencia, uno; Atlético Güija, cero. Larry Bayou, con una excelente idea y con toda la fuerza motriz de su cabeza y de varias letras, ha golpeado el vaso y le ha metido un gol por toda la escuadra al equipo del Más Allá.

Larry Bayou realizó un experimento con la güija, en el que los participantes no veían las letras del tablero (se les vendaban los ojos o se tapaban las letras). Los jugadores convocaron a varios espíritus, pero, me imagino que con cierta ansiedad por no poder ver todo el más acá, no fueron capaces de formar ni una sola palabra coherente en el tiempo que duró la prueba. Con este simple experimento, se demostró que son los participantes quienes realmente crean las palabras, de manera voluntaria o inconsciente, y que, por lo tanto, necesitan ver el tablero. Las personas no se comunican con los ángeles, ni con los espíritus ni con el diablo; solo charlan consigo mismas. Este primer gol del profesor de secundaria Bayou nos lleva a la teoría de la acción ideomotriz, según la cual el movimiento del vaso o de la pieza que sirva de marcador o puntero se lograría mediante pequeñas presiones de los dedos de los participantes.

¡Atención, parece que hay peligro en el campo de juego! El árbitro pita penalti y expulsa al centrocampista Belcebú por una entrada por detrás, a destiempo y con muy mala leche, a un jugador del equipo de científicos. Huele a azufre en el tablero. Dan Wegner es el encargado del saque, y lanza el penalti a lo Panenka, engañando al cancerbero del equipo visitante. Real Ciencia, dos; Atlético Güija, cero.

«Intenta decirte a ti mismo "no pensar en osos polares"

y ya verás como la criatura entrará en tu mente a cada minuto.» Esta frase pertenece al libro *Apuntes de invierno sobre impresiones de verano* del escritor ruso Fiodor Dostoievski. El psicólogo Dan Wenger pidió a los participantes de un estudio que no pensaran en osos polares y que tocaran un timbre cada vez que el simpático osito polar les viniera a la cabeza. Como no podía ser de otro modo, la gente tocaba el timbre cada dos por tres. Pide a alguien que no piense en algo determinado y le ocurrirá lo contrario. Si yo te digo ahora que no pienses en un jabalí, ¿te aparece la imagen de ese lindo animal? No pienses en un jabalí, no pienses en un jabalí... ¿Lo ves? No falla. En psicología se conoce este fenómeno como «efecto rebote» o «rebote irónico». ¿Explica el rebote irónico que la gente que se esfuerza al máximo en no pensar en mover el vaso de la güija es más proclive a realizar el movimiento no deseado? Sí, eso parece, tal como indica la prueba del péndulo.

Mete un anillo en una cadena de unos treinta centímetros. Sostén la cadena enfrente de ti de manera que quede colgando, y trata de no mover el brazo. ¿Oído? No muevas el brazo. Verás que el anillo empieza a hacer movimientos circulares. Ahora trata de pensar que el movimiento circular en dirección a las manecillas del reloj significa «Sí», y el movimiento contrario significa «No». Con esta idea en tu mente, haz la pregunta que quieras, por ejemplo: «¿Tendrá un premio importante mi décimo de la lotería de Navidad?». Espera y verás que el anillo responderá de una forma mágica. ¿Qué te dice, que sí o que no? Si es que sí, hazme llegar una participación de tu décimo por si acaso. Si es que no, tengo que decirte que el espíritu del péndulo no cree en los juegos de azar, solo en el trabajo.

Conectamos de nuevo con el campo de juego, y parece que ha vuelto a anotar el equipo de casa. ¡Esto huele a goleada! Marcó en propia meta un jugador de la Güija. El árbitro, todo creatividad, atribuye el gol, sin consultar al VAR, al psicólogo estadounidense Joseph Jastrow. Minuto ochenta de partido y el resultado es Real Ciencia FC, tres; Atlético Güija, cero.

Jastrow fue un psicólogo listo de finales del siglo XIX y principios del siglo XX que no estaba tan a favor de las creencias y las otras dimensiones como de la ciencia y los estudios. A lo largo de su extensa investigación puso especial interés en cazar tramposos y consideró los fenómenos paranormales como acientíficos y falaces, el resultado del engaño, el fraude, la credulidad y la irracionalidad. Cada vez que oía la palabra «espíritu» levantaba la ceja, y cada vez que veía una güija se lo llevaban los demonios (obviamente, no en el sentido literal). En un alarde de imaginación e inteligencia, diseñó un sistema de planchas de cristal y unas pequeñas bolas de latón capaz de registrar el más mínimo movimiento que se produjera sobre el tablero de la güija. Jastrow organizó sesiones de güija en las que pedía a los participantes que, una vez puestos los dedos en el tablero, se imaginaran moviéndolos, y que miraran hacia diferentes objetos que había en el cuarto. Y ¿qué pasó? Pues que el simple hecho de pensar en el movimiento o de mirar hacia un determinado objeto era suficiente para que las planchas de cristal detectaran una oscilación. No es cosa de espíritus, sino de tu inconsciente.

Se denominan «acciones ideomotoras». En realidad, el vaso de marras no se mueve solo, sino que se desplaza gracias al movimiento inconsciente de tu brazo.

¿Quieres comunicarte con el más allá? Estupendo, porque yo, que tengo más moral que el Alcoyano y creo que el partido, además de estar amañado, puede acabar en remontada (todavía quedan diez minutos de juego), no descarto una sesión de güija este fin de semana con mis amigos en honor del Atlético Güija. Te explicaré cómo organizarla.

Algunas sugerencias para conectar con el más allá

Busca un entorno agradable en el que haya poca luz. No organices la sesión en un bar, un restaurante o un local de copas, no hay nada peor que un espíritu alcoholizado. Reúne un grupo de seis personas (es el número ideal) que quieran estrechar lazos con la otra dimensión. Indica a tus invitados que se sienten alrededor de una mesa. Si la mesa es redonda, mejor que mejor, pero no es imprescindible. Huelga decir que el ambiente de la estancia debe ser, en la medida de lo posible, confortable (a los muertos les gusta la comodidad) y poco ruidoso. No olvides colocar un vaso boca abajo en el centro de la mesa.

Si no tienes tablero, pon a trabajar a los asistentes: recortad papelitos y escribid en ellos las letras del alfabeto.

Colocadlos en forma de círculo sobre la mesa. Escribe un «Sí» y un «No» en los dos últimos papeles y ponlos dentro del círculo.

Si alguien insiste en tomarse un gin-tonic, no accedas a su demanda; las copas pueden ser el final de las existencias de tu mueble bar y enturbiar el resultado del juego. La faena se trae hecha de casa, además, antes es la obligación que la devoción.

Es el momento de decidir con qué entidad queréis contactar. Conviene no establecer contacto con familiares o allegados de los presentes. Pensad más bien en algún personaje famoso y acordadlo entre todos.

Pide a tus invitados que se concentren en el personaje escogido. Si es un cantante, pon una canción suya; si es escritor, pon un libro suyo en la mesa; si es un pintor, uno de sus cuadros. No escatimes recursos; en internet encontrarás imágenes que te ayudarán a crear un ambiente que haga sentirse al espíritu como en casa.

Haz que cada invitado coloque el dedo índice de la mano derecha sobre el vaso y lanza el siguiente mensaje: «Por favor, evitad por todos los medios empujar el vaso y concentraos en mantener los dedos inmóviles. No mováis el dedo índice. No mováis el vaso».

Empezad con un par de preguntas, procurando que la primera sea: «¿Cómo te llamas?». La otra puede ser la original: «¿Hace frío o calor ahí donde estás?». Una vez os haya contestado, haced lo siguiente: recoged todos los papelitos con las letras del alfabeto, barajadlas bien y colocadlas boca abajo formando de nuevo un círculo.

Preguntad de nuevo al espíritu su nombre, y conforme el vaso se vaya desplazando por los papeles de la mesa, dadles la vuelta y comprobad qué palabra forman las letras. Seguro que es un sinsentido. ¿Acciones ideomotoras? ¿Movimientos inconscientes? Si entre los participantes hay quien protesta porque considera que es tramposo jugar así, pues el espíritu no puede ver las letras, recuerda al central Larry Bayou, coloca los papeles hacia arriba y pide que se venden los ojos. Por supuesto, el mensaje del más allá seguirá sin tener ningún sentido.

En caso de que el grupo logre deletrear el nombre de alguien con los ojos tapados o con las letras bocabajo, poned pies en polvorosa, salid pitando de la casa y pedid ayuda a Iker Jiménez o a algún cazafantasmas. *Ghostbusters!*

Muchas personas son propensas a pensar y comportarse de manera sorprendentemente predecible, y la mayoría de ellas tienden a creer cualquier cosa que las describa de forma positiva. Es lo que se conoce como el «efecto halagador», que tan bien utilizan las pitonisas, los quiromantes, los abrazafarolas y los astrólogos.

Efecto halagador + Efecto Forer o Barnum + Efecto doctor Fox = trileros psicológicos y emocionales

¿Y el cuestionario que has cumplimentado al principio? Enseguida lo retomamos, pero antes tenemos noticias deportivas. El partido de fútbol ha finalizado con goleada del equipo local, aunque los visitantes, con un expulsado y actitudes retadoras hacia el árbitro y los jugadores contrarios, hablan de amaño y esperan con ansia el partido de vuelta, que jugarán en casa.

Ahora sí, por fin. Analicemos tus respuestas. En primer lugar, lo más importante: si has contestado a la pregunta número 8 con una puntuación superior a 1, ¡Houston, tenemos un problema!, y muy serio. No decaigas y confía en los avances de la ciencia y en las fabulosas herramientas de la psicología, porque lo tuyo tiene solución. Un poco de rock and roll lo cura casi todo.

En el conjunto del cuestionario, si la suma de los resultados es 25 o un número superior, se considera que has obtenido una puntuación alta, lo que significa que eres una persona que tiende a perder la noción del tiempo, fácil de hipnotizar y que puede confundir la fantasía y la realidad. Las personas que han tenido experiencias sobrenaturales, como un viaje astral, obtienen puntuaciones altas en cuestionarios de este tipo.

Si la suma es menor de 14, se considera una puntuación baja, que se corresponde, generalmente, con personas más prácticas y más difíciles de sugestionar, de las que suele decirse: «Esta persona tiene los pies en el suelo». Quizá lo has oído en alguna ocasión referido a ti.

Un cuestionario previo al viaje astral

Nos vamos de viaje con una agencia que organiza rutas por el mundo, y hasta por el universo, sin gastarnos un euro y, además, en primera clase. Sin embargo, antes de hacer las maletas y ponernos en marcha, te propongo que contestes unas sencillas preguntas para conocer tus aptitudes para los viajes astrales. Puntúa cada afirmación con un número del 1 al 5. El 1 significa que la afirmación no tiene nada que ver contigo, y el 5, que te identificas completamente con ella.

Gracias de nuevo por contestar. Luego veremos los resultados.

1. Creo que tengo una buena capacidad para abstraerme del entorno y centrarme en mí mismo. Estoy ensimismado.	1	2	3	4	5
2. Puedo decir que soy una persona que tiene una buena capacidad para fantasear.	1	2	3	4	5
3. Tengo una buena memoria visual, no me acuerdo muy bien de los nombres de las personas, pero sí de las caras. De hecho, es raro que se me olvide un rostro.	1	2	3	4	5
4. En alguna ocasión he tenido la sensación de que flotaba, y esto me ha pasado sin haber consumido marihuana.	1	2	3	4	5
5. Recuerdo acontecimientos del pasado con tanta claridad que es como si volviera a vivirlos.	1	2	3	4	5
6. He tenido en alguna ocasión una experiencia de disociación, es decir, he sentido como si mi cuerpo estuviera en un lado y mi mente en otro. Y sin drogas de por medio. (Este fenómeno es habitual que se dé en ataques de ansiedad o de pánico.)	1	2	3	4	5

La Wikipedia define el viaje astral como «un tipo de experiencia mental subjetiva, por la cual muchas personas dicen haber experimentado una separación o "desdoblamiento" del cuerpo físico. El mismo fenómeno recibe varias denominaciones distintas, como desdoblamiento astral, proyección astral, desdoblamiento corporal, experiencia exosomática o experiencia extracorpórea». El viaje astral consiste en una serie de percepciones en las que el viajero, pese a parecer despierto, experimenta la sensación de que el centro de su conciencia se encuentra situado físicamente fuera del cuerpo, en un lugar más elevado respecto a este. Su verdadero yo flota por la habitación, y sin necesidad de sustancias. Esta elevada localización extrapersonal es el punto desde donde la persona ve su cuerpo y el mundo. Los relatos de quienes experimentan un viaje astral se organizan a partir de esta perspectiva visoespacial elevada. En las experiencias fuera del cuerpo intervienen tres elementos: la sensación de estar fuera del propio cuerpo físico, la presencia de una perspectiva visoespacial elevada, y la visión del propio cuerpo desde lo alto, también conocida como autoscopia.

Estos fenómenos supuestamente paranormales los tiene en torno al 10 por ciento de la población sana y se han descrito en gran parte de las culturas del mundo. No obstante, la mayoría de los expertos coincide en que casi todas las situaciones en las que una persona observa el propio cuerpo desde arriba entran en juego una patología de la percepción del esquema corporal, la disfunción de la propiocepción, la alteración del procesamiento visual, la combinación de disfunciones entre distintos sistemas sensoriales o las alucinaciones hipnagógicas. Es decir, de viajar, poco. Otros estudios sobre las experiencias extracorpóreas (y no son pocos) revelan que pueden estar asociadas a patologías neurológicas como la epilepsia, la migraña, los tumores cerebrales, los infartos, la meningitis, las intoxicaciones e infecciones y enfermedades psiquiátricas como la esquizofrenia, la depresión, la ansiedad o los trastornos disociativos. Los consumidores de LSD suelen darse unos buenos viajes de este tipo. En situaciones de riesgo vital, el viaje astral equivale a ver una luz al final del túnel. Lo que algunos llaman las bonitas experiencias cercanas a la muerte.

¿Cómo irte de viaje astral? Concentración, visualización y relajación (y una revista del corazón)

Coge una revista que tengas por casa. Si todavía no la has leído, mejor que mejor, y no la abras hasta que inicies este ejercicio. Pon la revista bocabajo y ábrela por una página al azar (evita que sea la primera o la última).

Respira profundamente tres o cuatro veces e intenta liberar cualquier tensión. Concéntrate en algo que te relaje y que te dé paz y tranquilidad.

Prueba a imaginarte que delante de ti hay una pequeña bola de luz, más o menos del tamaño de una pelota de ping-pong. Bien. Ahora intenta hacerla más pequeña, así, un poco más, hasta llegar a reducirla a un punto de luz.

Sigue respirando profundamente.

Dale la siguiente orden a tu mente y utiliza ese punto de luz como paloma mensajera: «Mente, quiero que vayas debajo de la revista y me digas qué hay en la página abierta». Espera un par de segundos y expresa en voz alta lo que has visto. Comprueba si tu impresión se corresponde con lo que hay en la revista. ¿Coincide?

Bien, ya has hecho un pequeño viaje, tal vez tu primer viaje. Si has acertado a ver lo que hay en la revista, ¡enhorabuena! Mándanos tu dirección y tu teléfono y nos pondremos en contacto contigo a la velocidad de la luz. ¡Eres increíble! Si no has logrado saber qué había en la página, no te deprimas. De momento, no lo ha conseguido nadie. Lo que sí has hecho, por el contrario, es practicar tres técnicas psicológicas necesarias para hacer viajes astrales: concentrarse, visualizar y relajarse.

¿Estás preparado para iniciar tu primer viaje astral? Abróchate el cinturón y sigue las instrucciones del tripulante de cabina.

Seis pasos para realizar un viaje astral, sin maletas y con los gastos pagados

Paso 1. Siéntate en un sillón cómodo de tu casa y mira a tu alrededor. Dedica unos segundos a observar los detalles del espacio que te rodea: el equipo de música, la ventana, el cuadro abstracto o de florecitas que tienes colgado de la pared, la flamenca encima de la tele, los diferentes muebles; no hace falta que memorices, simplemente observa. ¿Ya? Vale, ahora, si te parece, ponte de pie y vuelve a observar la estancia, pero buscando los detalles desde esa altura, con una perspectiva diferente.

Paso 2. Ahora camina hacia la habitación contigua sin quitar los ojos de lo que te vas encontrando: un mueble, las baldosas, la puerta. Haz un esfuerzo por memorizar el camino y cualquier detalle, como si mañana fueran a preguntártelo en un examen. Importante: deja tu refresco favorito o una cerveza bien fría encima de la mesa de esa habitación. Evita broncas y pon un posavasos. Es el momento de regresar a tu cómodo sillón.

Paso 3. Ha llegado la hora de relajarte. Ponte en una postura cómoda, haz cuatro o cinco respiraciones profundas y siente que estás muy calmado. Haz dos respiraciones más y fíjate en que tu cuerpo está cada vez menos tenso y más relajado. Sigue sentado.

Paso 4. Imagínate a ti mismo de pie delante de ti. Esta parte es un poco más complicada. Para que te resulte más fácil, piensa que tu clon está de espaldas (no te ves la cara y así te evitas un disgusto) y lleva la misma ropa que tú. Bien, deja volar la imaginación y no tengas miedo. ¿Recuerdas lo que has visto al principio cuando estabas de pie observando la estancia? Vale, ahora intenta trasladarte mentalmente al interior de tu doble imaginario.

Paso 5. Estás dentro de tu yo imaginario. Estás de pie observando los detalles de la estancia en la que te encuentras, tal como hiciste en el primer paso. Das unos pasos y te diriges a la habitación donde has dejado el refresco y reconoces con pelos y señales el camino que has memorizado antes. Estás tranquilo y relajado y vas hacia la habitación con calma, disfrutando del pequeño paseo. Te acercas a la mesa donde has dejado el refresco y le das un trago. Sientes las burbujas y el frescor en tu boca. Sigues muy tranquilo.

Paso 6. Puedes volver a tu cuerpo cuando quieras. Esta experiencia, que tal vez te ocasione un poco de confusión la primera vez, es una fórmula sencilla y barata para visitar cualquier lugar del mundo.

¿Y el cuestionario? Las preguntas que has contestado

nos dan pistas para conocer más de cerca tu capacidad para hacer viajes astrales.

Si la suma de los resultados que has obtenido es de 20 puntos o más, eres más que apto para volar a cualquier destino del planeta Tierra o del universo. Por cierto, cuando vayas a la Luna, ¿podrás comprobar si sigue ahí la bandera de Estados Unidos? Y ya que estamos, ¿mirarás que no estén los chinos en la cara oculta?

Si la suma es menor de 12, eres una persona más práctica y tal vez te cueste un poco realizar este tipo de viajes. Aun así, no desesperes: puedes aprender a volar si sigues los pasos descritos en este capítulo y te armas de un poco de paciencia. Buen viaje.

¿Sabías que...

... hay un lugar aterrador en Minnesota, perfecto para que el cerebro se invente cosas?

Ante la falta de estimulación sensorial, el cerebro puede crear sus propios estímulos. Sucede que el encéfalo es un tragón que necesita tres cosas: glucosa, oxígeno (menos de un 2 por ciento de nuestro peso corporal equivale al cerebro y consume el 20 por ciento del oxígeno y el azúcar total) y estímulos sensoriales. El troncoencéfalo y el tálamo (del latín *thalamus*, lecho nupcial) están especializados en procesar estímulos procedentes de los sentidos (menos el olfato, que siempre va por libre), pero si estos no les llegan en suficiente cantidad, es decir, ante una deprivación sensorial aguda, el cerebro se los puede «inventar». Esto es, precisamente, lo que les ocurre a los que entran en la cámara anecoica de Orfield (Minnesota), un lugar aterrador que absorbe el 99,99 por ciento de los sonidos y que registra un valor negativo (-9,7 decibelios) en sonómetros especiales. Las personas que acceden a encerrarse allí no aguantan más de cuarenta y cinco minutos. Percibir solo el propio cuerpo es insoportable: el latido del corazón, la respiración, los movimientos intestinales... El cerebro quiere estímulos externos, y si no los consigue (sobre todo si se apagan las luces), se los inventa: empieza, literalmente, a generar alucinaciones compensatorias, haciéndolas reales y tangibles. El cerebro de los que entran en la cámara actúa con lógica, generando estímulos de forma natural. Algo similar les ocurre a quienes padecen el síndrome de Charles Bonnet: debido a la pérdida de visión por cataratas, ven imágenes liliputienses de personas.

Ver liliputienses, tener apariciones de fantasmas, oír ruidos extraños y asociarlos al más allá o dar crédito a historias de espíritus venidos de otra dimensión forma parte del imaginario colectivo. Y está bien indagar sobre ellas, e incluso pasar un buen rato hablando sobre todos estos temas (animarán la sobremesa, seguro), pero con ciencia, la vida es más segura y más divertida. Que no te la cuelen.